Kohlhammer
Urban Taschenbücher

Pavel Soukup

Jan Hus

Verlag W. Kohlhammer

1. Auflage 2014

Alle Rechte vorbehalten
© W. Kohlhammer GmbH, Stuttgart
Gesamtherstellung: W. Kohlhammer GmbH, Stuttgart

Print:
ISBN 978-3-17-021514-6

E-Book-Formate:
pdf: ISBN 978-3-17-023627-1
epub: ISBN 978-3-17-023628-8
mobi: ISBN 978-3-17-025528-9

Für den Inhalt abgedruckter oder verlinkter Websites ist ausschließlich der jeweilige Betreiber verantwortlich. Die W. Kohlhammer GmbH hat keinen Einfluss auf die verknüpften Seiten und übernimmt hierfür keinerlei Haftung.

Inhalt

1   Vorbemerkung

Ein auf Deutsch verfasstes Buch, dessen Geschichte sich meistens in Böhmen abspielt, stellt gewisse Herausforderungen technischer Art. Die Schreibweise von Eigennamen richtet sich nach folgenden Prinzipien: Mittelalterliche Personennamen werden in deutscher Form wiedergegeben. Eine Ausnahme bildet Jan Hus, dessen tschechischer Name mittlerweile auch im Deutschen geläufig ist. Wenn kein deutsches Äquivalent vorhanden ist, wird die tschechische Form vor der lateinischen bevorzugt, z. B. Jakoubek statt Jacobellus. Bei Namen böhmischer Städte wird ebenfalls die deutsche Form benutzt; zwecks Identifizierung wird bei erster Nennung in der Regel der tschechische Name in Klammern beigefügt. Bei Dörfern und Marktflecken wird die tschechische Form benutzt (Husinec, Jesenice statt Hussinetz, Jessenitz).

Dieses Buch ist ein Ergebnis des Projektes P405/12/G148 *Kulturelle Codes und ihr Wandel im hussitischen Zeitalter*, das von der Tschechischen Forschungsgemeinschaft (GA ČR) gefördert wird.

Mein herzlicher Dank für die Durchsicht des Manuskripts und hilfreiche Hinweise gilt Thomas Prügl (Wien). Dank gebührt auch Karel Hruza (Wien), von dem die erste Anregung zu dieser Arbeit ausging.

Prag – Berlin – London, August 2013
Pavel Soukup

2 Zur Einführung: Der Angeklagte in Konstanz

Am 28. November 1415 erhielt Magister Jan Hus, der sich seit mehr als drei Wochen in der Konzilsstadt Konstanz befand, in seinem Quartier Besuch. Es kamen die Bischöfe von Trient und Augsburg als Gesandte des Kardinalkollegs, begleitet vom Konstanzer Bürgermeister und anderen Personen. Ritter Johann von Chlum, der treue Begleiter und Beschützer des Magisters, empfang sie argwöhnisch. Er erinnerte die Besucher daran, dass Hus unter dem Schutz König Sigismunds nach Konstanz gekommen sei, und warnte sie, nichts gegen den Willen des Königs zu unternehmen. Nachdem die Prälaten ihre Absicht kundgetan hatten, stand Jan Hus vom Tisch auf und enthüllte den Bischöfen, die ihn zuvor noch nicht gekannt hatten, seine Identität. »Ich bin nicht hierher nur zu den Kardinälen gekommen«, sprach er,

> »und es war niemals mein Wunsch, mit ihnen getrennt zu sprechen, sondern ich bin zum ganzen Konzil gekommen und möchte dort sagen, was Gott mir eingegeben und wonach man mich fragen wird. Trotzdem bin ich auf Verlangen der Herren Kardinäle hin bereit, sofort zu ihnen zu kommen, und wenn man mich etwas fragen wird, hoffe ich lieber den Tod zu wählen, ehe ich eine aus der Schrift oder sonst mir bekannte Wahrheit ableugne.«

Dieses Bekenntnis sollte Hus in Konstanz noch öfters ablegen und es schließlich auch in die Tat umzusetzen.

Hus folgte also den beiden Bischöfen in den Palast des Papstes. Dort wurde er von den Kardinälen zur Rede gestellt:

> »Magister Johannes, man redet Vieles und Merkwürdiges von euch, dass ihr zahlreiche Irrtümer festgehalten und im Königreich Böhmen ausgesät habt.«

Hus antwortete in demselben Sinn wie seinen früheren Besuchern:

> »Eure Vaterliebe wisse, dass ich, bevor ich einen Irrtum festhalten wollte, lieber sterben möchte. Und seht, ich bin freiwillig hierher gekommen zu diesem heiligen Konzil.«

Nach dem Gespräch bewachte man Hus bis zum späten Abend. In der Nacht wurde er ins Haus des Kantors des Konstanzer Münsters gebracht, wo er eine Woche lang gefangen gehalten wurde. Danach wurde er im Dominikanerkloster am Ufer des Bodensees eingekerkert. Nach der Flucht von Papst Johannes XXIII. vom Konzil lieferte man Hus am 24. März 1415 dem Konstanzer Bischof aus, der ihn dann in der Burg Gottlieben am Seerhein in Haft hielt. Von dort wurde er Anfang Juni wieder in die Stadt zum Verhör gebracht und bis zu seiner Verurteilung und Hinrichtung im Gefängnis des Minoritenkonventes festgehalten.

Ritter Johann von Chlum beschwerte sich noch am Tag von Hus' Verhaftung bei Papst Johannes XXIII. Später legte er wiederholt bei dem da noch anwesenden Papst sowie bei den Kardinälen Protest ein, jedoch vergeblich. Auch seine öffentliche Erklärung, die er an den Toren des Münsters und anderer Konstanzer Kirchen bekannt machte, half nichts. Der Ritter gab darin allen bekannt,

> »dass Magister Johannes Hus, Bakkalar der heiligen Theologie, unter dem Geleitbrief und dem Schutz des durchlauchtigsten Fürsten und Herrn, des Herrn Sigismund [...] nach Konstanz kam, um jedem, der es verlangt, in einer öffentlichen Audienz über seinen Glauben vollgültige Rechenschaft abzulegen. Dieser oben genannte Magister Johannes wurde in dieser Reichsstadt unter dem Geleitbrief meines genannten Herrn, des römischen und ungarischen Königs, in Gewahrsam genommen und wird noch festgehalten.«[1]

Johann von Chlum bezeichnete hier Hus mit dem formal höchsten Titel, den er besaß, nämlich den eines Bakkalaureus der Theologie. Was er nicht sagte, war, dass Hus immer noch Rektor der Bethlehemskapelle in Prag war und sich als solcher ein außerordentliches Ansehen als Prediger erworben hatte. Hus' Inhaftierung in Konstanz markierte eindeutig seinen Sturz und besiegelte den Weg zum tragischen Ende. Noch sieben Jahre zuvor hatte er sich der Unterstützung des königlichen Hofes und der Freundschaft des Prager Erzbischofs erfreut. Er hatte sich damals schon Gedanken gemacht, wie man das durch das päpstliche Schisma und den unwürdigen Lebenswandel der Kleriker angeschlagenes Ansehen der Kirche wiederherstellen könne – genau wie die meisten Konzilsväter in Konstanz übrigens auch. Wie sie kritisierte er die Missstände des kirchlichen Lebens und verlangte nach Besserung. Warum also resultierten seine Vorstellungen von notwendigen Reformen in einen so heftigen Gegensatz zum Reformismus der Mehrheit der katholischen Theologen, so dass diese ihn sogar in den Feuertod schickten?

Diese zentrale Frage ist nicht einfach zu beantworten. Hus war in Konstanz mit einer Reihe von Anschuldigungen konfrontiert. Die Anklagen gegen ihn sammelte man bereits seit 1408. Geben aber diese Anklagen allein eine Antwort darauf, wie es dazu kam, dass Hus auf dem Scheiterhaufen endete? Genügt es, die Antwort nur in dem Wortlaut des Urteils zu suchen? Die folgenden Kapitel werden sich mit der Entstehungsgeschichte dieses Urteils beschäftigen. Aus der Sicht eines Historikers sind die Prozessakten nicht der einzige Schlüssel zu dieser Frage. Es gilt weitere Quellen heranzuziehen, die Zeugnis über Ursachen und Gründe der Verurteilung ablegen können, welche uns die Richter nicht verraten haben, welche ihnen zum Teil vielleicht auch gar nicht bekannt waren. Was irritierte die kirchlichen Behörden und weltlichen Machthaber so heftig, was fanden die Konzilsväter an Jan Hus so gefährlich, dass sie ihn liquidierten? Dem Sturz eines angesehenen Predigers und Universitätsgelehrten des späten Mittelalters gerecht zu werden heißt zugleich, etwas über die damalige Gesellschaft, ihr Weltbild, ihre inneren Spannungen und Vorurteile zu erfahren.

Dieses Buch befasst sich mit Jan Hus als einem aussagekräftigen Beispiel einer spätmittelalterlichen Karriere im Schnittpunkt von zeitgenössischen Konflikten. Es erscheint angebracht, bereits an dieser Stelle klar zu machen, was dieses Buch beabsichtigt und was es nicht leisten kann. Erstens bietet das Buch keine Abhandlung über das reichhaltige Nachleben von Jan Hus. Er war eine zentrale Bezugsfigur des utraquistischen Sonderweges im 15. Jahrhundert. Er war der negative Held der barocken Legende, der Makel an Böhmens Rechtgläubigkeit. Im 19. Jahrhundert diente er als ein Integrationssymbol der tschechischnationalen Emanzipationsbewegung. Nicht viel später wurde er in den Darstellungen linksorientierter Historiker zum Vorkämpfer der sozialen Gerechtigkeit. Schließlich ist er für evangelische Kirchen, nicht nur in Böhmen, ein wichtiger Vorläufer (oder auch Mitgestalter) der Reformation. Keinem dieser Aspekte wird im Folgenden ausführliche Aufmerksamkeit gewidmet. Nicht, weil es unwichtig oder uninteressant wäre. In einer der letzten Hus-Monographien wird dem Nachleben gut 40 Prozent des Textes gewidmet.[2] Schon daraus ist ersichtlich, dass das Andenken an Hus, sein Nachleben, ein eigenständiges Forschungsfeld bildet, das man in diesem Buch nur im entsprechenden Kontext einbeziehen kann.

Wenn im abschließenden Kapitel das Verhältnis zwischen Jan Hus und der deutschen Reformation erörtert wird, dann geschieht es nicht darum, den böhmischen Reformer als Vorläufer Martin Luthers zu stilisieren. Die im letzten Kapitel gestellte These lautet vielmehr, dass mit dem Hussitentum, also bereits im 15. Jahrhundert, die Reformationsgeschichte beginnt. Anhand des Vergleiches mit der »klassischen« Reformation soll die Bedeutung von Hus für die Entwicklung der böhmischen Gesellschaft des 15. Jahrhunderts beurteilt werden. Allerdings standen damals mehrere Wege offen. Wenn sich die utraquistische Landeskirche der böhmischen Hussiten zu einer Spielart der Reformationskirchen entwickelte, bedeutet das keineswegs, dass Hus selbst diesen Weg einschlagen wollte. Ich gehe aber davon aus, dass für Jan Hus und seine Anhänger der Bruch mit der römischen Kirche unvermeidbar, ja Teil ihres Reformverständnisses war. Es sind diese Ansätze, die zu einer Herausbildung der hussitischen Interessengruppe und zu ihrer Abgrenzung von der Mehrheitskirche führte, was im Folgenden eingehend untersucht werden soll.

Die Darstellung konzentriert sich somit auf die Gestalt des Jan Hus in seiner Zeit. Seine Persönlichkeit verdankt sich in gleicher Weise den Verhältnissen des luxemburgischen Böhmens wie auch dem weiteren Kontext der abendländischen Kirche der Schismazeit. Der Schlüssel zum Verständnis von Hus wird im synchronen Vergleich mit anderen Persönlichkeiten des kirchlichen und universitären Lebens des frühen 15. Jahrhunderts aufgezeigt. Statt eine separate Einführung in die Geschichte und Kultur des Spätmittelalters an den Beginn unseres Buches zu stellen, soll der breitere Kontext in jedem einzelnen Kapitel berücksichtigt werden, wo dies zweckmäßig erscheint. Nur aufgrund eines Vergleiches mit seinen europäischen Zeitgenossen und seinen böhmischen Vorgängern kann dargelegt werden, was an Hus einzigartig und was aus spätmittelalterlicher Perspektive geläufig war.

Die vorliegende Biographie ist gewissermaßen retrospektiv, indem sie nach den Wurzeln der Probleme und Kontroversen sucht, die Hus auf den Scheiterhaufen brachten. Sie schildert seinen Erfolg und seinen Sturz: auf welchen Wegen es ihm gelang, Ruhm zu erlangen und eine Anhängerschaft aufzubauen, warum dies die kritische Aufmerksamkeit der kirchlichen Behörden auf sich gezogen hat, und warum es die Kirche schließlich für unabdingbar hielt, ihn zu beseitigen. Obwohl mir Hus' Tod als Ausgangspunkt der Fragestellung dient, kann ich mich nicht der Ansicht anschließen, dass die historische Bedeutung von Hus lediglich darin liegt, dass er verbrannt und danach in verschiedener Weise instrumentalisiert wurde. Ein eminent öffentlich tätiger und umtriebiger Gelehrter wie Jan Hus muss für Historiker nicht nur wegen seines Todes, sondern vor allem wegen seines Lebens und Wirkens von Interesse sein. Als solche tatkräftige Gestalt wäre er historisch attraktiv, auch wenn es keine Reformationen, keine Revolutionen und keine Nationalerweckungen in seinem Namen gegeben hätte.

Jan Hus wird in diesem Buch vor allem als ein gut dokumentiertes Beispiel eines spätmittelalterlichen Intellektuellen angesehen, eines in der Öffentlichkeit stehenden Professors, der wegen seiner Ausstrahlung in schwere Konflikte geriet. Es sind eben diese Konfliktsituationen und Kontroversen, die in der historischen Überlieferung die stärksten Spuren hinterlassen haben. Dank dieser Auseinandersetzungen und dank Hus' posthumem Ruhm haben wir von ihm eine weitaus reichere Kenntnis als von seinen zeitgenössischen Kollegen. Wohl von keinem anderen mittelalterlichen böhmischen Autor ist ein so umfangreiches Werk erhalten; ebenso einzigartig ist seine erhaltene Korrespondenz. Seinen eigenen Schriften schließen sich Aktenstücke und Nachrichten über Hus an. All dies ermöglicht einen Einblick in die Welt eines Gelehrten, welcher bei anderen zeitgenössischen Personen kaum denkbar ist.

Verhältnismäßig breiten Raum wird in diesem Buch der öffentlichen Tätigkeit des Jan Hus gegeben, der Resonanz seiner Predigten und der daraus resultierenden Bildung seiner Anhängerschaft. Diese Fragestellung ist zugegebenermaßen durch die heutige Erfahrungswelt beeinflusst. Das Hus-Bild entsprach immer den Forderungen und Schwerpunkten der jeweiligen Zeit. Es wäre verfehlt, diese Zeitgebundenheit unterdrücken oder gar leugnen zu wollen. Wenn wir heute miterleben, wie politische, bürgerliche und gesellschaftliche Bewegungen mithilfe elektronischer Kommunikationsnetzwerke organisiert werden, ist es kein Wunder, dass die soziale Auswirkung von kommunikativen Handlungen für kulturgeschichtliche Fragestellungen maßgebend ist. Das bedeutet natürlich für dieses Buch nicht, anachronistische Parallelen zwischen der Zeit von Hus und der heutigen Welt zu ziehen, sondern es findet Schlüsselaspekte, durch welche Hus' Leben und Wirken dem heutigen Menschen überzeugend vor Augen geführt werden kann.

Das Buch ist so aufgebaut, dass jedem Kapitel ein markantes Ereignis vorangestellt wird, das als Ausgangspunkt für die nachstehende Darlegung dient. Die Anordnung dieser Ereignisse entspricht dabei der tatsächlichen Chronologie. Zu besseren Orientierung dient am Anfang des Buches ein kurzer Lebenslauf von Jan Hus. Die problemorientierte Schilderung in den nachfolgenden Kapiteln nimmt jeweils breiteres Material und Quellenbelege aus anderen Phasen seines Lebens mit auf, um das als Ausgangspunkt benutzte Ereignis zu kontextualisieren. Am Ende eines jeden Kapitels wird gefragt, welche Bedeutung das jeweilige Phänomen oder Ereignis im Leben von Hus besaß und ob es zu seiner Verurteilung beigetragen hat. Der Angeklagte und Verurteilte in Konstanz steht somit im Mittelpunkt aller Ausführungen.

3 Magister Jan Hus – ein kurzes Lebens-porträt

Als im September 1378 die Kardinäle in Fondi einen Gegenpapst wählten, ahnten sie nicht, dass das daraus resultierende Schisma beinahe 40 Jahre dauern sollte. Clemens VII. begab sich nach Avignon, wo die Päpste bereits in den Jahren 1309–1377 residiert hatten. Die abendländische Christenheit war in zwei Herrschaftssphären gespalten, eine römische und eine avignonesische Obödienz. Die durch die gesteigerten finanziellen Ansprüche des Kirchenapparats und durch die Verweltlichung der klerikalen Lebensweise ohnehin angegriffene moralische Autorität des Papsttums und der kirchlichen Hierarchie erlitt durch das Schisma eine weitere Einbuße. Eine zweigeteilte Kirche konnte noch schwerer gegen Missstände angehen. Die spätmittelalterliche Gesellschaft, welche durch den *Schwarzen Tod*, die Pestepidemie der Jahre 1347–1353, starken demographischen und sozialen Verwerfungen ausgesetzt war, wurde durch die kirchliche Krise noch tiefer erschüttert und verunsichert.[1]

Jan Hus hat die Nachricht von der Kirchenspaltung wohl kaum mitbekommen. Er war damals ein Knabe und besuchte wahrscheinlich die Pfarrschule in der südböhmischen Stadt Prachatitz (Prachatice). Möglicherweise wurde das Schisma in seiner Gegenwart, etwa vom Ortspfarrer, einmal erwähnt. Aber niemand konnte zu dieser Zeit wissen, dass Jan Hus sein Leben dem Kampf gegen die Missstände in der Kirche weihen und schließlich auf einem Konzil, das sich zur Beseitigung des Schismas versammelt hatte, hingerichtet werden würde.

Hus wurde um 1370 (eine jüngere Tradition nennt das Jahr 1369) im Husinec nahe Prachatitz in bescheidenen Verhältnissen geboren. Er entschied sich für eine kirchliche Karriere und schrieb sich an der Prager Universität ein. Im Jahre 1393 erlangte er den Titel eines Bakkalaureus der freien Künste. In späteren Erinnerungen bedauerte er, an studentischen Karnevalsspielen teilgenommen zu haben.[2] Er vernachlässigte aber sein Studium keineswegs. Im Jahre 1396 promovierte er zum Magister. Die obligatorische zweijährige Lehrtätigkeit an der Artistischen Fakultät fiel Hus nicht schwer. Er wollte ohnehin weiter an der Universität wirken und fing zügig mit dem Studium an der Theologischen Fakultät an. Im Jahr 1400 wurde er zum Priester geweiht.

Zwei Jahre später wurde Jan Hus zum Rektor der Bethlehemskapelle ernannt und widmete sich fleißig und engagiert dem Predigeramt. Er wohnte in dem mit der Kapelle verbundenen Predigerhaus, so dass die Altstädter Predigtstätte zum wirklichen Mittelpunkt seines Lebens wurde. In den Briefen aus dem Exil und besonders aus Konstanz ließ Hus mehrere seiner Freunde grüßen. Unter diesen waren seine Kollegen aus der Universität, aber auch Laien, zum Teil einfache Leute, die in der Nähe der Bethlehemskapelle wohnten oder dort regelmäßig an Predigten und Gottesdiensten teilnahmen. Im Laufe der zehn Jahre, die Hus in der Bethlehemskapelle wirkte, hat er zahlreiche Freundschaften geknüpft. Seine seelsorgliche Tätigkeit dort war vielseitig und intensiv. Gewöhnlich hielt Hus zwei Predigten am Sonntag und dazu eine bis zwei Predigten pro Woche an Heiligentagen. In der Fastenzeit predigte er täglich, oft sogar zwei Mal am Tag. Auch im Advent intensivierte sich die Predigttätigkeit. Wenn die Sammlung der so genannten Bethlehempredigten (*Sermones in Bethlehem*) den Sachverhalt getreu widerspiegeln, dürfte Hus an die 280 Predigten pro Jahr vorgetragen haben. Hinzu kamen seine Lehrtätigkeit an der Universität sowie die Pflichten als Theologiestudent. Nach dem Zeugnis des Augustiners Oswald Reinlein hielt Hus neben den erwähnten Predigten noch zwei Vorlesungen pro Tag – vermutlich zum Teil in den mit der Bethlehemskapelle verbundenen Bursen, einer Art Studentenwohnheimen, in denen auch Unterricht stattfand.[3]

Während man den Alltag von Jan Hus noch einigermaßen rekonstruieren kann, ist dies mit seinem Aussehen nicht so einfach: Die hohe schlanke Gestalt und sein bärtiges, etwas asketisches Antlitz, die uns auf den meisten Abbildungen begegnen, sind den Vorstellungen der frühen Neuzeit verpflichtet. Als Vorläufer Luthers stilisiert, wurde Hus damals in Holzschnitten und Kupferstichen als Gelehrter, d. h. mit den Attributen der zeitgenössischen humanistischen Bildungsschicht abgebildet. Ältere, spätmittelalterliche Abbildungen dürften der Wirklichkeit näher kommen, wenn sie Hus als Priester ohne Bart zeigen. Ebenso schwierig wie das Äußere des Magisters ist es, seinen Charakter nachzuzeichnen. Versuchen wir trotzdem, in wenigen Zügen ein Porträt zu skizzieren. Es ist auffallend, dass nicht einmal seine Feinde Hus grober moralischer Verfehlungen beschuldigten. Die jedem Häretiker des Mittelalters zuteil gewordenen allgemeinen Vorwürfe dürfen uns hier nicht täuschen. Der heimliche Reichtum, der Hus von einigen seiner Kritiker vorgeworfen wurde, hat nie existiert. Das jährliche Einkommen des Rektors der Bethlehemskapelle betrug 20 Schock Prager Groschen, was dem Einkommen aus gewöhnlicher Prager Pfarrei entsprach. Not litt Hus keineswegs, das Geld für die Reise nach Konstanz musste er sich aber von seinen Gönnern ausleihen.

Aus dem üblichen Repertoire von Lastern, die man Ketzern unterstellte, könnte am ehesten der Vorwurf der Hochmut zutreffen, wenn man etwa seine Beharrlichkeit, ja Kompromisslosigkeit in der theologischen Debatte so verstehen will. Andere sittlichen Verfehlungen wie etwa sexuelle Ausschweifungen oder Trunksucht tauchten in der langjährigen Polemik nie auf. Hus hat sich jedenfalls bemüht, der strengen Moral, die er predigte, selbst gerecht zu werden. Da er seinen Schüler Martin von Wolin (Volyně) ermahnte, Kneipenfreundschaften zu vermeiden und sich »mit Weibern nicht zu unterhalten«, kann man davon ausgehen, dass er selbst nach diesem Grundsatz lebte. Dies dürfte ihm nicht immer leicht gefallen sein, denn wir wissen, dass er von durchaus leidenschaftlicher Natur war. In einem Brief erinnerte er sich daran, wie er sich in seiner Jugend beim Schachspielen oft in große Aufregung hineinsteigerte. Er scheint im besten Sinn lebenslustig gewesen zu sein, mit regem Interesse für die Welt um sich herum, das jedoch nie die Oberhand über seinen moralischen Anspruch und seine theologische Verantwortung gewann. In seinen Schriften begegnet uns sein guter Sinn für Humor. Akademische Festreden würzte er mit geistreichen Wortspielen, polemische Schriften mit bissigen Sarkasmen. Nach allem, was wir von ihm wissen, war er kein langweiliger Mensch.[4]

Hus erlebte zwei böhmische Könige, sechs Prager Erzbischöfe, fünf Könige des Heiligen Römischen Reiches und neun Päpste. Er lebte in einer Zeit der Widersprüche. Böhmen erfreute sich im 14. Jahrhundert eines Aufschwungs, der die nachstehenden Wirren umso dramatischer empfinden ließ. König Karl IV. (1346–1378) war der erste unter böhmischen Herrschern, der auch die römische Krone erlangte; 1355 wurde er Kaiser. Der Aufstieg Prags als kaiserlicher Residenz wurde durch die Gründung und allmählichen Ausbau der dortigen Neustadt verdeutlicht. Die wachsende Bedeutung des Landes spiegelte sich auch in der Erhebung des Prager Bistums zum Erzbistum wider. Dank dem diplomatischen Talent der ersten zwei böhmischen Könige aus dem Haus der Luxemburger, Johann und eben Karl IV., erfuhr ihre mitteleuropäische Domäne auch eine territoriale Ausdehnung: neben Böhmen und Mähren gehörten zur Böhmischen Krone Schlesien, die Lausitz und zeitweise auch die Oberpfalz sowie Brandenburg. Mit dem politischen Aufstieg war auch die kulturelle und künstlerische Blüte verbunden. Jan Hus konnte dem großen Herrscher kaum je persönlich begegnet sein; sein Ruhm lebte aber in Böhmen fort, und auch Hus gedachte des Königs respektvoll in seinen Festpredigten als des Gründers der Prager Universität (1348).

Karls Sohn und Nachfolger Wenzel IV. trat seine Regierung unter besonders schwierigen Umständen an. Das päpstliche Schisma war soeben ausgebrochen. Dazu kam der Generationswechsel in der weltlichen wie auch kirchlichen Verwaltung Böhmens, der Wenzel der bewährten Berater seines Vaters beraubte. Die adelige Opposition in Böhmen und die Intrigen seines Bruders Sigismund, des Königs von Ungarn, komplizierten die Situation für Wenzel noch mehr; zwei Mal wurde er von seinen Gegnern sogar in Haft genommen. Wenzel war den ungemein lästigen außen- und innenpolitischen Problemen, denen er sich konfrontiert sah, nicht gewachsen und wurde 1400 von den vier rheinischen Kurfürsten als römischer König abgesetzt. Nach dem Tod seines Rivalen Ruprecht von der Pfalz fiel die römische Krone jedoch wieder an die Luxemburger: 1410 kam es zu einer Doppelwahl des kurz danach verstorbenen mährischen Markgrafen Jobst und des ungarischen Königs Sigismund. Als Erbe seines kinderlosen Bruders Wenzel griff Sigismund zunehmend in die böhmischen Angelegenheiten ein, was nicht ohne Folgen für Jan Hus blieb.

Die politischen Umwälzungen und die allmähliche Resignation des Königs auf aktive Politik kontrastierten mit dem fortsetzenden kulturellen Aufstieg Böhmens. Die bildende Kunst unter Wenzel IV. mit den Schöpfungen des so genannten weichen Stils stand der karolinischen Zeit in nichts nach. Auch die intellektuelle Produktion der Prager Universität entfaltete sich erst richtig gegen Ende der Regierung Karls und besonders unter seinem Sohn. Während der zweiten Hälfte des 14. Jahrhunderts, also innerhalb einer relativ kurzen Zeitspanne, haben die böhmischen Länder den kulturellen Vorsprung westlichen Europas nachgeholt und die dortigen Schöpfungen und Errungenschaften der letzten Jahrhunderte rezipiert. Dies gilt besonders für das Bereich der Religion und der Kirche. Die materiellen und organisatorischen Bedingungen der Seelsorge verbesserten sich seit der Mitte des 14. Jahrhunderts dramatisch. Damit stiegen auch die Ansprüche der Gläubigen, und damit verbunden auch der allgemeine Unwille, wenn die Vertreter der Kirche den religiösen und moralischen Ansprüchen nicht gerecht waren. Die auf allgemeine religiöse Erneuerung ausgerichtete Bewegung fand ihre Basis bei charismatischen Predigern, in Zirkeln interessierter Laien, und letztlich auch an der Universität.[5]

In den 1390er Jahren traf Hus als Student an der Prager Universität eine Gruppe von gleichgesinnten Kollegen. Sie teilten das Interesse für die Philosophie des 1384 verstorbenen Oxforder Professor John Wyclif, und allmählich entwickelte sich auch ihr Eifer für die Kirchenreform. Die theologischen Schriften Wyclifs, die spätestens 1400 dank Hieronymus von Prag in der böhmischen Hauptstadt zur Verfügung standen, lieferten auch im Bereich der Kirchenreform gewaltige Impulse. Den Keim der wyclifistischen Reformgruppe bildeten in den ersten Jahren des 15. Jahrhunderts neben Hus und Hieronymus auch weitere junge Magister, Jakoubek von Mies (Stříbro) und Stephan von Páleč. Ihr Lehrer, der nicht viel ältere Magister Stanislaus von Znaim (Znojmo), befasste sich damals intensiv mit Wyclifs Lehre vom Altarsakrament und betrat so den heiklen Boden der Dogmatik. Im Jahr 1403 wurden 45 Thesen aus Wyclifs Schriften von der Prager Universität als häretisch verurteilt. Trotzdem verliefen die ersten Jahre des 15. Jahrhunderts für Hus noch ziemlich ruhig. Er arbeitete sogar mit Erzbischof Zbyněk in den Sachen der Klerusreform zusammen und hielt 1405 sowie 1407 die Synodalpredigten.

Diese Zusammenarbeit sollte jedoch bald scheitern. Seit dem Jahr 1408 schlitterte Jan Hus in einen sich verschärfenden Konflikt mit den kirchlichen Behörden. In jener Zeit befand er sich bereits an der Spitze der wyclifistischen Reformbewegung, besonders auch deshalb, weil Stanislaus und Páleč nach Italien abgereist waren, um dort die Anschuldigung Stanislaus' wegen eucharistischer Häresie abzuwehren. Inzwischen wurde auch Hus wegen seinen kritischen, angeblich aufrührerischen Predigten und wegen seiner Sympathie für die Lehren des John Wyclif beim Prager Erzbischof angeklagt. Der 1402–1411 amtierende Erzbischof Zbyněk Zajíc von Hasenburg zählte zu den Kirchenfürsten, die stets ihren Willen durchzusetzen suchten. Der Konflikt zwischen Wenzel IV. und dem Erzbischof wirkte sich auch auf Hus' Streit mit Zbyněk aus. Seine Sache rückte den Prediger der Bethlehemskapelle quasi automatisch auf die Seite König Wenzels. Die nachfolgenden Erzbischöfe, Albík von Mährisch Neustadt (Uničov) und seit 1412 Konrad von Vechta, waren dagegen königsnahe Personen. Von ihrer Seite her drohte Hus kaum solche Gefahr wie von Zbyněk. Doch zu dieser Zeit war bereits ein Prozess gegen Hus an der päpstlichen Kurie angestrengt worden.

Die allgemeinen Koordinaten der *Causa* Hus wurden somit durch die Entwicklung des Großen Schismas bestimmt. Dieses endete nicht mit dem Tod der beiden ersten Rivalen. Dem avignonesischen Papst Clemens folgte 1394 Benedikt XIII. nach, der auch noch während des Konstanzer Konzils Papst war. Für Hus waren die Päpste von Rom von größerer Bedeutung, weil Böhmen zur römischen Obödienz gehörte. Nach dem römischen Papst Bonifaz IX. und Innozenz VII. bestieg 1406 Gregor XII. den Papststuhl. Hus und seine Partei konnten von ihm noch eine Bestätigung der Gründung der Bethlehemskapelle erhalten. Bald jedoch kamen auf Hus und seine Anhänger neue Herausforderungen zu. Für das Jahr 1409 wurde von den Kardinälen beider Obödienzen ein Konzil nach Pisa einberufen, welches das Schisma beenden sollte. Als König Wenzel einen Obödienzwechsel erwog, benötigte er hiefür ein befürwortendes Gutachten der Prager Universität. Die wyclifistischen Magister um Hus, die die Mehrheit der böhmischen Universitätsnation bildeten, zeigten sich bereit, dieses zu erarbeiten. Die böhmische Nation war indes nur eine der vier Prager Universitätsnationen. Mit dem so genannten Kuttenberger Dekret von 1409 gab Wenzel den Böhmen drei Stimmen in der Universitätsverwaltung, der bayerischen, polnischen und sächsischen Universitätsnation zusammen nur eine. Die böhmische Kontrolle über die Universität führte dazu, dass die meisten Mitglieder der drei nichtböhmischen Nationen Prag den Rücken kehrten.

In Pisa wurde das Schisma nicht beseitigt. Das Konzil wählte einen neuen Papst, ohne erwirken zu können, dass die zwei anderen zurücktraten. Das Königreich Böhmen unterstützte nun die Pisaner Obödienz und den aus dem Konzil als Papst hervorgegangenen Alexander V. Die eventuellen Hoffnungen, die Hus mit dem Pisaner Papsttum verband, erwiesen sich schnell als trügerisch. Alexander V. griff in den Prager Streit ein, indem er die Konfiskation aller Schriften John Wyclifs befahl und indem er darüber hinaus Predigten in Kapellen, also auch in der Bethlehemskapelle, verbat. Die Veröffentlichung der Bulle und die Durchführung der darin geforderten Maßnahmen durch Erzbischof Zbyněk im Sommer 1410 verschärften den Konflikt zwischen der hussitischen Gruppe und den kirchlichen Behörden. Hus veranstaltete eine Verteidigung der Schriften Wyclifs an der Universität und legte einen Einspruch gegen die Bücherverbrennung beim Papst ein. Damit wurde sein Gerichtsprozess an der päpstlichen Kurie in Gang gesetzt und er wurde nach Rom vorgeladen. Da er dieser Ladung nicht folge leistete, sondern sich in der Rechtsangelegenheit durch Abgesandte vertreten ließ, wurde er mit dem Kirchenbann belegt.

Johannes XXIII., der dem Papst Alexander V. in der Pisaner Linie nachfolgte, drängte Hus in einen weiteren Konflikt. Als im Frühjahr 1412 Kommissare des neuen Papstes nach Prag kamen und einen Ablass für die Unterstützung eines Kreuzzugs gegen Ladislaus von Neapel anpriesen, widersetzte sich Hus diesem Handel mit der Sündenvergebung. Die antipäpstliche Kampagne fand außergewöhnlichen Zuspruch bei der Bevölkerung, führte jedoch zur Spaltung der wyclifistischen Reformgruppe. Einige der bisherigen Kollegen und Unterstützer Hus', namentlich die Magister Stanislaus von Znaim und Stephan von Páleč, gaben ihren Wyclifismus auf und wurden zu schärfsten Gegnern von Hus. Auch König Wenzel, der Hus noch im Jahr zuvor unterstützt hatte, wandte sich nun von ihm ab. Die zweite formelle Verteidigung der Wyclifschen Lehren an der Universität konnte daran nichts ändern. Eine weitere Katastrophe folgte bald. Im Oktober 1412 wurde über Hus der verschärfte päpstliche Bann verhängt, weil er nicht vor Gericht erschienen war. Nun drohte jedem Aufenthaltsort von Hus das Interdikt, also die Aussetzung und das Verbot aller Gottesdienste und jeglicher Sakramentenspendung.

Hus entschied sich, aus Prag zu fliehen. Zwei Jahre lang hielt er sich inkognito in Nordwest- und Südböhmen auf, bis ihn die große Kirchenpolitik wieder einholte. König Sigismund und Papst Johannes XXIII. vereinbarten die Einberufung eines weiteren Konzils, diesmal nach Konstanz, um die drei Obödienzen der lateinischen Kirche endlich zu vereinigen und das Schisma zu beenden. Durch eine europaweite Verständigung und die Wahl eines neuen Papstes, Martins V., gelang dies dem Konzil 1417 tatsächlich. Auch Hus hatte sich vom Konzil eine Lösung seiner *Causa* erhofft. Unter zunehmendem Druck, nahm er im Herbst 1414 die Einladung König Sigismunds an und entschloss sich unter dem vom König zugesicherten freien Geleit, nach Konstanz zu gehen. Hus' Lebensweg, der hier knapp nachgezeichnet wurde, sollte in Konstanz sein Ende finden. In nächsten Kapiteln werden jene Gebiete des öffentlichen Lebens und des literarischen Schaffens vorgestellt, auf welchen sich Jan Hus besonders hervortat.

4 Hus als Prediger – Seine Ernennung zum Rektor der Bethlehemskapelle 1402

»Wir ernennen den ehrwürdigen Magister Jan von Husinec zum Rektor und Leutpriester in und zur Kapelle der heiligen Unschuldigen, die im Volksmund Bethlehem genannt wird und in der Prager Altstadt liegt und die durch freiwilligen Rücktritt des ehrwürdigen Herrn Stephan von Kolin, des unmittelbar vorigen Rektor dieser Kapelle, ledig geworden ist, welcher Rücktritt in unsere Hände niedergelegt und von uns angenommen und bewilligt wurde.«

So steht es in der Urkunde des erzbischöflichen Vikars Ogier, die er am 14. März 1402 ausstellte und zugleich in die Amtbücher des Erzbistums eintragen ließ. Jan Hus, seit fünf Jahren Universitätsmagister, hatte sich bis dahin vor allem seiner Ausbildung gewidmet, denn selbst nach der Erlangung der Magisterwürde in den *Freien Künsten* (einem Studium der grundlegenden Wissenschaften wie Grammatik, Rhetorik, Arithmetik oder Astronomie) setzte er sein Studium im Fach Theologie fort. Wie die meisten Universitätsabsolventen damals ließ auch er sich zum Priester weihen, und zwar im Juni 1400. Um ihren Lebensunterhalt zu sichern, bemühten sich diese Priester gewöhlich, an eine Pfründe zu gelangen. Jan Hus hatte sich offenbar nicht als Pfründenjäger hervorgetan. In den ersten zwei Jahren seines Priestertums hielt er gelegentliche Gastpredigten und erregte mit diesen bereits Aufmerksamkeit. Die Ernennung zum Bethlehemsprediger bedeutete für ihn vor allem eine sichere Existenz, aber die Stelle war mehr als das: Das Predigeramt wurde für ihn zur Berufung seines Lebens.[1]

Die Ernennung zum Prediger an der Bethlehemskapelle erfolgte unter dem Patronat des Gründers ebene dieser

Kapelle, Hans von Mühlheim. Dieser Hofmann König Wenzels hatte wohl der Stiftung die nötige politische Unterstützung verschafft. Der eigentliche Anstoß zur Stiftung selbst ging eher von dem Prager Krämer Kříž aus, der das Grundstück zur Verfügung stellte und sich an der Stiftung auch finanziell beteiligte. Die Gründung erfolgte am 24. Mai 1391, dreieinhalb Jahre später wurde der Bau abgeschlossen und die Kapelle eingeweiht. Das schlichte Hallengebäude mit einem gotischen Doppelgiebel war im Stadtbild dominant. Mit seinem unrechteckigen Grundriss umschloss es einen riesigen Innenraum. Bis zu 3000 Besucher fanden darin Platz. Einen vergleichbar großen Raum boten in Prag zu dieser Zeit wohl nur die Domkirchen auf der Prager Burg und auf dem Vyšehrad. Der Neubau von Kříž war so groß, dass bei dicht gefülltem Raum etwa ein Zehntel der Prager Stadtbevölkerung sich dort versammlen und einer Predigt beiwohnen konnte. Die Kapelle wurde vor allem für die Predigt bestimmt. Die Gründungsurkunde betonte, es sei Gottes Gebot, dass sein Wort nicht gebunden, sondern frei verkündet werde, und

Abbildung eines Reformpredigers. Aus dem Druck Processus consistorialis martyrii Io. Huss (1525).

paraphrasierte dazu den Spruch in Jesaja 1,9: »Hätte uns der Herr nicht den Samen des Gotteswortes und der heiligen Predigt gelassen, so wären wir wie Sodom und wie Gomorra.«[2]

Laut der erwähnten Urkunde wollte die Stiftung Abhilfe für den unbefriedigenden Zustand schaffen, dass »die Prediger, besonders diejenigen der tschechischen Volksprache, sich oft gezwungen sehen, Häuser und Schlupfwinkel auszusuchen«. Der Stifter spielt wohl auf die geheimen Versamlungen der überlebenden Sympathisanten des charismatischen Predigers Milíč von Kremsier (Kroměříž) an. Dieser hatte in Prag Ende der 1360er und Anfang der 1370er Jahre eine Schar von Anhängern um sich versammelt. Milíč hatte ein Haus für ein gemeinsames Leben frommer Priester und Laien, nicht zuletzt ehemaliger Prostituierter, gegründet. In dieser Einrichtung, die er programmatisch *Jerusalem* nannte, unterhielt er wohl auch eine Predigerschule. Nach Milíčs Tod 1374 wurde diese Einrichtung geschlossen bzw. in ein Zisterzienserkollegium umgewandelt. Die nonkonformistischen Prediger der Milíč'schen Schule wurden jedoch weiterhin von den erzbischöflichen Behörden überwacht. Im Frühjahr 1388 vertraute der Domscholastiker Adalbert Rankonis, der Testamentsvollstrecker Milíčs, den Wiederaufbau von *Jerusalem* einer Gruppe an, in welcher sich zahlreiche Milíč-Anhänger wiederfanden. Hier begegnen uns unter anderem der Theologe Matthias von Janov und auch der Krämer Kříž. Aus Mühlheims Urkunde kann man folgern, dass Milíčs Bewegung auch 17 Jahre nach seinem Tod in der Form von kleinen, privaten Kreisen fortlebte. In der Bethlehemskapelle, unweit der ursprünglichen Stätte, an der das *Jerusalem* stand, sollte diese Bewegung nun eine breitere Öffentlichkeit ansprechen.[3]

Es ist anzunehmen, dass Hus schon vorher Kontakte zu dieser Gruppe gepflegt hatte. Aus einer Zeugenaussage weiß man, dass sich Jan Hus und Hieronymus von Prag im Jahre 1401 im Haus des Bechermachers Wenzel mit Kříž trafen. Ohne die kontinuierlichen Verbindungen der böhmischen Reformer überschätzen zu wollen, ist dennoch eine deutliche Gemeinsamkeit zwischen Milíč und Hus in der starken Betonung der Predigttätigkeit feststellbar. Obwohl sich, wie wir noch sehen werden, die Reformen von Jan Hus in eine Richtung entwickelten, die Milíč nie beabsichtigte, können wir im frühen Stadium der Bethlehemskapelle eine Anknüpfung an dieses Erbe sehen. Auch später, in schwierigeren Zeiten seiner Tätigkeit in *Bethlehem*, nahm Hus zum Vermächtnis der Gründergeneration Zuflucht. Im Jahre 1410 legte er Berufung gegen die päpstliche Bulle ein, die die Predigt in der Kapelle verboten hatte. Im Text des Einspruches, der wohl von Johannes von Jesenice entworfen worden war, wurde die Bethlehemer Gründungsurkunde zitiert. Im Jahr 1413 rief Hus in seinen tschechisch geschriebenen *Auslegungen* (*Výklady*) den Versuch seiner Feinde vom Vorjahr in Erinnerung, Bethlehem zu schließen und abzureißen:

>»Einige weltlichen Leute, besonders Deutsche mit einigen Tschechen, strebten an, den Ort, wo das Brot [des Gotteswortes] verteilt wird, niederzureißen, nämlich die Bethlehemskapelle,«

schrieb er dort. Die Anspielung an die Stiftungsurkunde von 1391 ist evident. »Ich fand es angemessen,« offenbarte damals Hans von Mühlheim,

>»die Kapelle ›Bethlehem‹ zu nennen, was man ›Haus des Brotes‹ auslegt, mit der Absicht, dass sich dort das gemeine Volk und die Treuen Christi mit dem Brot der heiligen Predigt erfrischen sollen.[4]

Mühlheim und Kříž hatten vorgesehen, in der Kapelle je eine Predigerpfründe zu stiften. Während Mühlheims Kandidat, Johannes Protiva von Nová Ves, im Sommer 1391 vom Erzbistum bestätigt wurde, stieß der Kandidat von Kříž, Johannes Štěkna, wohl auf Probleme mit den kirchlichen Behörden. Jedenfalls wurde er nie offiziell als Prediger an der Bethlehemskapelle ernannt und Kříž stiftete stattdessen eine Altarpfründe. Interessanterweise wandten sich die beiden ersten Kandidaten für die Bethlehemspredigerstelle später gegen die wyclifistische Reformgruppe. Nach Protiva wurde der Universitätsmagister Stephan von Kolin zum Bethlehemrektor ernannt. Er trat aber bereits 1402 zurück, um die Stelle für Jan Hus frei zu machen. Zu dieser Zeit war das Altarbenefizium von Matthias von Tučapy besetzt, der in der ersten Jahreshälfte 1412 durch einen näher unbekannten Jakob ersetzt wurde. Die vorgesehene zweite Predigerstelle blieb weiterhin vakant. Erst im April 1411 begegnet man Nikolaus von Miličín, einem Schüler von Hus, als zweitem Bethlehemprediger.[5]

Jan Hus lebte sich wohl schnell in sein neues Amt als Prediger ein. Als Verwalter der Kapelle, die keine Pfarrrechte besaß, sondern sich im Bezirk der Kirche St. Philipp und Jakob befand, musste er mit dem dortigen Pfarrer auskommen. Das Verhältnis zu der heute untergegangenen Kirche – sie stand an der Stelle des heutigen Bethlehemsplatzes – wurde bereits im Vorfeld der Gründung geregelt, als der dortige Pfarrer Ulrich sich gegen Zahlung einer Entschädigung von 90 Groschen jährlich mit der Errichtung der Kapelle und der dazugehörigen Pfründen einverstanden erklärte. Nun schloss Jan Hus mit dem zuständigen Pfarrer Nikolaus Zeiselmeister ein neues Abkommen. Am 1. April 1403 trafen sich beide im Haus des Theologieprofessors Johannes Eliae, um die neuen Verhältnisse zu regeln. Die Entschädigung des Pfarrers wurde im Vergleich zur ursprünglichen Abfindung verdoppelt, wobei die gesungenen Messen in der Bethlehemskapelle eingeschränkt wurden, um der benachbarten Pfarrkirche keine übergroße Konkurrenz zu machen. Doch die zukünftige Anziehungskraft der Bethlehemskapelle bestand ohnehin hauptsächlich in der Predigt. Das entsprach dem Wunsch der Gründer und auch dem Verständnis Hus`.

Schätzungsweise Hus selbst während seiner Zeit als Rektor der Kapelle etwa 3000 Predigten von der Bethlehemskanzel herab gehalten. Diese Zahl erscheint beeindruckend. Waren Ausmaß und Wirkung der Predigten in der Bethlehemskapelle für die damaligen Verhältnisse außergewöhnlich? Mit Blick auf die spätmittelalterliche Predigtintensität im europäischen Vergleich darf man das bestreiten. Die berühmten Prediger jener Zeit waren durchaus daran gewöhnt, große Mengen von Zuhörern anzulocken. Wanderprediger wie der katalanische Dominikaner Vinzenz Ferrer besuchten auf ihren Reisen weite Teile des lateinischen Europas. Dass sie in der Regel nicht ohne die Hilfe von Dolmetschern predigen konnten, minderte die Wirkung ihrer Worte nicht. Die von Predigern angeregten Buß- und Friedensbewegungen hatten besonders in italienischen Städten eine lange Tradition. Ein weiterer Zeitgenosse von Hus, der etwa zehn Jahre jüngere Franziskaner Bernardin von Siena, begeisterte seine Zuhören nicht nur in seiner Heimatstadt, sondern auch in anderen norditalienischen Kommunen. Nicht selten war die Zahl der Interessierten und Neugierigen so groß, dass die Kirchen zu klein waren und die Predigtveranstaltungen auf den Marktplatz verlegt werden mussten. Auf der Piazza del Campo in Siena dürften Bernardin bis zu 20 000 Menschen zugehört haben.

Die erfolgreichsten Prediger der Zeit wussten offenbar ihr Publikum zu fesseln und hatten entsprechende rhetorische und publikumswirksame Techniken entwickelt. Theatralische Predigtvorstellungen mit ausgeprägter Gestik, dialogischen Einschüben und visuellen Hilfsmitteln waren typisch für die Prediger aus den Bettelorden. Gewisser dramatischer Ausdrucksmittel bediente sich aber wohl jeder Prediger. Beliebt waren verschiedene illustrative Geschichten, lebendige Beispiele, erbauliche Allegorien und anschauliche Gleichnisse aus dem Alltagsleben. Ihre intensive Verwendung war aber keine Voraussetzung für den Erfolg einer Predigt. Der Florentiner Dominikaner Giovanni Dominici äußerte sich gegen solchen übermäßigen Gebrauch von Geschichten und aus der (weltlichen) Literatur geschöpften Redeschmuck, wodurch er eigentlich den Predigtstil Bernardins in Frage stellte. Als Dominici im Jahre 1400 aus Venedig heimkehrte, beschrieb ein Besucher seine Predigt in einem Brief wie folgt:

> »Ich sage euch, nie zuvor habe ich eine solche Predigt gehört, noch ist eine solche je gepredigt worden. Und es ist sicher, dass die Gottesfreunde sich zu erheben begannen, um den Lebens-

wandel der faulen Kleriker un der trägen Laien auszumerzen [...]
Wir alle weinten entweder oder standen mit Staunen vor der klaren Wahrheit, die er den Zuhörern aufzeigte.[6]

Ein deutliches Zeugnis dafür, welche Wirkung eine sittenkritische Predigt erzielen konnte!

Dem Prager Publikum zurzeit von Jan Hus war eine solche Predigtpraxis durchaus vertraut. Seit den 1360er Jahren konnte es spektakuläre Predigtkampagnen miterleben. Nicht nur die gut bekannten Reformprediger haben das Angebot an erbaulicher Rhetorik gestaltet. Die Predigt war auch ein fester Bestandteil der außerordentlichen Ablassverkündigung, die ebenso zum religiösen Leben der Zeit gehörte. Die auf religiöse Erneuerung zielenden Kampagnen waren nicht in das vorhandene Netz von Pfarr- und Klosterkirchen eingebunden. Die Tätigkeit eines Konrad Waldhausers oder Milíčs von Kremsier standzu der normalen Seelsorge sogar im Widerspruch. Die Prager Pfarrer und Kanoniker sowie die Mitglieder der Bettelorden zählten zu den erbitterten Gegnern der Predigerbewegung. Zumindestens in Mitteleuropa waren es nicht mehr die Mendikanten, welche die Predigtszene dominierten, obwohl die Wiederbelebung der Predigt im 13. Jahrhundert durch sie veranlasst wurde. Nun, im Spätmittelalter, übernahmen Säkularkleriker die Fortsetzung der Predigtbewegung.[7]

Die für alle Gläubigen erreichbare religiöse Unterweisung durch Predigten zählte zu den wichtigen Zielen der pastoralen Reform. Ein Mittel dazu war die Ausdehnung der durch das Pfarrnetzwerk vermittelten seelsorgerischen Dienste. Wenn die Pfarrer der Nachfrage nach Predigten nicht nachkommen konnten, gründete man spezielle Predigtpfründen, sogenannte Prädikaturen. Böhmen und besonders Prag scheinen in dieser Hinsicht eine besondere Rolle gespielt zu haben, was ein Vergleich mit der Reichsstadt Nürnberg bestätigt. Hier gab es neben den Bettelordenskirchen nur zwei Prädikaturen, eine dritte kam 1426 hinzu. In Prag hingegen finden wir Anfang des 15. Jahrhunderts spezialisierte Predigerstellen an nicht weniger als 14 Pfarrkirchen. Das Interesse am »Predigtbetrieb« bezeugen indirekt auch zahllose erhaltene Predigthandschriften. Vor der Mitte des 14. Jahrhunderts sind aus Böhmen nur vereinzelte Predigtsammlungen überliefert. Aus den 100 Jahren von 1350 bis etwa 1450 sind jedoch insgesamt 140 böhmische Predigtsammlungen (Postillen) bekannt, eine nicht nur im mitteleuropäischen Vergleich beachtliche Zahl. Die meisten von ihnen wurden von den mit der Universität und den Stadtkirchen verbundenen Predigern verfasst. Die Lebendigkeit des Predigtbetriebs ist daher auch ein Indikator für den religiös-kulturellen Aufstieg, den die böhmische Gesellschaft in der zweiten Hälfte des 14. Jahrhunderts durchlebte.[8]

Jan Hus musste seinen Platz in der städtischen Predigtlandschaft erst finden. Sofort nach seiner Weihe zum Priester begann er zu predigen. In Konstanz erinnerte er sich daran, dass er in seinem ersten Jahr als Prediger ein Predigtenbüchlein verfasst hatte. »Es war, wie ich vermute, das Jahr des Herrn 1401,« schrieb er. Diese Erinnerung scheint richtig zu sein, war er doch im Sommer 1400 geweiht worden. Der Pfarrer Bernhard von St. Michael in der Altstadt hatte Hus anfangs seine Kanzel zu Verfügung gestellt. In einem Brief bemerkte Hus, er habe mehr als zwölf Jahre gepredigt, bevor er sich im Herbst 1412 gezwungen sah, Prag zu verlassen. Das erste volle Kirchenjahr seines Predigens erstreckte sich also vom Advent 1400 bis in den größten Teil der Jahres 1401. Bereits in dieser Zeit musste er sich mit seinen Predigten einen bemerkenswerten Ruf erworben haben, sonst wäre Kříž kaum auf ihn aufmerksam geworden, als er einen Prediger für die Bethlehemskapelle suchte. Johannes Protiva äußerte später über eine der Predigten, von Hus, dass man viel über sie gesprochen habe. In der Folge der Absetzung Wenzels als römischer König drangen nämlich die mit dem neuen König Ruprecht verbündeten Meißener Truppen bis zur böhmischen Hauptstadt vor. Erstmals seit 100 Jahren durchzog ein fremdes Heer das Gebiet des Königreiches, entsprechend groß war die Empörung in der Bevölkerung. Jan Hus beschwerte sich damals von der Kanzel herab, dass die Böhmen ihr Land kaum verteidigt hätten und daher erbärmlicher als Hunde und Schlangen seien, die ihre Höhlen schützten.[9]

Der Vegleich mit Hunden und Schlangen wie auch die Einbeziehung der Meißener Invasion als aktuelles Thema zeigt Hus bereits in seiner Frühzeit als einen geschickten Prediger. Anschauliche Vergleiche und erbauliche Geschichten findet man auch in seiner ältesten Predigtsammlung, den sogenannten *Puncta*, die die Anfänge seiner Predigttätigkeit widerspiegelt. Allerdings sind die in Handschriften erhaltenen Predigtsammlungen und Postillen keine wortgetreuen Spiegelbilder der mündlich gehaltenen Predigten, schon gar nicht hinsichtlich ihrer rhetorischen Feinheit. Es kann sich im Fall eines schriftlich überlieferten Predigttextes entweder um Notizen des Predigers handeln, die ihm als Vorlage dienten, oder aber um einen erst nach dem Predigtvortrag schriftlich fixierten Text. Im letzteren Fall kann die Niederschrift entweder vom Prediger selbst nachträglich redigiert, oder von einem Zuhörer aufgenommen und gegebenenfalls überarbeitet worden sein. Relativ nahe am mündlichen Vortrag dürfen die Texte der lateinischen Predigten gewesen sein, die für die Geistlichkeit gedacht waren. Diese Reden, Universitäts- und Synodalpredigten, wurden auf lateinisch vorgetragen, höchstwahrscheinlich so, wie sie in den Kodizes stehen, mit allem rhetorischen Schmuck und großem Anmerkungsapparat. Von Hus sind zwei Synodal- und sechs Universitätspredigten überliefert, darunter zwei feierliche Reden bei der Gedächtnismesse für den Universitätsgründer Karl IV. Diese Predigten hatte Hus natürlich nicht in der Bethlehemskapelle vorgetragen: die Predigten, die er vor einem universitärem Auditorium hielt, fanden in den Altstädter Kirchen St. Gallus, St. Clemens oder St. Jakob statt.[10]

Die Mehrheit der überlieferten Predigten von Hus stammt aus seiner Tätigkeit als Volksprediger. Obwohl auf Tschechisch vorgetragen, wurden sie zum guten Teil in lateinischer Fassung schriftlich verbreitet. Die Entstehung der erhaltenen lateinischen Predigtsammlungen von Hus kann man sich folgendermaßen vorstellen: Am Ende des jeweiligen Kirchenjahres sammelte Hus seine Unterlagen und bearbeitete sie für ein Buch, das er interessierten Benutzern, wohl Studenten und Predigern, zur Verfügung stellte. Dabei ergaben dann Anspielungen auf aktuelle kirchenpolitische Ereignisse wenig Sinn. Die spontanen und für die Situation aussagekräftigen Sprüche, die uns am meisten interessieren würden, bleiben uns daher verborgen, falls sie nicht von einem Zuhörer – aus Gründen der Bewunderung oder einer geplanten Denunziation – aufgenommen wurden.

In diese Kategorie fallen neben den erwähnten *Puncta* weitere Sammlungen. In den *Collecta*, einer Sammlung von Predigten des Jahres 1404/1405, wurden die meisten aktuellen oder polemischen Hinweise getilgt. Auch die Sammlung des Jahres 1411/1412, die *Postilla adumbrata* (»die grob skizzierte Postille«), wurde von Hus am Ende des Jahres nachträglich redigiert. Sie enthält trotzdem mehrere aktuelle Anspielungen auf die Ereignisse des stürmischen Jahres 1412. Eine weitere Gruppe von Hus' homiletischen Werken, die als »biblischer Kurs« bezeichnet wurde, hängt wohl mit seiner Lehrtätigkeit als Bakkalaureus an der Theologischen Fakultät zusammen. Die Postille *de tempore*, das so genannte *Leccionarium bipartitum* (»das zweigeteilte Lesungsbuch«, in Winter- und Sommerzyklus geteilt), die Heiligenpredigten (*Sermones de sanctis*), die Fastenpredigten (*Quadragesimale*) und eine Auslegung über Passion Christi vereinigen Predigten über die jeweiligen biblischen Lesungen und enthalten entsprechende Exzerpte aus Homilien der Kirchenväter. Zugleich decken sie das ganze Kirchenjahr ab, so dass sie sich auch anderen Predigern zum Gebrauch nahelegten. Man kann sie grob um die Mitte des ersten Dezenniums des 15. Jahrhundert datieren.[11]

Einen Sonderfall unter Hus' Predigtsammlungen stellen die so genannten Bethlehemer Predigten (*Sermones in Bethlehem*) aus dem Jahr 1410/1411 dar. Diese wurden nämlich nicht vom Autor bearbeitet und herausgegeben. Allem Anschein nach stammen sie von zwei seiner Schüler, denen der Magister seine Materialien zum Zwecke der Veröffentlichung überließ. Da die beiden Redaktoren bei der Bearbeitung auch ihre eigenen Notizen benutzten, die sie vermutlich als Zuhörer gemacht haben, vermitteln die zwei handschriftlichen Versionen der *Bethlehemer Predigten* einen gewissen Eindruck von den eigentlich vorgetragenen Predigten.[12]

Die Predigtsammlungen aus der Spätzeit von Jan Hus in der Bethlehemskapelle lassen erkennen, dass ihr Autor zunehmend von den gegen ihn geführten Gerichtsverfahren und den damit verbundenen Polemiken belastet war. Die Ereignisse flossen in die Predigttexte ein. Auch wird ersichtlich, dass es Hus an Zeit fehlte, um die Sammlungen mit der Sorgfalt, die er seinen früheren Werken widmete, zur Publikation vorzubereiten.

Die frühen Predigten von Hus haben eine größere Verbreitung erfahren. Seine ersten Buchpostillen sind in knapp zehn Kodizes überliefert. Die Handschriftenzahl der Universitätspredigten variiert zwischen 3 und 14. Ein überdurchschnittlicher Erfolg war den Synodalpredigten und den Werken des »biblischen Kurses« beschert, von denen je 20 bis 30 Handschriften überliefert sind. Die Wirkungsgeschichte der schriftlich festgehaltenen Predigten kann man auch anhand ihrer Benutzung durch andere Prediger verfolgen. Noch zu Hus' Lebzeiten oder kurz danach sind mehrere Predigtsammlungen entstanden, deren Autoren aus den Vorlagen des berühmten Magisters schöpften. Der Augustinerchorherr Wenzel Pašek aus Wolin oder der südböhmische hussitische Pfarrer Nikolaus Mníšek haben beim Zusammenstellen ihrer Predigthandschriften stark auf die Sammlungen von Hus zurückgegriffen. Auch einige anonyme Postillen erhalten umfangreiche Exzerpte aus dessen Predigten. Der Autor der Sammlung *Dicta de tempore* (»Reden für das Kirchenjahr«) hat Abschnitte aus Hus' Werken benutzt, diese aber mit der Postille Konrad Waldhausers gemischt. So lebten Hus' Bethlehemsreden im regen Predigtbetrieb des späten Mittelalters weiter.[13]

Die Predigthandschriften enthielten nicht den exakten Wortlaut der vorgetragenen Rede fest. Vielmehr wurden sie als Materialfundgrube und Modell für zukünftige Predigten kopiert. Auch wenn wir nie wissen werden, was genau Jan Hus von der Bethlehemskanzel sagte, zeigen seine Postillen, welche Inhalte, Thesen und Kritik er für angebracht hielt, seinen Zuhörern zu vermitteln. Die Predigthandschriften waren zwar stark von Gemeinplätzen bestimmt, boten aber andererseits Raum und Gelegenheit zur Variation. Das war auch nötig, denn der Ablauf des liturgischen Jahres konfrontierte die Prediger immer mit denselben auszulegenden Texten.

Schauen wir uns an, welche Entwicklungen von Jan Hus wir an seinen Predigten nachvollziehen können. Als Beispiel nehmen wir den 15. Sonntag nach dem Fest der heiligen Dreifaltigkeit. Der Kernsatz des Evangeliumstextes dieses Tages lautete: *Nemo potest duobus dominis servire*, also: »Niemand kann zwei Herren dienen« (Matthäus 6, 24–34). Eine Predigt zu diesem Textabschnitt findet sich in Hus' erster Postille, den *Puncta*, in den *Collecta* sowie im Sommerteil des *Leccionariums*. Zwei Mal wird der Evangelienvers in den *Sermones in Bethlehem* behandelt, eine weitere Predigt liefert die *Adumbrata* und schließlich auch die tschechische Postille. Die Auslegung des Hauptthemas und die dabei gemachten Aussagen passte Hus immer den herrschenden Umständen sowie den Bedürfnissen und dem Erfahrungshorizont seines Publikums an. In den *Puncta* bemühte er sich um eine verständliche Darbietung. »Ihr könnt nicht beiden dienen, Gott und dem Mammon,« steht in der Bibel. Hus verdeutlichte dieses Dilemma mit den Worten des hl. Augustinus:

> »Wie das körperliche Auge nicht im gleichen Augenblick zum Himmel hinauf und auf den zum Boden hinabschauen kann, so kann sich auch das mentale Auge nicht gleichzeitig auf die himmlischen und auf die weltlichen Dingen richten.«

Den Weg in den Himmel oder in die Hölle veranschaulicht er am Beispiel der Kaufleute, die eine Marktuntersuchung machen und dann das in ein Königreich liefern, was man dort vermisst. So werden die Armen und Leidenden in den Himmel geliefert, wo es es kein Leid, Armut und Hunger gebe, und die Reichen und Genießer in die Hölle, wo es kein Glück, Reichtum und Völlerei gebe.

Illustrative Kurzgeschichten, die mit allegorischen Bedeutungen verbunden waren, sogenannte *Exempla* (Beispiele), konnte ein mittelalterlicher Prediger in eigens dafür zusammengestellten Handbüchern nachschlagen. Hus profitierte hiervon bei der Arbeit an den *Puncta* sehr. Aus den weit verbreiteten *Lebensgeschichten der Philosophen* benutzte er die bis heute bekannte Erzählung von Alexander und Diogenes als ein Beispiel dafür, sich nicht von der Sorge um sein Eigentum beherrschen zu lassen. Zahlreich sind die Beispiele aus dem Tierreich. Zum Thema vorgetäuschter, aber ostentativer Gottesliebe erinnert Hus an die Affenmutter, die ihr Junges auf dem Bauch trägt, obwohl sie es nicht liebt.

Die *Exempla* sind in den *Puncta* meistens nur stichwortartig angedeutet. Führen wir als Beispiel das *Exemplum* zum Thema »nur einem Herrn dienen« vollständig an:

> »Beispiel. Plinius sagt: Der Löwe ist mild zu allen, die ihm dienen. Das wird aus dem Beispiel eines Hirten klar, der mächtig geworden war und später vom Kaiser den Löwen vorgeworfen wurde. Ihm diente ein Löwe, weil er diesem einen Dorn aus dem Fleisch gezogen hatte.«

Mit einer so dürftig erzählten Geschichte wäre der Prediger wahrscheinlich ausgebuht worden – er musste aus diesem handschriftlichen Eintrag auf der Kanzel erst ein wirkungsvolles Stilmittel machen. Der narrative Stoff in den *Puncta* ermöglicht uns trotzdem einen wertvollen Einblick in das rhetorische Repertoire, mit welchem Hus in seiner Anfangszeit seine Zuhörer fesselte.[14]

Die beiden nächstfolgenden Predigtsammlungen von Hus enthalten wenige eigene Texte. Die Predigt in den *Collecta* (1405) besteht im Wesentlichen aus Texten von Kirchenvätern, etwa nur ein Viertel des Textes stammt vom Hus selbst. Den größten Teil der Evangelienauslegung bilden Auszüge aus den entsprechenden Homilien von Chrysostomus, Augustinus und Hieronymus. Der Autor beabsichtigte offenbar, eine Sammlung von anerkannten, authoritativen Auslegungen der »heiligen Doktoren« zusammenzustellen. Trotzdem gelang es ihm, in der Predigt sein eigenes, die Missständen seiner Zeit kritisierendes Anliegen vorzubringen, indem er deutliche Worte gegen geldgierige Kleriker fand. Zum Paralleltext im Lukasevangelium, wo es heißt: »Das alles hörten auch die Pharisäer, die sehr am Geld hingen, und sie lachten über ihn« (Lukas 16, 14), bemerkte er:

> »So lachen heute Kleriker über ihn, die ihre Habgier nicht stillen können. Aus Habgier trachten sie nach Pfründen und nehmen auch tatsächlich mehrere von diesen an; weitere verkaufen Sakramente, noch weitere berauben das Volk durch Heuchlerei, Lug und Trug. [...] O, mögen sie die Stimme des Herrn hören: Niemand kann zwei Herren gleichzeitig und gleichwertig dienen.[15]

Das *Leccionarium bipartitum* (1407) könnte man als ein homiletisch-exegetisches Handbuch charakterisieren. Im ersten Absatz der Predigt über »Niemand kann zwei Herren dienen« bietet der Eintrag zwar ein regelrechtes Predigtgerüst, wie es für Predigtgliederungen geläufig war. Was aber folgt, ist eine Sammlung von Glossen, Zitaten aus der Bibel und aus den Kirchenvätern, die die einzelnen Teile des Sonntagsevangeliums erläutern. Der Zusammenhang des *Leccionariums* mit dem Lehrbetrieb verleiht ihm einen besonderen Platz unter den anderen Postillen, was schon in der Seitenanordnung ersichtlich wird. Die Perikope wird in größeren Buchstaben wiedergegeben. Zu einzelnen Wörtern wurden in winziger Schrift kurze Glossen hinzugefügt, die den Sinn unmittelbar erklären. In mittlerer Schriftgröße wird dann eine Auslegung zu jeder Zeile angeboten, die meistens aus biblischen Parallelstellen und aus patristischen Zitaten besteht. Einige diesen Zitate benutzte Hus bereits in den *Collecta*, andere ordnen das *Leccionarium* eindeutig in einen universitären Kontext ein. Die Etymologie des Wortes »Mammon«, das aus dem Syrischen stammen und »Reichtum« oder auch den durch Reichtum verführenden Dämon bedeuten solle, hat Hus in den *Collecta* aus Chrysostomus übernommen. Hier zitiert er in diesem Zusammenhang Petrus Lombardus, den Autor des bedeutendsten theologischen Lehrbuches der Zeit. Auch die umfassende Erklärung von schwierigen lateinischen Wörtern war in einer – wohlgemerkt volkssprachigen – Predigt für das gemeine Volk nicht angebracht. Die Sammlung war also eher als Lesestoff für Priester gedacht, die darin Material für ihre eigenen Predigten finden sollten.[16]

Von der scholastisch-theologischen Herangehensweise hat sich Hus nie ganz losgesagt, denn nur so glaubte er die göttliche Wahrheit entdecken zu können. Am Anfang der Predigt zum 15. Sonntag nach Dreifaltigkeit in den so genannten *Bethlehemspredigten* fügte er eine nicht gerade einfache Passage über das Wesen von Herrschaft ein, die sich sogar der aus den Universitätsdisputationen übernommenen Terminologie bedient. In der Folge aber benutzte Hus eine dialogische Form, in der er mögliche Fragen und Einwände eines fiktiven Partners vorwegnahm und beantwortete. Hus bemühte sich also, diesen ziemlich anspruchsvollen Inhalt dem Volk von der Kanzel herab anschaulich zu vermitteln. Aber die einleitende Passage hatte noch ein weiteres Ziel: sie war der Beginn eines polemischen Angriffs auf die »sündigen Herren«. Das Thema »zwei Herren dienen« entwickelte sich vom moralischen Appell gegen Luxus und Verschwendung zum Politikum. »Jeder, der sich in einer Todsünde befindet«, sagt Hus,

> »entfernt sich von der rechten Herrschaft, die ihm Gott der Herr unter der Bedingung gab, dass er diese Herrschaft nicht missbrauche. Denn wenn er sich in Todsünde befindet, dann ist er seines Besitzes nicht würdig, weil er ein Gegner und Feind des höchsten Herrn und ein Verräter Jesu Christi ist.«

Der Text der Predigt *Nemo potest* in der *Postilla adumbrata* weist weitgehende Übereinstimmungen mit den entsprechenden Teilen der *Bethlehem*-Predigten auf. Zwischen beiden Sammlungen besteht ein kompliziertes Verhältnis. Die von Historikern in das Kirchenjahr 1410–1411 datierten *Sermones in Bethlehem* sind am Ende der Sammlung nach dem Ablauf des liturgischen Jahres 1412 angeordnet, während die *Adumbrata* aus dem Jahr 1412 der Reihenfolge der Festtage von 1411 folgt. Es liegt die Annahme nahe, dass Hus in den bewegten Jahren seiner Auseinandersetzungen mit der kirchlichen Obrigkeit von den Ereignissen so überfordert und in Anspruch genommen wurde, dass er einige seine Predigtunterlagen wieder verwendete. Verschiedentlich bearbeitet gerieten sie dann in unterschiedlicher Form in Umlauf. Der abschließende Absatz der kurzen Predigt über *Nemo potest* in der *Postilla adumbrata* geht deutlich auf die aktuelle Situation ein: »In diesem Jahr läuft ein Streit über den folgenden Artikel: ›Keiner ist Herr, keiner ist Prälat oder Bischof, wenn er in der Todsünde ist.‹« Hus ruft hier einen der Wyclif-Artikel in Erinnerung, den er kurz vor dem Vortrag dieser Predigt in einer Disputation verteidigt hatte.[17]

In der *Tschechischen Sonntagspostille* (1413) verwertete Hus die Arbeiten und Erfahrungen aus früheren Jahren. Nur ein Zitat, nämlich aus Beda Venerabilis, ist hier neu. Während Hus an anderen Stellen der *Postille* polemische und persönliche Passagen einfügte, konzentrierte er sich in der Auslegung von *Nemo potest* ganz auf die Exegese des Evangeliums. Zwar ließ er sich den Anlass nicht entgehen, eine kritische Bemerkung über die »Pharisäer«, die Christus auslachten, zu machen, hauptsächlich verfolgte er aber das Ziel der volkssprachigen und volkstümlichen Bibelauslegung. Zum Bibelvers »Lernt von den Lilien, die auf dem Feld wachsen« (Matthäus 6, 28) bemerkt Hus, es gebe kein tschechisches Wort für »Lilie«, er erklärt aber dem Leser, es sei eine sehr weiße Blume. Und wenn er über das Dilemma des doppelten Herrendienstes und über die Gottesliebe spricht, vergleicht er das mit dem Dilemma eines jungen Mannes, der zwei Geliebte hat.[18]

Dieser kurze Gang durch die sechs Predigten über dasselbe Thema zeigt, dass Hus auf der Kanzel die Auslegung des vorgegebenen Schrifttextes der jeweiligen politischen Situation anzupassen wusste. In den hier exemplarisch untersuchten Predigten benutzte er beinahe 40 Zitate, meistens aus Predigten von Aurelius Augustinus und Johannes Chrysostomus. In den Werken aus der ersten Hälfte seiner Predigerkarriere sondierte er gewissermaßen das Terrain und legte sich einen Vorrat an exegetischen Autoritäten an. In den durch Polemik geprägten Jahren wechselte er zu einem etwas anderen Zitatenrepertoire. In der *Tschechischen Postille* griff er auf beide Quellengruppen zurück, um eine Synthese seiner vorangehenden Predigtauslegungen anzubieten. Obwohl als Lesebuch geschrieben, stellt die *Postille* dadurch in gewisser Weise das Vermächtnis von Hus als Prediger dar.

In seinem Brief an einen jungen Priester, wahrscheinlich an seinen Vertreter in der Bethlehemskapelle Gallus (Havlík), gibt Hus Ratschläge für das gute Leben eines Predigers:

> »Erst lebe fromm und heilig, dann lehre treu und recht. Sei Anderen ein Vorbild in guten Taten, damit Du nicht beim Wort genommen wirst, warne vor Sünden und empfehle die Tugenden. Denjenigen, die schlecht leben, drohe mit ewigen Strafen; denjenigen aber, die treu sind und fromm leben, stelle ewige Freuden vor Augen. Predige unermüdlich, jedoch kurz und effektiv und mit einem kundigen Verständnis der Heiligen Schriften. Behaupte nie etwas Unsicheres oder Zweifelhaftes, damit Du nicht von den Gegnern gerügt werden kannst, denn sie freuen sich, ihre Nächsten zu schmähen [...] Predige beharrlich gegen Genusssucht, denn sie ist das wildeste Raubtier, das die Menschen verschlingt.«[19]

Es gibt keine Zweifel, dass sich Hus bemühte, selbst diesem Ideal gerecht zu werden.

In den auf Tschechisch verfassten *Auslegungen* bekannte Hus, dass er früher Angst hatte, das Böse offen zu kritisieren. Nun habe ihm der Heiland die Kühnheit gegeben, jedem gegenüber die Wahrheit auszusprechen. Obwohl die Kritik am Lebenswandel der Kleriker in seinen Predigten von Anfang an präsent ist, kann man in der Tat im Laufe der Zeit eine gewisse Radikalisierung beobachten. Auch die Art seiner Kanzelauftritte hat sich geändert. Seine früheste Postille ist noch einem gemäßigten Predigtstil verpflichtet. Wundersame Geschichten und kurzweilige Tierfabeln hat Hus bald aufgegeben. In der Predigt zum *Fest der Unschuldigen Kinder* (27. Dezember) betonte er, ein Prediger solle durch Wort und Tat belehren, nicht »durch Erdichtungen und Fabeln seine Zuhörer vergnügen«. Jan Hus hat als Prediger eindeutig eine Entwicklung durchgemacht, die die zeitgeschichtlichen Ereignisse ebenso berücksichtigte wie die theologischen Ansprüche.[20] Und das dürfte auch für seine Zuhörer gegolten haben.

Hus' Erfolg und Bedeutung als Prediger lag auch in der gezielten Unterweisung, die er seinen Zuhörern und seiner Anhängerschaft zukommen ließ. Wie wir gesehen haben, war sein Predigen in der Bethlehemskapelle in dieser Zeit nichts Außergewöhnliches, weder was die Größe der Zuhörerschaft, noch was die unmittelbare Wirkung auf das Publikum anbelangt. Erst in Verbindung mit der langfristigen Lehr- und Pastoraltätigkeit wurde die Bethlehesmkapelle, obwohl sie keinen Pfarrsprengel darstellte, zum einzigartigen Reformzentrum. Hus betrat in Prag einen gut vorbereiteten Boden, was Reformpredigten betraf. Er nutzte dieses Potenzial geschickt und zielstrebig, und durch den wachsenden Zuspruch seiner Anhängerschaft gewann er an Popularität und Bedeutung. Etwas zugespitzt gesagt, konnte ein beliebter Volksprediger genauso Ketzer wie Heiliger werden. Die oben erwähnten Prediger Bernadin von Siena und Vinzenz Ferrer wurden nach ihrem Tod kanonisiert; Bernardin musste sich aber 1426 nach Rom begeben, um sich vor dem Papst von dem Vorwurf der Häresie zu befreien. Wenige Jahre später wurde in Rom ein anderer erfolgreicher Prediger, der Karmeliter Thomas Conecte, auf dem Scheiterhaufen verbrannt. Eine solche Verurteilung hing nicht immer mit den Lehren zusammen, die ein Prediger vortrug, als vielmehr mit aktuellen machtpolitischen Verhältnissen und Erwägungen. Hus selbst meinte in einem Brief von 1413, er werde nur für seine Kritik an den Missständen im Klerus verfolgt.[21] In den Anklagen spielten seine Predigten tatsächlich eine bestimmende Rolle. Doch ihr reformistischer oder kirchenkritischer Inhalt als solcher war nicht der Kern der Kontroverse. Der springende Punkt lag vielmehr darin, dass Hus seine Predigttätigkeit trotz kirchlichen Verbots weiter ausübte und dass er die bislang »interne« Kirchenkritik durch seine Volkspredigten nach außen, unter die Laien trug und diese in seinen Kampf mit einbezog. Deswegen werden uns die Predigten des Jan Hus auch in den folgenden Kapiteln noch beschäftigen.

5 Prager Wyclifismus und »gelehrte Häresie« – Die erste Verurteilung von Wyclifs Artikeln 1403

Am 28. Mai 1403, um 1 Uhr nachmittags versammelten sich alle Magister der Prager Universität im Karlskolleg. Durch zwei Universitätsboten wurden sie von der Einberufung des Rektors Walter Harrasser unterrichtet. Der aus Schlesien stammende Dominikaner, Magister Johannes Hübner, hatte beim Prager Domkapitel zwei Listen von Artikeln eingereicht, und zwar mit der Anschuldigung, es handle sich um häretische Lehren. Die Liste enthielt 24 den Büchern John Wyclifs entnommene Thesen, die bereits 1382 von einer im Londoner Dominikanerkonvent abgehaltenen Synode verurteilt worden waren. Hübner selbst fügte weitere 21 Artikel hinzu. Die daraus resultierende Zusammenstellung von 45 Artikeln sollte von diesem Moment ab Geschichte schreiben: Noch in Konstanz und danach wurde die Prager Liste als eine zusammenfassende Wiedergabe der Wyclifschen Ketzerei benutzt. Daran änderte nichts, dass viele Wyclifisten der Überzeugung waren, dass die Artikel fälschlich oder in entstellter Weise aus den Schriften Wyclifs entnommen wurden. Die so genannte Chronik der Prager Universität bemerkte zu dieser Kontroverse:

> »Item, im Jahre des Herrn 1403 entstand ein beträchtlicher Zwist im Klerus des Königreichs Böhmen, unter den Magistern, Priestern und Prälaten, wegen einiger Artikel, die unrichtiger Weise aus Büchern des englischen Doktors Johannes Wyclif genommen wurden.«

Der erzbischöfliche Offizial Johannes Kbel verwies das Verzeichnis der vermeintlichen Irrtümer an die Universität zu einer theologischen Begutachtung zurück. Die Versammlung verlief stürmisch und dauerte bis zum späten Nachmittag. Der Rektor ließ zunächst die verdächtigen Thesen von einem öffentlich bestellten Notar vorlesen. Auf einem Pergamentblatt standen die Londoner Artikel, auf einem anderen die von Hübner ausgewählten Thesen. Nun brach eine lebhafte Debatte los. Die Magister der böhmischen Universitätsnation verteidigten Wyclif energisch. Der angesehenste von ihnen, Stanislaus von Znaim, führte dabei Wort. Er verteidigte die Artikel gegen den Häresievorwurf und sprach sich gegen ihre Verurteilung aus. Seine Beweisführung entsetzte einige ältere Doktoren in solchem Maß, dass sie die Versammlung verließen, »weil sie das nicht dulden wollten«. Stanislaus' Schüler und Freund Stephan von Páleč stimmte dagegen den Argumenten seines Lehrers völlig zu. Er hatte sogar ein Buch von Wyclif mitgebracht und warf es jetzt als Zeichen der Herausforderung auf den Verhandlungstisch. So schilderte es wenigstens 10 Jahre später Jan Hus in einer seiner Streitschriften. Páleč dagegen stritt den Vorfall ab, weil er sich zu jenem Zeitpunkt (1413) bereits von seiner wyclifistischen Vergangenheit losgesagt hatte. Auf diesen Umstand spielte Hus an, wenn er schrieb:

> »Heute würdest du nicht mehr ein Buch des Magisters Johannes Wyclif in einer Universitätsversammlung in die Mitte der Magister werfen und sagen: ›Es stehe ein jeder auf, der es will, und greife ein einziges Wort an – ich werde es verteidigen.‹ Damals hast du das jedoch gesagt und getan.«

Wie verhielt sich Hus selbst? Er scheint keine ausführliche Apologie Wyclifs vorgetragen zu haben. Diese Rolle fiel damals noch dem älteren Magister Stanislaus zu. Auch Hus war der Ansicht, dass die in den Artikeln wiedergegebenen Lehren dem Wyclif fälschlich untergeschoben worden seien. »Solche Fälscher von Büchern sollten verbrannt werden«, lautete die Äußerung des offenbar empörten Magisters. Auch Magister Nikolaus von Leitomischl (Litomyšl) war der Ansicht, die Artikel seien unkorrekt abgeschrieben worden, und beschuldigte Hübner direkt der Lüge: »Du hast die Artikel falsch und ungerecht und lügnerisch aus den Bücher exzerpiert, die stehen dort nicht so.« Trotz dieser lauten Proteste – über die Argumente der Gegenpartei sind wir nicht unterrichtet – fiel die Abstimmung für Wyclif und seine Sympathisanten negativ aus. Die Mehrheit sprach sich dafür aus, dass niemand die Artikel weiterhin öffentlich oder heimlich vertreten und verkündigen dürfe.[1]

Die philosophischen Ansichten John Wyclifs waren in Prag bereits Ende der 1370er Jahre bekannt gewesen. Im Jahre 1385 äußerte sich Erzbischof Johann von Jenstein ablehnend über Wyclifs Lehre von Herrschaft. Jedoch standen zu dieser Zeit die Schriften des Engländers in ihrer vollständigen Fassung in Böhmen wohl noch nicht zur Verfügung. Die früheste datierte Handschrift mit seinen philosophischen Werken, darunter auch die Traktate über die Grundbegriffe der mittelalterlichen Philosophie, die so genannten Ideen und Universalien, stammt aus dem Jahr 1397. Im folgenden Jahr schrieb Jan Hus diese Werke eigenhändig für seinen Lehrer Christian von Prachatitz ab. Wie waren diese Schriften nach Böhmen gelangt? Man kann diese Frage mit dem Hinweis auf die regen Reiseaktivitäten mittelalterlicher Studenten beantworten. Für tschechische Scholaren stand ein von Adalbert Rankonis gestiftetes Stipendium für das Studium in Oxford oder Paris zur Verfügung. Einige Zeugnisse sprechen das Verdienst, Wyclifs Bücher nach Böhmen gebracht zu haben, Mauritius Rvačka zu. Falls dies stimmt, müsste dessen Reise nach Oxford in die Mitte der 1380er Jahre datiert werden. Für den späteren Inquisitor und einen der erbittertsten Gegner von Wyclif und Hus hätte das einen beträchtlichen Meinungswandel bedeutet, ausgeschlossen ist es jedoch nicht. Klar ist dagegen die Absicht eines anderen Besuchers in Oxford, Hieronymus von Prag. Dieser vornehme tschechische Wyclifist besorgte während seines Aufenthaltes in England 1399–1401 Abschriften wichtiger theologischer Arbeiten Wyclifs, des *Dialogus* und des *Trialogus*. Auch nach dieser Zeit hat Oxford tschechische Studenten angezogen. Georg von Kněhnice brachte zusammen mit seinem Kollegen Nikolaus Faulfiš 1406 nicht nur Handschriften, sondern auch einen Stein von Wyclifs Grab nach Prag zurück. Faulfiš besuchte England drei Mal und starb 1411 auf tragische Weise bei einer Schiffsreise.[2]

Das Echo der Schriften Wyclifs in Böhmen war außerordentlich stark. Den erhaltenen hussitischen Katalogen kann man entnehmen, dass hier über 90 Prozent der etwa 150 Schriften Wyclifs bekannt waren. Die Zahl der erhaltenen böhmischen Handschriften übertrifft selbst die englische Überlieferung.[3] Jan Hus war sich schon früh des kontroversen Potenzials dieser Schriften bewusst. Er drückte es in ungeübten tschechischen Versen aus: »Wyclif, Wyclif, manchem wirst du im Kopf herumgeistern. Und schon rüttelt er viele, besonders die geizigen Priester.« Seine Abschrift Wyclifscher Werke von 1398 glossierte Hus mit sarkastischen, an die Adresse der aristotelischen Philosophie gerichteten Bemerkungen, wie etwa: »Das geht dem Aristoteles unter die Haut«, oder noch derber: »Averroes hat sich in die Unterhosen geschissen.« Potenzielle Gegner provozierte er mit den Worten: »Haha, Deutsche, haha, greift ihn an!« Die vierfache Erwähnung von Deutschen in den Randglossen, stets mit einem höhnischen »haha« versehen, erklärt sich aus den Lagern an der Universität. Während Wyclifs Philosophie der so genannten realistischen Richtung (*via antiqua*) folgte, die den Allgemeinbegriffen eine außerhalb des menschlichen Geistes liegende Realität zuerkannte, vertraten die meisten Mitglieder der drei »deutschen« Universitätsnationen einen Nominalismus (*via moderna*), der in den Allgemeinbegriffen nur Konstruktionen des menschlichen Verstandes erblickte. Der Kern des Streites erstreckte sich also auf die Auffassung über die Universalien, wie man die Allgemeinbegriffe nannte. Ist das, was man unter allen Vertretern derselben Art als gleich ausmacht, nur eine Schöpfung des menschlichen Intellektes, oder kommt diesem Allgemeinbegriff eine vom Menschen unabhängige Existenz zu? Die Frage griff eine lange Kontroverse in der mittelalterlichen Philosophie auf. Die Problematik war jedoch um ein Vielfaches komplizierter. Während

die extremen Positionen jeweils die Existenz von Allgemeinbegriffen *vor* den Dingen oder *nach* den Dingen voraussetz-
ten, vertraten John Wyclif wie auch Jan Hus die Auffassung
von Universalien *in* den Dingen. Die mittelalterlichen Philosophen beschäftigten sich auch mit der Frage, wie sich das
Universale vom Singulären innerhalb der Dinge unterscheidet. Diese Debatten im Detail zu verfolgen, würde an dieser
Stelle zu weit führen. Für unsere Darstellung genügt es zu betonen, dass Hus dem starken Realismus des englischen Reformers folgte.

Diese äußerst abstrakten Fragen der Universalienproble-
matik hatten nicht unerhebliche praktische Auswirkungen.
Die Prager Wyclifisten betonten stärker als Wyclif selbst den
Begriff einer »urbildlichen Welt«. Diese Welt bestand aus
vollkommensten Allgemeinbegriffen, welche nichts anderes waren als die Ideen der göttlichen Vernunft, nach welchen Gott die Dinge geschaffen hat. Ein Vergleich der irdischen, sinnlich wahrnehmbaren, alltäglichen Lebenswelt mit
jener idealen Welt führte konsequenterweise dazu, die alltäg-
liche Welt mittels Reformen dem Ideal anzupassen. Für Wyclif war eine falsche Auffassung über die Universalien und
ihre und unzulängliche Beachtung die Wurzel allen Übels in
Kirche und Gesellschaft. Wörtlich schrieb er: »Der Irrtum im
Verständnis und in den Gefühlen (*affectus*) für die Universalien ist der Grund aller Sünden, die in dieser Welt herrschen.«
Wenn die Wyclifiten und Hussiten die Misstände in der Welt
als »menschlichen Erfindungen« anprangerten, die dem göttlichen Gesetz widersprachen und abgeschafft werden sollten,
argumentierten sie also zum Teil aus ihrem philosophischem
Realismus heraus. Dieser philosophische Hintergrund der
Reformforderungen konnte aber offenbar auf bereits vorhandenen Tendenzen aufbauen. Die früheren böhmischen Reformdenker, allen voran Matthias von Janov, haben ähnliche
Reformkonzepte auch ohne Rückgriff auf die Universalienlehre entwickelt.[4]

Damit stellt sich die Frage nach der Rezeption und Ad-
aptation von Wyclifs Ideen in Böhmen. Die Herangehens-

weise der Prager Wyclifisten an die Lehren des Oxforder Doktors war einigermaßen selektiv. Bereit 1402 meinte Stanislaus von Znaim, dass sich in Wyclifs Büchern »zwischen Dornen schönste Rosen finden, obwohl zugegeben werden muss, dass er hier und anderswo viel Häretisches behauptete.« Solch ambivalente Äußerungen konnten auch aus Sorge um die eigene Sicherheit getroffen worden sein, um der Gefahr einer Verfolgung wegen Ketzerei vorzubeugen. In der Tat wurde Stanislaus' Traktat über die Eucharistie von 1403 zwei Jahre später von dem inzwischen aus Krakau zurückgekehrten Johannes Štěkna als »neues Saatbeet von Irrtümern« bezeichnet, worauf nach einem späteren Zeugnis von Hus Stanislaus entgegnet haben soll: »Der Mönch Štěkna wird vor mir niederknien und mich um Vergebung bitten müssen.« Doch war es Stanislaus, der sich demütigen lassen musste. Im Jahre 1406 wurde er vor den Erzbischof geladen. Er sagte sich von den »irrigen« Abendmahlslehren los und verteidigte sich damit, dass er diese nur in der akademischen Diskussion aufgeworfen habe und sie im zweiten Teil seines Traktates widerlegt hätte. Diesen zweiten Teil verfasste er dann auch wirklich. Die Diskussion entwickelte sich weiter, und zwar unter Teilnahme der Magister Andreas von Brod, Jakoubek von Mies und Jan Hus. In den Jahren 1406–1408 wurde die Problematik der Wyclifschen Abendmahlslehre auch auf Synoden verhandelt. Magister Ludolf Meistermann reichte 1408 eine Anschuldigung gegen Stanislaus bei der römischen Kurie ein. In demselben Jahr wurde Magister Matthias von Knín wegen »eucharistischer Häresie« sogar arrestiert. Obwohl er keiner Ketzerei überführt werden konnte, wurde er zum kanonischen Widerruf gezwungen.[5]

Dieses Verfahren war vollkommen im Einklang mit der Praxis an mittelalterlichen Universitäten. Seit der Etablierung der Theologie als universitäre Fachdisziplin am Anfang des 13. Jahrhunderts wurde auch Zensur ausgeübt. Diese lag weitgehend in den Händen der universitären Selbstverwaltung, also der Akademiker selbst. Viele Fälle vom Häresieverdacht konnten so innerhalb der Universität ausgetragen werden. Obwohl die Vertreter der Universitäten dem Disziplinarverfahren den Vorzug vor einem Gerichtsverfahren gaben, konnten sie letzterem nicht immer ausweichen. Wenn die betreffende Irrlehre in ihrer Tragweite über die Grenzen der Universität hinauswirkte, griff eine kirchliche Behörde ein, der zuständige Ortsbischof oder die päpstliche Kurie. Aber auch in diesen Fällen lag die fachliche Beurteilung der betreffenden Lehren in den Händen von akademischen Gutachtern, d. h. von Universitätsgelehrten. Obwohl die meisten Gelehrtenprozesse mit einer Verurteilung endeten, hatte es für die Angeklagten in aller Regel keine fatalen Folgen, denn für gewöhnlich wurden nur die Lehren verurteilt, nicht die Person. Meistens konnten die Betroffenen ihre akademische Laufbahn fortsetzen.

Die im Spätmittelalter übliche Praxis, aus verdächtigen Büchern Irrlehren zu exzerpieren und so Listen von ketzerischen Artikeln zu erstellen, die als »Richtschnur« dienten, hatte ihre Auswirkungen auch auf die theologische Fachdebatte. Für die kirchlichen Behörden war es bequem, eine übersichtliche Zusammenfassung in Händen zu haben. Die Artikel wurden in ihrem vorliegenden Wortlaut behandelt, ohne Berücksichtigung ihres ursprünglichen Kontextes. Wenn sie für häretisch befunden wurden, legte man sie den Angeklagten ohne jegliche Nuancierung zum Abschwören vor. Die Frage nach der Wahrheit verwandelte sich vor dem kirchlichen Gericht in eine Frage des Gehorsams.

> »Die ruhmreiche Pariser Universität [...] zwingt ihre Scholastiker dazu, stets nach gewissen Glaubensregeln zu sprechen. Wenn nur eine solche Disziplin auch an anderen Universitäten eingehalten würde! Es ist eine falsche Freiheit, falsch und irrtümlich sprechen zu dürfen,«

sagte der Universitätskanzler Jean Gerson in Konstanz. Die meisten Gelehrten des 13. und 14. Jahrhunderts haben diesem Verfahren zugestimmt. Da für eine effektive Verurteilung als Ketzer neben einer irrigen Meinung auch ein hartnäckiges Beharren auf diesem Irrtum erforderlich war, mussten die Gelehrten im Fall der Abschwörung ihrer Lehren nicht mit der Todesstrafe rechnen.

Diese Art der akademischen »Züchtigung« war jedoch nur solange wirkungsvoll, als sich alle Beteiligten ein und derselben Autorität unterordneten. Gegen Wyclifismus und Hussitismus erwies sie sich als unwirksam, und dies aus mehrfachem Grund. Erstens hat Hus die kirchliche Gerichtsautorität, wenn sie sich seiner Meinung nach über die göttliche Autorität und über das göttliche Recht erheben wollte, nicht anerkannt. Dieser Art der Zensur setzte er eine qualifizierte Erörterung der Gebote Christi entgegen. Wenn im weiteren Verlauf des 15. Jahrhunderts im hussitischen Böhmen die Urteile der kirchlichen Behörden faktisch durch Universitätsgutachten ersetzt wurden, so war das eine Folge davon. Zweitens spielte sich die Auseinandersetzung um Wyclif und Hus in einem anderen Klima als dem des frühen 14. Jahrhundert ab. In der Zeit des *Großen Schismas* sah sich die abendländische Kirche immer mehr mit dissidenten Bewegungen konfrontiert, die nicht mehr nur in die Kategorie der »gelehrten Häresie« oder einer »ketzerischen Volksbewegung« einzuordnen waren, sondern die beides verknüpften. Die Kirche, aber auch die Akademiker selbst reagierten mit zunehmenden repressiven Mitteln. Erzbischof Thomas Arundel von Canterbury drängte durch sein Verbot das wyclifistische Schrifttum in die Illegalität. Zbyněk von Hasenburg vermochte Ähnliches in Böhmen in diesem Maße und mit gleichem Erfolg nicht durchzusetzten. Das Konzil von Konstanz schließlich scheute nicht davor zurück, Jan Hus auf den Scheiterhaufen zu bringen. Eine Hinrichtung eines Gelehrten hatte man damals seit zwei Jahrhunderten nicht mehr gesehen.[6]

Anfänglich jedoch wurden die Prager wyclifistischen Magister lediglich der akademischen Disziplinierung ausgesetzt. Wenige Tage nach dem Widerruf Matthias' von Knín hat eine Versammlung der böhmischen Universitätsnation im Haus *Zur schwarzen Rose* in der Neustädter Grabenstraße einen Beschluss gefasst, dass keiner die Wyclifschen Artikel in einem häretischen oder skandalösen Sinn vertreten und verbreiten werden dürfe. Diese Entscheidung dürfte kaum der Überzeugung aller anwesenden Magister, darunter auch Jan Hus, entsprochen haben. Sie spiegelt vielmehr ein taktisches Manövrieren gegenüber dem König und Erzbischof wider, vielleicht auch einen Versuch, die Aussichten des Stanislaus von Znaim in seinem Prozess vor dem päpstlichen Gericht zu verbessern. Jan Hus übernahm in jenen Jahren allmählich Stanislaus' Rolle als Sprecher der Reformgruppe in der böhmischen Universitätsnation. Seit der Abreise von Stanislaus und Páleč nach Italien gegen Ende des Jahres 1408 finden wir ihn an der Spitze der wyclifistischen Gruppe. Dies bedeutete auch die offene Verteidigung der Lehren Wyclifs sowie seiner Büchern, deren materielle Existenz nun gefährdet war. Der Erzbischof Zbyněk machte sich in seinem Kampf gegen den Wyclifismus nun an die Vernichtung der häretischen Schriften. Wahrscheinlich bereits Anfang 1409 befahl er allen Besitzern von Büchern Wyclifs, diese an die erzbischöflichen Behörden abzuliefern. Die Juli-Synode desselben Jahres erneuerte die Anordnung. Eine Bekräftigung für diese Maßnahme kam mit der Bulle Alexanders V. vom Dezember 1409, die auch das Predigen in der Bethlehemskapelle verbot. Zbyněk veröffentlichte diese päpstliche Bulle in der Synode vom 16. Juni 1410, einen Monat später ließ er Wyclifs Bücher verbrennen.

Mit dieser Bücherverbrennung gewann Wyclif für Hus eine symbolische Bedeutung. Zwischen 27. Juli und 6. August 1410 veranstaltete er an der Universität eine Disputation über die verbrannten Bücher. Weil die antiwyclifistisch gesinnten Gelehrten ihre Teilnahme abgesagt hatten, verwandelte sich die Disputation in eine Serie demonstrativer Auftritte von Hus und fünf weiteren, mit ihm befreundeten Magistern. Sie wollten beweisen, dass Wyclifs Bücher mit dem Evangelium übererinstimmten. Überall, wo sich nur Gelegenheit zur Verteidigung Wyclifs bot, nutzte Hus diese nun aus. Im September 1411 hielt sich der englische Rechtsgelehrte und Diplomat John Stokes in Prag auf. Dieser bemerkte, dass jeder, der Wyclifs Bücher nur lese und studiere, im Laufe der Zeit sich notwendigerweise in Häresie verstricke. Jan Hus verfasste sogleich eine polemische Erwiderung, dass Wyclif kein Ketzer gewesen sei, sondern dass er sich in seinen Schriften

> »von ganzem Herzen bemüht hat, Menschen zum Gebot Christi zu führen, und vor allem die Geistlichen ermahnt hat, ihre pralle weltliche Herrschaft aufzugeben und stattdessen wie die Apostel ein Leben in der Nachfolge Christi zu leben.«[7]

Mit der Erwiderung an John Stokes wollte Hus den Ruf der wyclifistischen Gruppe und der Prager Universität retten. Je mehr sich der Streit um Wyclif verschärfte, desto offener und eindeutiger nahm Hus Partei für ihn und seine Lehre. Von der Kanzel herab sagte er, er wolle seine Seele daselbst sehen, wo jene von John Wyclif sei. Ein andermal erklärte er vor den Besuchern der Bethlehemskapelle, er würde die Wahrheit, wie er sie in Wyclifs Büchern finde, nicht einmal für eine so große Kapelle voll von Gold aufgeben. In einem Verhör erläuterte er seine Einstellung folgendermaßen: »Ich nehme nämlich alles Wahre an, was Wyclif gesagt hat, nicht weil es die Wahrheit Wyclifs ist, sondern weil es die Wahrheit Christi ist.«[8]

Die symbolische Bedeutung der Lehren Wyclifs wird damit klar zum Ausdruck gebracht: Sich ihrer zu entsagen, bedeutete, die Wahrheit Christi zu leugnen. Auch Schweigen angesichts der Verfolgung der christlichen Wahrheit wäre ein Verbrechen. Bezeichnenderweise bekannte sich Hus zu Wyclif seit 1407 – ein Jahr nach dem ersten antiwyclifistischen Synodalbeschluss – auch in seinen erhaltenen Predigt-Werken. Während er früher Wyclif wie auch andere »moderne« Autoren in der Regel stillschweigend benutzte, begann er mit dem Sommerteil des *Leccionariums*, Zitate des englischen Autors (wenn auch nicht systematisch) mit seinem vollem Namen zu kennzeichnen. Somit stellte ihn beinahe auf gleiche Ebene wie die Kirchenväter. Es überrascht kaum, dass die expliziten Nennungen von Wyclif am häufigsten in der Postille aus dem Jahr 1412 vorkommen.[9]

Die offen angegebenen und noch mehr die verhüllten Zitaten aus Wyclifs Schriften in den Werken von Jan Hus haben Anlass zu verschiedenen Urteilen über dessen Originalität gegeben. Quantitativ gesehen sind die Parallelstellen in der Tat sehr häufig. In dem Hauptwerk Hus', dem »Traktat über die Kirche« (*Tractatus de ecclesia*), machen die wörtlichen Zitate aus Wyclif ein Viertel des gesamten Textumfangs aus. Lange Zitate aus Wyclifs Schriften finden sich nicht nur in den lateinischen, sondern auch in den tschechischen Schriften. Angesichts dieses Einsatzes für das Wyclifsche Schrifttum verwundert es nicht, dass sich Hus und seine Kollegen auch um die Übertragung einiger Bücher des englischen Magisters ins Tschechische bemüht haben. Jakoubeks Übersetzung des *Dialogus* ist erhalten, der tschechische *Trialogus* hingegen verschollen. Mit Recht hat jedoch die Forschung darauf aufmerksam gemacht, dass das Zitieren von Textabschnitten noch nicht bedeutete, dass sich Hus das ganze Gedankensystem von Wyclif angeeignet habe oder dass er ihm in allen seinen Thesen gefolgt sei. Zitieren, auch ohne ausdrückliche Quellenangabe, gehörte zur Arbeitsmethode mittelalterlicher Autoren, und Wyclif selbst hat lange Passagen von älteren Schriftstellern übernommen. Jeder Autor war jedoch imstande, sich mit dem jeweiligen Zitat entsprechend auseinanderzusetzen. Durch Auswahl und Einbettung der Textabschnitte in das eigene Werk konnte jeder Schriftsteller seine eigene Meinung herausarbeiten und akzentuieren. Das war auch bei Hus und Wyclif der Fall. Hus wendete Wyclifs Aussagen auf böhmische Verhältnisse an. Das bedeutete aber nicht, dass er sich von Wyclifs eigentlichen Ideen abgrenzte, sprachen diese ihm doch vielfach aus dem Herzen. Im Übrigen waren die Probleme in der abendländischen Kirche der Schismazeit überall sehr ähnlich.[10]

Hus stimmte mit Wyclif vor allem in den wichtigsten Ausgangsthesen überein: dem philosophischen Realismus und der sich daraus ergebenden Ekklesiologie. In Details waren die beiden Reformer selbstverständlich nicht immer einer Meinung. In der neueren Forschung wird die immer wieder diskutierte Frage der Abhängigkeit Hus' von den Gedanken und Texten des John Wyclif gewöhnlich mit dem Hinweis auf eine »kreative Übernahme« der Wyclifschen Thesen gelöst: Hus habe die Impulse des Oxforder Lehrers auf dem Hintergrund der heimischen Reformtradition verarbeitet und auch einige Ideen absichtlich ignoriert. Die Beurteilung dieser Problematik ist insofern schwierig, als Hus kein systematisches Werk hinterlassen hat. Zu vielen Fragen hat er sich nur andeutungsweise, unklar oder gar zweideutig ausgesprochen. Einige Gedanken hat er von Wyclif deswegen nicht übernommen, weil sie ihn einfach nicht interessierten. Dabei war es nie Hus' Absicht, ein umfassendes philosophisch-theologisches System vorzulegen. Sein Ziel war die Reform des Christentums und der Christenheit gemäß den Geboten Christi. Seine zugrunde liegenden theoretischen Ansichten verdeutlichte er nur sporadisch, wenn sich eine besondere Gelegenheit ergab, etwa in seinen Universitätsschriften und Polemiken, oder unter dem Druck eines gerichtlichen Verhöres.

Die Quellenzeugnisse lassen den Schluss zu, dass Hus in einigen Punkten nicht bereit war, so weit wie Wyclif zu gehen, und dass er allzu extreme Formulierungen vermeiden wollte. Das erwies sich jedoch als schwierig, weil die theoretischen Prämissen der Wyclifschen Lehre zwangsläufig zu radikalen Schlussfolgerungen führten. Zudem hat Wyclif selbst oft eine eindeutige Schlussfolgerung vermieden. Wenn Hus sich bemühte, die Aussagen der Wyclifschen Artikeln in ihrem Sinn abzuschwächen, muss das aber nicht bedeuten, dass er sich von Wyclif distanzierte; schon deshalb nicht, weil sich die Ansichten Wyclifs mit der Zeit entwickelten und sich daher in seinem Werk durchaus ambivalente, ja gegensätzliche Aussagen zu einem Thema finden ließen.

Das kann man gut an den beiden berühmten Artikeln illustrieren, die die Herrschaft bzw. die sakramentale Macht all jenen weltlichen Herren bzw. Priestern abspricht, die sich im Stand der Todsünde befinden (Artikel 4 und 15 der im Jahre 1403 verurteilten Thesen). Hus interpretierte in seinen

Konstanzer Antworten beide Artikel dahin gehend, dass ein sündiger Herrscher oder Priester sein Amt zwar unverdienter Weise ausübe, seine Handlungen aber gültig blieben. Wir werden uns dieser Problematik im Kapitel über Kirche und Gehorsam noch einmal widmen müssen (vgl. S. 159). Hier sei nur die Position Wyclifs angeführt, um das Verhältnis der beiden Magister zueiunander zu veranschaulichen. Was die weltlichen Herren anbelangte, waren sich Wyclifs und Hus' Ansichten ähnlich: »Böse« Herren besitzen zwar die Herrschaft in ungerechter Weise, ihren Anordnungen müsse man aber gehorchen, wenn sie nicht direkt gegen Gottes Gesetz gerichtet sind. Besonders nach dem englischen Bauernaufstand von 1381 war Wyclif weit davon entfernt, die weltliche Ordnung in Frage zu stellen. Schwieriger war es im Fall der sakramentalen Handlungen sündiger Priester. In seiner Spätzeit bewegte sich Wyclif an der Grenze zur donatistischen Häresie, die die Gültigkeit solcher Sakramente prinzipiell bestritt, ja manchmal ging er darüber sogar hinaus. In seiner etwas früheren Schrift *Über die Kirche* betonte er jedoch ausdrücklich, auch ein Priester, der sich in Stand einer Todsünde befinde, könne solche Sakramente spenden, die den Gläubigen zum Nutzen dienten. Hus stützte sich in seiner Verteidigung also auf diese Aussage Wyclifs.[11]

In anderen Fällen kann man vermuten, dass Hus seine Äußerungen über die strittigen Lehrsätze Wyclifs absichtlich unscharf formulierte und dass er einiges lieber ungesagt ließ. Er profitierte dabei von der Komplexität der Probleme sowie der einschlägigen scholastischen Debatte. Man mag es als Taktik ansehen, die potenziell gefährlichen Thesen, die gleichwohl nicht im Brennpunkt des aktuellen Anliegens Hus' standen, nicht offen anzusprechen. Das zeigt sich gut am Beispiel der wyclifistischen Abendmahlslehre. In dieser vereinten sich die philosophischen Prämissen mit weit reichenden theologischen Folgerungen. Deshalb lag es für die Gegner des philosophischen Realismus nahe, gerade in diesem Bereich häretische Gedanken auszumachen. Bereits in die ersten Verurteilungen Wyclifs in Rom und London wurden die Ansichten über die Eucharistie miteinbezogen. Als offizielle kirchliche Abendmahlslehre wurde seit dem Zweiten Laterankonzil (1215) die Transsubstantiation propagiert, also die Vorstellung, wonach sich die Substanz des Brotes und des Weines durch die Konsekration in die Substanz des Leibes und Blutes Christi wandelte. Die andere, als häretisch angesehene Auffassung wird als Remanenzlehre bezeichnet: Ihr zufolge bleibt nach der Konsekration die Substanz des Brots erhalten. Die realistische Auffassung über die Universalien führt natürlich leichter zu einer Remanenzlehre, denn das Wesen des Brotes, das, was allen Broten gemeinsam und konstitutiv ist, ist ein in der göttlichen Vernunft grundgelegtes und daher ewig Reales und kann deshalb nicht einfach verschwinden oder gar zunichte gemacht werden.[12]

Genau genommen lassen sich zwei Varianten der Remanenzlehre unterscheiden: Entweder koexistieren in der konsekrierten Hostie beide Substanzen, diejenige des Brotes und diejenige des Leibes Christi, oder aber es bleibt lediglich das Wesen des Brotes in der Hostie und sie wird nur symbolisch »Leib des Herrn« genannt. Die letztere, radikale Variante leugnet offenbar die Realpräsenz Christi im Abendmahl – und zu dieser hat sich John Wyclif in seinen Spätschriften in der Tat durchgerungen. Unter den Prager Verfechtern des Realismus herrschte jedoch die »mildere« Variante vor, die als Konsubstantiation bezeichnet wird. Diese hat etwa Stanislaus von Znaim vertreten, aber später auch Jakoubek von Mies. Wo befand sich in diesem Spektrum Jan Hus? In den Konstanzer Antworten auf die 45 Artikel bestritt er, die dort enthaltenen Thesen über Eucharistie je gelehrt zu haben. Die beiden ersten verurteilten Artikel formulierten die Remanenzlehre, der dritte leugnete die Realpräsenz. Zu den Remanenzthesen bemerkte Hus: »Das habe ich nie gehalten und halte es nicht, weil ich dem Verständnis der Heiligen und der Kirche folge.« Den dritten Artikel bezeichnete er als falsch.[13]

Die verstreuten Aussagen von Jan Hus ergeben kein völlig klares Bild seiner Abendmahlslehre. Diejenigen, die nicht unter dem Druck des Verhörs gemacht wurden, weisen jedoch in Richtung auf eine gemäßigte Remanenzlehre. In seinen Predigten erklärte er seinen Zuhörer die Transsubstantiation folgendermaßen:

> »Wir glauben treu, dass Christus durch seine Kraft und durch die Transsubstantiation im materiellen Brot so wirkt, dass dort, wo vorher nur Brot war, sein wahrer Leib ist.«

Das schloss aber, wie wir wissen, die Konsubstantiation nicht aus. In jedem Fall hielt Hus fest, dass das eucharistische Brot »nach der Konsekration nicht nur Brot, sondern wahrer Leib unseres Herrn Jesus Christus« sei. Die Hostie ist, so könnte man ergänzen, nicht nur, aber doch *auch* Brot. Hus hat übrigens die Zeugenaussage nicht bestritten, wonach er gesagt haben soll: »Ich wüsste gerne, was dort [d. h. in der Hostie] gebrochen wird, wenn dort kein Brot bleibt?« Eine mögliche Antwort lautete: die Akzidentien des Brotes (also die Eigenschaften eines konkreten, individuellen Brotstückes), die dort ohne Brotsubstanz weiter existieren. Für einen Realisten wyclifistischer Prägung war jedoch die Vorstellung, dass die ursprüngliche Substanz des Brotes zerstört würde, kaum annehmbar. Die Remanenzlehre wurde von den Synoden Erzbischof Zbyněks im Juni 1406 und erneut zwei Jahre später verboten; man sollte weiterhin vom Altarsakrament predigen, so die Entscheidung der Synoden, »dass dort von der Substanz des Brotes nichts zurück bleibt«. Hus und sein Anwalt Jesenic legten gegen dieses Synodalstatut Einspruch ein, weil es ihrer Meinung nach nicht der Wahrheit entsprach: »denn nach der Konsekration«, so Hus und Jesenic, sei »im ehrwürdigen Sakrament nicht allein der Leib Christi anwesend«, sondern eben auch die Brotgestalt.«[14]

Hus' enger Freund Hieronymus von Prag gab in Konstanz zu Protokoll, er wolle Hus in dessen Eucharistieverständnis, das er als häretisch erachtete, nicht folgen. Wie konnte sich Hus daher so vehement gegen die Anschuldigung, er vertrete eine Remanenzlehre, verteidigen? Wieso bezeichneten die englischen Doktoren seine Aussagen im Konstanzer Verhör als rechtgläubig? Mehrere Zeugen hatten Hus bereits in Prag der Remanenz beschuldigt. Hus wehrte sich erstens dagegen, dass er diese Lehre dem Volk gepredigt hätte: für solche Nuancen hätte ihm die tschechische Terminologie gefehlt. Aus seinen Antworten geht hervor, dass er eine Debatte über die Abendmahlsthematik unter Gelehrten für angebracht hielt. Weiter stritt Hus ab, er habe vertreten, dass die Substanz des *materiellen* Brotes in der konsekrierten Hostie zurückbleibe. Gegenüber einigen Zeugen sprach er jedoch von der Brotsubstanz allgemein. Die Aussagen lassen sich womöglich in Übereinstimmung bringen, wenn man auf die von Stanislaus von Znaim formulierte gemäßigte Konsubstantiationstheorie zurückgreift. Dieser zufolge »partizipiert« das verbleibende Brot an der göttlichen Substanz des in der Hostie anwesenden Leibes Christi. Durch eine solche Teilhabe am allerheiligsten Leib ist sein Wesen nicht mehr materiell, sondern »über-substantiell« (*supersubstantialis*). Das war wohl auch die Überzeugung von Jan Hus, der nie die reale Präsenz des Leibes Christi in der konsekrierten Hostie leugnete. Wenn einer der Zeugen, Pfarrer Johannes Peklo, aussagte, Hus habe einen der 45 Wyclif-Artikel für falsch gehalten, handelte es sich wohl eben um jenen Artikel, der die Realpräsenz in Zweifel stellte. In seiner auf Christus zentrierten Frömmigkeit waren für Hus die Begriffe maßgebend, die er in der Heiligen Schrift vorfand. In seinem gegen den erwähnten Synodalstatut verfassten Traktat *De corpore Christi* (»Vom Leibe Christi«) benutzte er das Wort *supersubstantialis* (»über-substantiell«) in Anlehnung an den Vulgata-Wortlaut des Vaterunsers in Matthäus 6,11 (*panem nostrum supersubstantialem da nobis hodie*); die Partizipationstheorie stützte er wiederum auf dem Ersten Korintherbrief 10,16: »Ist das Brot, das wir brechen, nicht Teilhabe am Leib Christi?« Obwohl es aus heutiger Sicht als Wortspielerei aussehen mag, konnte Hus aufgrund seiner Bibelauslegung zu Recht bestreiten, dass er das Verbleiben der *materiellen* Substanz des Brotes in der Eucharistie vertreten hatte.[15]

Die Prager Version der wyclifistischen Eucharistielehre war zugleich der intensiven Verehrung des Abendmahls verpflichtet, die sich in Böhmen in jener Zeit beobachten lässt, der Spiritualität also, die die häufige Kommunion für Laien propagierte und die ihren Höhepunkt in der Laienkommunion »unter beiderlei Gestalt« finden sollte. Weil Wyclif im Laufe seines theologischen Schaffens verschiedene Ansichten über die Eucharistie vorlegte, konnte Hus gewissermaßen wählen, was ihn für seine Belange am günstigsten erschien. Seine Auswahl wurde dabei nicht von Gründen einer absoluten Verpflichtung auf die Theologie Wyclifs, sondern von den Schwerpunkten der böhmischen Reformtradition bestimmt. Hus konzentrierte sich auf Fragen wie die Klerikerreform oder die Besserung des christlichen Lebens durch ständige Predigt, eben jene traditionellen Themen, die sich bereits die vorangegangene Reformbewegung in Böhmen auf die Fahnen geschrieben hatte. Es scheint jedoch nicht zuzutreffen, dass Hus Wyclifs Thesen in gewissen Bereichen absichtlich verändert habe, um sich dem Häresievorwurf zu entziehen. Wo er eine Auswahl treffen konnte, richtete er sich nach den gemäßigteren Versionen der Lehre Wyclifs, verteidigte aber diese dennoch in ihrer Gesamtheit. Insofern erwies er sich als überzeugterer Wyclifist als Stanislaus von Znaim, der in Wyclifs Schriften katholische Wahrheit von Häresie zu unterscheiden wusste.

Wie stark Jan Hus dem böhmischen Reformdenken auch immer verpflichtet war, so darf man nicht übersehen, dass der Wyclifismus einen Bruch in der böhmischen Reformtradition bewirkte. Die Ideen Wyclifs radikalisierten den bereits vorhandenen, durch kirchliche Missstände verursachten Überdruss. Es war vor allem seine Lehre von der Kirche und ihrer Autorität, die die böhmische Reformbewegung – oder genauer gesagt einen Teil dieser – endgültig der kirchlichen Orthodoxie entfremdete. Auch Milíč von Kremsier und Matthias von Janov waren der Ketzerei beschuldigt worden. Beide waren aber bereit, sich innerhalb der institutionellen Kirche zu verteidigen und sich im Notfall ihrer Autorität zu unterwerfen. Jan Hus wollte sich ebenfalls auf einem kirchlichen Forum rechtfertigen, er unterwarf sich jedoch nicht einer Belehrung, die lediglich auf die formale Autorität der kirchlichen Institution pochte, und der letztlich nicht dem Evangelium entsprang. Den Bruch, den die Wyclifschen Theorien mit sich brachten, erkannten auch die Zeitgenossen, was zur Distanzierung einiger wichtigen Anhänger von der Reformbewegung führte. Der designierte Prediger der Bethlehemskapelle Johannes Štčkna war einer der ersten, die den Wyclifismus bekämpften. Sein Kollege Johannes Protiva schloss sich ebenfalls den Gegnern von Jan Hus an. Die mit der Bethlehemskapelle verbundene Bewegung war daher vor und nach 1402 nicht dieselbe, sie hatte sich ab diesem Zeitpunkt eindeutig radikalisiert.

In Konstanz wurde Hus als Wyclifist gerichtet und verurteilt. Die Formulierung des Verdammungsdekretes, er werde »nicht als Jünger Christi, sondern vielmehr als Jünger des Häresiarchen Johannes Wyclif« verurteilt, musste Hus tief verletzen. Er folgte Wyclif eben deshalb, weil er in dessen Schriften die Wahrheit Jesu Christi am besten formuliert und erläutert fand. Hus erkannte nur zehn Artikel der 45er-Liste als wahr (oder in gewissem Sinne wahr) an. Das bedeutet aber nicht notwendigerweise, dass er kein Wyclifist gewesen wäre, sondern nur, dass das Verzeichnis des Johannes Hübner das Gedankengut Wyclifs nicht unbedingt richtig wiedergegeben habe. Letzten Endes behandelte das Konzil die *Causa* Wyclif und die *Causa* Hus zu Recht zusammen. Die im Laufe des April 1415 ernannten Konzilskommissionen für Glaubensangelegenheiten wurden stets mit zweierlei beauftragt: die Listen von Wyclif-Artikeln zu untersuchen und »der Sache des Jan Hus nachzugehen, der hier wegen des Irrtums von John Wyclif festgenommen wurde«. Aus doktrinärer Sicht waren wohl die beiden oben behandelten (Irr)lehren die gefährlichsten: die Remanenzlehre nämlich und der Donatismus. In beiden fanden die Richter hinreichende Anhaltspunkte für einen Ketzerprozess. Obwohl Hus beide leugnete, konnte er den Schatten der Häresie nicht mehr loswerden.[16] Inwieweit entsprang diese Häresie der wyclifistischen Philosophie, inwieweit ging es also um gelehrte Ketzerei?

Während des Verhörs am 7. Juni 1415 hat sich Hus wiederum gerechtfertigt, er habe nie über das materielle Brot in der konsekrierten Hostie gesprochen. Kardinal Pierre d'Ailly fragte Hus, ob er die realen Universalien annehme, was dieser bejahte. Da sagte der Kardinal: »Demnach verbleibt nach Vollzug der Konsekration die Substanz materiellen Brotes.« In d'Aillys Verständnis ergab sich die eucharistische Häresie zwangsläufig aus der realistischen Universalienauffassung. Hus hat sich gegen d'Ailly sowie gegen den Oxforder Theologen William Corff wehrhaft verteidigt. Er versuchte abermals, seinen philosophischen Realismus mit der rechtgläubigen Abendmahlslehre zu versöhnen. Dazu betonte er die Realpräsenz und sagte, dass das einzelne Brot durch die Verwandlung in den Leib Christi aufhört, singulär zu sein. Den Verbleib des »über-substantiellen« Brotes hat er sicherheitshalber nicht erwähnt, obwohl er diese Lehre höchstwahrscheinlich für absolut rechtgläubig hielt.[17]

Im letztem waren aber weder die Remanenz noch die Abendmahlslehre an sich die Hauptanliegen des Jan Hus. Im Unterschied zu Wyclif und Jakoubek scheint es ihn wenig gestört zu haben, dass die Transsubstantiation eine relativ späte Findung der kirchlichen Tradition war. Wichtig für ihn war die Wahrung des Realismus. Dazu verteidigte er Wyclifs Gedanken, weil ihn niemand davon überzeugen konnte, dass diese ketzerisch seien. Anstelle eines autoritativen Beschlusses des Konzils forderte er eine klärende Diskussion über den Inhalt der Lehren. Die eucharistische Häresie eignete sich allerdings bestens, das Urteil über Hus zu rechtfertigen. Für das Konzil war Wyclif das Symbol und das Zentrum der Ketzerei: Da er verurteilt war, durfte sich auch niemand mehr auf ihn berufen oder gar ihn verteidigen. So wurde Jan Hus als bewusster und wissentlicher Anhänger der verurteilten wyclifschen Häresie verbrannt. Wyclif hatte also für beide Parteien in Konstanz eine symbolische Bedeutung.

6 Jan Hus und die Kirchenreform – Die Synodalpredigten 1405 und 1407

Die Herbstsynode von 1407 trat am üblichen Termin, am 18. Oktober, dem Fest des Evangelisten Lukas, zusammen. Die Geistlichen versammelten sich in der erzbischöflichen Residenz auf der Prager Kleinseite, unweit von der steinernen Brücke Karls IV. Man verhandelte die üblichen Angelegenheiten der Diözese, viel Neues stand nicht auf der Tagesordnung. Der einzige originelle Tagespunkt betraf die Zauberei. Dem überlieferten Synodalstatut entnehmen wir, dass in verschiedenen Pfarrbezirken Prags viele Wahrsager und Wahrsagerinnen sowie Beschwörer und Beschwörerinnen geduldet waren, ohne dass die Pfarrer dagegen einschritten. Dieser Nachlässigkeit wurde nun Einhalt geboten: Die Pfarrer wurden angewiesen, die Wahrsager auszuweisen und den kirchlichen Amtsträgern zur Besserung und Buße zu schicken. Bei Nichtbefolgung dieser Vorschriften würden sie zu Mittätern dieses »Unfuges« erklärt.

Was die Synode interessant machte, war die Synodalpredigt. Der Prediger sprach zum Thema *State succincti lumbos* (»So steht fest und umgürtet eure Lenden mit Wahrheit«, Epheserbrief 6,14); unter anderem befasste er sich mit Priester, die im Konkubinat lebten, und bezeichnete sie als Häretiker. Der Prediger war niemand anders als Magister Jan Hus. Nach seiner Predigt stand plötzlich der Generalvikar des Erzbischof, Doktor Adam von Nežetice, auf und hielt eine spontane kurze Rede, in welcher er den Prediger geradezu bejubelte. Erzbischof Zbyněk Zajíc von Hasenburg bat um ein schriftlichen Exemplar der Predigt. Der Erfolg von Hus' Rede wird weiter dadurch bestätigt, dass sie, was außergewöhnlich ist, im Text des Synodalstatuts erwähnt wurde.

Beim Tadel der unkeuschen Priester heißt es nämlich: »denn in der Synodalpredigt wurde nachgewiesen, dass jeder offensichtlich Unzucht treibende Kleriker ein Ketzer ist.«[1]

Es war nicht zum ersten Mal, dass Jan Hus als Synodalprediger nominiert wurde. Seit der Errichtung des Prager Erzbistums (1344) wurden Diözesansynoden in der Regel zwei Mal pro Jahr einberufen, jeweils zum Veitsfest am 15. Juni und zum Lukastag am 18. Oktober. Die Predigt sollte sich mit der Besserung kirchlicher Zustände befassen, vor allem mit der Lebensführung und der Kompetenz der Kleriker, Themen, die bei allen Synoden im Mittelpunkt standen. Mit einer solchen Predigt beauftragt zu werden, war ein Zeichen hoher Anerkennung, welches Jan Hus gleich zwei Mal widerfuhr. Außergewöhnlich war eine solche Mehrfachbetrauung nicht, denn wir kennen auch Prediger, von welchen drei Synodalreden überliefert sind. Hus' erster Auftritt als Synodalprediger fand am 19. Oktober 1405 im erzbischöflichen Hof in Prag statt. Er wählte als Motto seiner Predigt den Vers *Diliges Dominum Deum tuum* (»Du sollst den Herrn, deinen Gott, lieben«, Matthäus 22,37). Auf welches Echo diese Predigt stieß, wissen wir leider nicht, doch bemerkt eine Handschrift, die den Text überliefert, dass ihr der Erzbischof »mit namhaften Klerikern und einer großen Menge an Geistlichen beigewohnt habe, welche man seit mehreren Jahren nicht mehr gesehen habe.«[2]

Was aber predigte Hus auf den beiden Synoden? Die Rede *Diliges Dominum Deum* thematisiert das unangemessene Verhalten von Klerikern. Eingangs wendet sich Hus aber auch ekklesiologischen Überlegungen zu. Der Eindeutigkeit halber bemerkt er, er werde nicht über die Kirche als materielles Gotteshaus sprechen, auch nicht über Partikularkirchen im Sinne von Diözesen, sondern über die Kirche als die Braut und den mystischen Leib Christi. Er bezeichnet die Kirche als »geistiges Haus«, das von allen Christen aufgebaut werden soll, vor allem aber von den Klerikern. Die Errichtung dieses spirituellen Gebäudes bestehe aber nicht in der Anhäufung von materiellen Gütern. Die Hauptaufgabe der streiten-

den, also irdischen Kirche sei vielmehr die Nachfolge Christi.
Die Kirchenkritik, die Hus mit dieser Definition von Kirche
verbindet, war sehr stark von einem bestimmten Verständnis der Heilsgeschichte geprägt: »So waren die besten Priester
Christus und seine Apostel im Neuen Bunde«, sagt Hus. »Da
sich aber die Priester von dieser Erstzeit, und damit von der
Nachahmung Christi, abwandten und der Welt zuwandten,
sind sie die Schlechtesten zur Zeit des Antichrist.«
In der Urkirche sei die Gottesliebe noch warm gewesen.

> »Später aber, als die Kirche mit Reichtümern geradezu überhäuft
> wurde, begann bei den Klerikern die Gottesliebe abzuflauen und
> die Begehrlichkeit zu entbrennen [...] Zu unseren Zeiten aber ist
> die Liebe zu Gott und dem Nächsten traurigerweise so sehr erkaltet, dass es fast keine Sorge um die geistlichen Belange mehr gibt.«

Die Anspielung auf das Matthäus-Evangelium (24, 12), wo
Jesus die Zeichen der Endzeit verkündet, sowie die Erwähnung des Antichrist verdeutlichen, dass für Hus die Habgier
und weitere Missstände eine eschatologische Bedeutung besitzen – sie kündigen nämlich das Ende der jetzigen Weltzeit
an. Somit werden die Übeltäter in der Endschlacht zwischen
Guten und Bösen zu Soldaten des Teufels. Welche Missstände entrüsteten Hus am meisten? In erster Linie werden
in seinem umfangreichen Tadel Unzucht und Geiz der Priester herausgestellt, danach aber auch unberechtigte Steuereintreibungen der Obrigkeiten, v. a. der geistlichen, worunter
gerade auch das einfache Volk leide. Das Volk werde ferner
durch Spenden für Brüderschaften und großartige Kirchenfeste mit Wundern und Schauspielerei beraubt. Nicht besser kommen die Ordensleute weg, die im Volksmund »reiche oder fette Herren« genannt werden. In dunklen Farben
zeichnet Hus wirkungsvoll das Bild des moralischen Verfalls
im Klerus. Die Priester trügen prächtigere Kleider als auf Gemälden, sie veranstalten Vogel- und Tierjagd und das vom
Almosengeld erworbene Brot gäben sie lieber ihren Jagdhunden als den Armen. Auch dem Würfelspiel seien sie verfallen,
und »von ihrem Vater, dem Teufel, geführt, mischen sich

unter den Volksreigen«. Unter dem Vorwand, zum Studium nach Prag oder anderswohin zu fahren, verlassen sie ihre Kirchen, um Dirnen zu besuchen.

Noch schlimmer als dieses unwürdige Benehmen seien die Vergehen, die man der Häresie zurechnen müsse. Von diesen sei an erster Stelle die Simonie, also der Kauf oder Verkauf eines kirchlichen Amtes, einer Pfründe oder eines Sakraments, zu verurteilen. Auch würden sich Archidiakone und speziell zur Bestrafung von Verfehlungen der Geistlichkeit eingesetzte »Korrektoren« mit Geschenken bestechen lassen. Die Pfarrer würden Gläubigen zu Zahlungen zwingen, indem sie die Bestattung ihrer toten Angehörigen verweigerten. Kurz gesagt, die Geistlichen trieben mit ihren Ämtern einen gewinnbringenden Handel. Hus erwähnt ferner, dass einige Priester offene Ausschänke betrieben. Neben der Förderung der Trunksucht scheint ihn dabei auch die wirtschaftliche Konkurrenz zu den Gaststätten der Untertanen gestört zu haben. Gegen Ende der Rede wandte sich der Prediger schließlich den Verfehlungen der Akademiker zu. Er nannte nicht nur die Vertreter aller höheren Fakultäten, sondern auch jene der Freien Künste. Eine derart gezielte Kritik war in lateinischen Predigten vor der Geistlichkeit, zu welchen neben den Synodalreden auch die Predigten bei den Universitätsgottesdiensten gehörten, durchaus üblich. Auch in Hus' Universitätspredigt *Abiciamus opera tenebrarum* (»Laßt uns ablegen die Werke der Finsternis«, Römerbrief 13, 12), die er knapp ein Jahr früher gehalten hatte, findet sich eine solche »maßgeschneiderte« Kritik der einzelnen Fächer. Doch für die Synode schwerwiegender dürfte gewesen sein, dass Hus auch die Auswahl der Kandidaten für das Priesteramt der Kritik unterzog: Viele Weiheanwärter seien ungebildet, zu jung, wanderlustig und voller schlechter Sitten.[3]

Auch die zweite Predigt von Jan Hus, *State succincti* (»So steht nun fest«, Epheserbrief 6,14), entwirft ein düsteres Bild der kirchlichen Zustände. Hus bediente sich der Metapher der geistlichen Rüstung, um der Rede eine lange allegorische Auslegung des gewählten Bibelverses voranzustellen. Er betonte, dass die Geistlichkeit die Vorhut des christlichen Heers im Kampf gegen die Mächte des Antichrist darstellen sollte. Wenn sie ausfalle, würde das gesamte Heer in seinem Kampf behindert und unwirksam werden. Der Katalog der Untaten der Kleriker wurde gegenüber der Rede *Diliges* nicht wesentlich erweitert. Auch hier werden der Missbrauch von Brüderschaften, außergewöhnlichen Ablässen, falschen Reliquien und farbigen Bildern als Einnahmequelle angeprangert. Sieben Sünden der Priester stellte Hus in besonderer Weise heraus: sie treten ihr Amt nur aus Profit- oder Ruhmsucht an, sie benehmen sich schlecht und verleumden andere, sie seien als Lehrer nutzlos und unterdrückten ihre Untergebenen, sie erfreuten sich an äußerer Pracht und zeigten keine Bereitschaft zur Buße. Soweit die hinlänglich bekannte Sittenkritik. Doch bald kam der Prediger auch auf einige konkrete, sehr heikle Themen zu sprechen: Er kritisierte die Ausübung des obrigkeitlichen Heimfallrechts, dem gemäß ein Grundstück an den Grundherrn zurückfiel, wenn ein Untertan ohne direkte Erben starb. Die Gebühren, die aufgrund des Heimfallrechtes von den indirekten Erben (so auch von Töchtern der verstorbenen Väter) eingetrieben wurden, gehörten zu den umstrittenen sozialen Fragen in Böhmen an der Schwelle zum 15. Jahrhundert. Hus betonte in dieser Predigt auch die Pflicht der Obrigkeiten, die Sünden des Volkes auszurotten, um dafür nicht selbst einst zur Rechenschaft gezogen zu werden.

Dass die scharfe Kleruskritik, die freilich auch bei anderen Predigern üblich war, nicht immer auf große Gegenliebe stieß, zeigen die Anklageartikel gegen Hus. 1408 griffen die Prager Pfarrer in ihrer Anklage gegen Hus seine Behauptung auf, es sei nicht erlaubt und unrechtmäßig, Geld für die Spendung der Sakramente zu fordern, egal ob vor oder nach der Zeremonie. Ein Jahr später griff Johannes Protiva denselben Punkt auf, wobei er ausdrücklich an die Synodalrede von Hus erinnerte. Er war im Gegensatz zu Hus der Meinung, dass es ein alter und daher unverwerflicher Brauch sei, wenn der Priester nach der Erteilung des Sakramentes eine Spende entgegennehme, denn alte Bräuche dürfe man ohne Zweifel pflegen. Hus bezeichnet aber in seiner Predigt jegliche Art von Geldforderungen sowohl vor als auch nach der Feier des Sakraments als Simonie, und daher auch als Häresie. In seiner Entgegnung auf die Anklagen benutzte Hus dieselbe Argumentation wie schon in der Predigt *State succincti*. Darüber hinaus berief er sich auf die Zustimmung des Erzbischofs und seiner hohen Beamten zu seiner Auffassung.[4]

Man darf daraus also auf eine vertrauensvolle Zusammenarbeit zwischen Hus und Erzbischof Zbyněk in jener Zeit schließen. Dass die Behauptung des Predigers im Jahr 1407, die Gefräßigen und Unzüchtigen seien Götzendiener und Ketzer, Erwähnung im Synodalstatut fand, war wohl nicht nur Ergebnis der außergewöhnlichen Wirkung der Rede. Vielmehr scheint dieser Beschluss von beiden Seiten intendiert und gut vorbereitet gewesen zu sein. Hus bezog sich in seiner Synodalpredigt nämlich ausdrücklich auf einen entsprechenden Punkt der Provinzialstatuten, die bereits unter Erzbischof Ernst im Jahr 1349 erlassen worden waren, welchen Zbyněk dann in seinem Statut erneuert hat. Man darf annehmen, dass Hus von der beabsichtigten Erneuerung gewusst hat.[5] Der junge Erzbischof bemühte sich in der Tat aufrichtig, seine Diözese in Ordnung zu bringen, wozu die Synoden und die durch die Synoden angeordneten Visitationen ein probates Mittel sein sollten. Nach einer Zeit der Sedisvakanz – Zbyněks Vorgänger war noch vor der Bischofsweihe verstorben – war eine solche Reforminitiative auch nötig: Aus den sieben Jahren zwischen dem Rücktritt des Erzbischofs Jenstein und dem Antritt Zbyněk Zajícs von Hasenburg im Herbst 1402 kennen wir nur fünf Synodalstatuten. Zbyněk begann, die Synoden wieder regelmäßig einzuberufen. Als Abkömmling des bedeutenden Herrengeschlechts der Hasenburger fühlte er sich in militärischen Fragen bewanderter als in pastoralen. Für seine geistlichen Aufgaben suchte er daher gerne fachlichen Beistand, den er zunächst in der universitären Reformgruppe, vor allem bei Magister Jan Hus, fand.

Später, als die beiden schon tief verfeindet waren, erinnerte Hus den Erzbischof daran, wie er ihm nach dessen Antritt angeboten hatte, ihm alle Unzulänglichkeiten in der Diözesanverwaltung persönlich oder brieflich darzulegen. Stephan von Páleč bezeugte, Hus habe sich mit Zbyněk über die Missstände auch unter vier Augen unterhalten. Als Zbyněk als Vertreter des abwesenden Königs im Jahr 1404 den Fehderitter Johann Zúl gefangen nahm, begleitete Hus den Verurteilten zum Galgen. Den *Alten böhmischen Annalen* zufolge konnte Hus den Delinquenten zur Buße bewegen, so dass er, bevor er mit 50 jungen Gefährten gehängt wurde, sich der gaffenden Menge zuwandte und sprach: »Heilige Gemeinde, ich bitte euch, bittet Gott um meinetwegen!«[6] Es liegt die Annahme nahe, dass Zbyněk mit Bedacht Hus gebeten hatte, dem Verbrecher den letzten Trost zu spenden.

Eine enge Kooperation zwischen beiden sieht man auch im Fall des Wilsnacker Blutwunders. Bereits auf zwei seiner frühen Synoden erließ Zbyněk Warnungen gegen Wallfahrten zu suspekten »wundertätigen« Orten in Böhmen, womit er im ersten Fall auf eine Wunderkiefer in der Nähe von Münchengrätz (Mnichovo Hradiště) und im zweiten Fall auf den bis heute mythisch umrankten Berg Blaník anspielte. Die Sommersynode von 1405 sprach schließlich ein Verbot für Wallfahrten ins brandenburgische Wilsnack aus, wo eine blutende Hostie verehrt wurde. Hus war Mitglied der dreiköpfigen Kommission, die dubiose Wunderheilungen als Betrug entlarvte und damit die Grundlage für das Verbot der Wallfahrten schuf. Die Magister Hus und Stanislaus von Znaim haben zum Wilsnacker Blutwunder auch eine eigene Universitätsdisputation veranstaltet. Hus hat später seinen Vortrag aus dieser Veranstaltung zum Traktat *De sanguine Christi* (»Über das Blut Christi«) erweitert.[7]

Der zwei Malige Auftrag an Jan Hus, die Synodalpredigt zu halten, passte also gut in die Atmosphäre einer fruchtbaren Partnerschaft zwischen dem Erzbischof und der wyclifistischen Reformgruppe in jener Zeit. Hus trat hier als Exponent der Klerusreform auf, um welche man sich in

Böhmen bereits seit zwei Generationen bemüht hatte. Seit der Zeit des Erzbischofs Ernst von Pardubitz (1343–1364) sorgten die Metropoliten für eine Besserung der kirchlichen Verwaltung und damit auch der Seelsorge im Land. Die verstärkte erzbischöfliche Kontrolle durch Visitationen und durch das neu errichtete Amt eines Korrektors des Klerus sowie die regelmäßigen Synoden sollten zur Reform beitragen. Die Bedeutung der moralisch unerbittlichen Synodalreden und anderer Predigten vor den Geistlichen lag aber nicht nur darin, ein rhetorisches Umfeld für die amtlichen Reformmaßnahmen geschaffen zu haben. Vielmehr konnte die Diskussion um die notwendigen Reformen, die in ihnen aufgegriffen wurde, allmählich ihr eigenes Leben entwickeln. Hier begegnen uns zum ersten Mal Gedanken, die später typisch für die hussitische Auffassung der Klerusreform werden sollten. Die Reformprediger legten strenge Maßstäbe für Laien, aber noch strengere für Geistliche an und prägten die späteren radikalen Forderungen nach Sittlichkeit und Armut des Klerus. Den folgenreichsten Schritt jedoch taten Hus und seine Gefährten, als sie die anfänglich interne Kleruskritik aus der Synodalaula im Bischofshof und aus den Vorlesungsräumen der Universität in die Öffentlichkeit hinein vor ein Laienpublikum trugen. Schon bei der Synodalpredigt *State succincti* schienen Worte davon nach außen gedrungen zu sein. Die oben erwähnte Anklage von Johannes Protiva erweckt nämlich den Anschein, Hus habe unzüchtige Priester bereits andernorts als Ketzer bezeichnet, nicht nur auf der besagten Synode. Die Anklage der Prager Pfarrer nannte sogar Zeit und Ort des Vorfalls, nämlich in der Bethlehemskapelle am 17. Juli, also drei Monate vor der Herbstsynode von 1407.

Die Kirchen- und Kleruskritik, wie wir sie in den beiden Synodalpredigten von Hus resümiert haben, weist freilich nur wenig Singuläres oder gar »hussitisches« auf, wenn überhaupt. Moralisieren war ein wesentlicher Teil mittelalterlichen Predigens. Besonders zur Zeit des Großen Schismas und der Reformkonzilien bildete die Kirchen- und Kleruskritik womöglich den häufigsten Inhalt von Predigten, insofern sie schriftlich überliefert sind. Allein vom Konstanzer Konzil kennen wir rund 300 Predigten, von denen sich die meisten in der einen oder anderen Weise mit Reformthemen befassen. Nehmen wir die Konstanzer Kanzelauftritte der böhmischen Konzilsteilnehmer als Beispiel, die Hus übrigens alle persönlich noch aus Prag kannte und die sich schon damals als seine Gegner profiliert hatten. Rhetorik und Inhalte der Konstanzer Predigten jener Gegner des Hus ähneln durchaus den Ansichten und Äußerungen, die Jan Hus und seine reformgesinnten Kollegen in ihren Predigten vorbrachten. Der bereits erwähnte Mauritius Rvačka wurde als Konzilsprediger in Konstanz zu einem der vehementesten Verfechter der Kirchenreform; er sprach ihr einen Vorrang sogar vor der Beseitigung des Schismas zu. Als schlimmstes Übel in der Kirche sah er die Simonie, also den Ämterkauf, die er für gravierender als die Häresie hielt, wobei er betonte, dass selbst ein Papst dagegen nicht immun sei.

Magister Matthäus von Königsaal (Zbraslav), der einst mit Hus in Prag Theologie studiert hatte, sprach sich in Konstanz dafür aus, die durch Simonie unrechtmäßig erworbenen Pfründe zurückzugegeben. Er stützte sich auf den Spruch Jesu: »Wer in den Schafstall nicht durch die Tür hineingeht, sondern anderswo einsteigt, der ist ein Dieb und ein Räuber.« Die rechte Tür in den Schafstall sei Christus selbst (vgl. Johannesevangelium 10, 1–10). Interessanterweise hat auch Hus dieses Zitat in seinem Traktat über die Kirche im Zusammenhang seiner Simoniekritik benutzt. Allerdings leitete er davon ab, dass die Kardinäle keine rechten Apostelnachfolger wären, wenn sie nicht nach den Geboten Christi lebten. Stephan von Páleč war sich als ehemaliger Wyclifist sehr bewusst, dass einige im Reformeifer gemachten Äußerungen in gefährliche Nähe zur Häresie Wyclifs geraten können. Seine Kritik galt den Geistlichen, die alles tun würden, um möglichst viele Pfründen zu erwerben, und ohne weiteres auch den Dienst in der Küche oder im Stall ihres Patrons antreten würden. Gegen einen Kleriker, der als Koch zu Hofe diente, hatte Jan Hus seinerzeit eine ausführliche polemische Abhandlung verfasst. Doch Páleč distanzierte sich in der Predigt ausdrücklich vom Reformkonzept Wyclifs und forderte die Konzilsväter auf, die Simonie so schnell wie möglich zu beseitigen und so den häretischen Vorschlägen den Wind aus den Segeln zu nehmen.[8]

In der Konstanzer Kirchenversammlung trafen die verschiedensten Erneuerungsbestrebungen des Reformzeitalters aufeinander. Die Beseitigung der Kirchenspaltung sollte nur den ersten, obgleich sehr notwendigen Schritt zur Besserung der religiösen Umstände darstellen. Die führenden Kirchenmänner und Theologen legten hier ihre konziliaristisch geprägten Entwürfe einer Reform der kirchlichen Institutionen, besonders der päpstlichen Kurie, vor. Indessen war es nicht nur die institutionelle Reform, die den intellektuellen Eliten auf dem Herzen lag. Dieselben Persönlichkeiten kümmerten sich oft nicht minder um die Besserung des religiösen Lebens auf lokaler und individueller Ebene. Das gilt auch für Hus' Richter Pierre d'Ailly und Jean Gerson, wohl die angesehensten Theologen in Konstanz. Besonders Gerson interessierte sich für verschiedene kontemplative und andere Frömmigkeitsbewegungen. Auf dem Konzil unterstützte er mit seiner Autorität die Schwestern und Brüder vom gemeinsamen Leben, Anhänger der erfolgreichen niederländischen und niederrheinischen Bewegung der *Devotio moderna*, als sich diese dort Vorwürfen der Häresie ausgesetzt sahen.[9]

Jan Hus verlor die breiteren kirchenpolitischen Zusammenhänge der religiösen Reform keineswegs aus den Augen. In seiner Predigt *Diliges Dominum* bezeichnete er das Schisma als eine Folge der Verderbnis im Klerus:

> »Die ganze Zerrissenheit der Kirche geht von den Klerikern aus, wegen ihrer Habgier. Wer hat das Schisma der Sarazener verursacht, wenn nicht der Kleriker? Wer das der Griechen, wenn nicht der Kleriker? Wer das der Lateiner, wenn nicht der Kleriker? Und wer entzweit jetzt das Römische Reich, wenn nicht der Kleriker?«[10]

Bezüglich des durch einen Kleriker verursachten »Schismas der Sarazener« stützte er sich offenbar auf die mittelalterliche Legende, wonach Mohammed ein abtrünniger Christ, ja sogar ein Kardinal gewesen sein soll. Bezüglich der Spaltung des Reiches mag er an die Rolle der geistlichen Kurfürsten bei der Absetzung Wenzels gedacht haben oder auf die Bestätigung der Königsabsetzung durch den Papst, die ja nur zwei Jahre vor dem Vortrag der Predigt *Diliges* erfolgte. Die Reformtheologen jener Zeit stimmten ungeachtet ihrer politischen Zugehörigkeit oder intellektuellen Ausrichtung bei der Diagnose der krisenhaften Symptome in der schismatischen Kirche problemlos überein. Der Weg zur Überwindung der so konstatierten Misstände und zur Heilung des Schismas jedoch warf weitreichendere Fragen auf, wobei Konflikte kaum zu vermeiden waren.

Auch in Böhmen gab es ein reiches Angebot an Reformkonzepten. Die böhmische Reformbewegung umfasste neben den bereits erwähnten erzbischöflichen Maßnahmen zu Besserung des Klerus auch eine auf die Laien ausgerichtete Intensivierung der Katechese. Wie bereits erwähnt, gründete der Bußprediger Milíč von Kremsier in Prag das Haus *Jerusalem* für ein gemeinsames Leben von Priestern und ehemaligen Prostituierten, das an die Organisationsformen der niederländischen Devoten erinnert. Das Haus *Jerusalem* überlebte nicht den Tod seines Gründers. Obgleich Jan Hus die Milíčsche Tradition der Reformpredigt gewissermaßen übernahm, den »Inseln« vom gemeinsamen frommen Leben brachte er keine besondere Zuneigung entgegen. Er unterstützte zwar die nahe der Bethlehemskapelle lebenden Beginen, seine Vorstellung eines erneuerten religiösen Lebens zielte jedoch auf alle gesellschaftlichen Schichten und Stände, nicht auf kleine Gruppen von Enthusiasten. Einflussreicher als die »neue Frömmigkeit« zeigte sich für das spätere Hussitentum die eucharistische Bewegung.

Die Forderung der häufigen, sogar täglichen Kommunion der Laien tauchte schon im Werk des Matthias von Janov sowie bei dem Dominikaner Heinrich von Bitterfeld auf. Janov's Monumentalwerk *Die Regeln des Alten und Neuen Testaments* nahm mit seinem Akzent auf den Vorrang und die Überlegenheit der Heiligen Schrift gegenüber den von Menschen erfundenen Gesetzen den hussitischen Biblizismus vorweg. Bitterfeld war einer der deutschsprachigen nominalistischen Universitätsgelehrten in Prag, die seit dem späten 14. Jahrhundert eine bemerkenswerte schriftstellerische Reformtätigkeit entwickelten. Heinrich Totting von Oyta und Konrad Soltau diskutierten über die Gültigkeit von Handlungen sündiger Priester, was Totting eine Häresieanklage einbrachte. Bitterfeld selbst trat dem unwürdigen Ablasskauf entgegen. Zusammen mit dem scharfen Kritiker der kirchlichen Missstände Matthäus von Krakau befürwortete er die häufige Kommunion. Mit der Zustimmung des Erzbischofs Jenstein wurde die Praxis 1391 synodal bewilligt.[11]

Die Betonung der häufigen Kommunion zeigt eher die Unterschiede als die Gemeinsamkeiten zwischen der Diözesanreform und der hussitischen Auffassung auf. Bitterfelds Zusammenarbeit mit Johann von Jenstein bildete ohne Zweifel eine Parallele zum oben geschilderten Verhältnis zwischen Hus und Zbyněk von Hasenburg. Doch die Zusammenarbeit mit dem Erzbischof bei der Verwirklichung einer Kirchenreform war nur eine Episode in Hus' Laufbahn. Seine Reformvorstellungen führten bald zu einem Konflikt zwischen den beiden Männern. Zu diesem Zeitpunkt offenbarte sich auch die unterschiedliche Einstellung von Hus und der früheren Frömmigkeitstheologen bzw. Predigern: Milíč verteidigte sich an der Kurie in Avignon mit unsicherem Ausgang; Matthias von Janov sagte sich vor dem erzbischöflichen Konsistorium von seinen Irrtümern los; die nominalistischen Magister verließen in der Regel Prag, um anderswo Professoren oder Bischöfe zu werden. Hus blieb Kaplan und beharrte auf seinen Ansichten, auch wenn er damit eine Kluft zwischen ihm und dem Erzbischof riskierte, die sich zu einem Gerichtsverfahren mit tragischen Folgen entwickeln sollte.

War also Hus' Auffassung der kirchlichen Erneuerung inkompatibel mit derjenigen der reformgesinnten Prälaten?

Nehmen wir den Kardinal Pierre d'Ailly als Beispiel, um die Übereinstimmungen und Differenzen aufzuzeigen. D'Ailly steht für einen Verfechter der bischöflichen und konziliaristischen Reform. Bereits vor dem Konstanzer Konzil, wo sich beider Wege tragisch kreuzten, hatte er als Bischof von Cambrai Gelegenheit, Reformmaßnahmen zu ergreifen. Ähnlich wie Hus sah er den moralischen Verfall der Kirche in einer apokalyptischen Perspektive, als ein Zeichen der Tätigkeit des Antichristen, welche im Großen Schisma gipfelte. »Groß sind die Übel, die, wie Sie bestens wissen, aus diesem ruchlosen Schisma hervorgegangen sind, schrieb d'Ailly kurz vor dem Konzil an Papst Johannes XXIII. Seine Hoffnung legte er in eine Rückkehr zum Evangelium und zur evangelischen Lebensweise. Diese Reform sollten nach d'Ailly die Experten garantieren: Theologen und vor allem Bischöfe. Eine Voraussetzung dafür war, dass sie ihr eigenes Leben dem apostolischen Ideal anpassten, und zwar sowohl im Verzicht auf überflüssige Güter als auch im Vollzug ihrer pastoralen Aufgaben. Pierre d'Ailly, wie auch sein Schüler Jean Gerson, ging in seinem Reformdenken von der Überlegenheit des evangelischen Gesetzes aus: die Heilige Schrift und die Lehrsätze, die sich direkt auf sie stützten, hatten Vorrang auch vor dem Kirchenrecht.[12]

Jan Hus konnte den so formulierten Prinzipien gewiss zustimmen. Bei näherem Blick auf die praktischen Modalitäten der Kirchenreform zeigen sich jedoch die Unterschiede. D'Aillys Synodalpredigt *Designavit Dominus* ist für den Vergleich beider Reformkonzepte besonders aufschlussreich. Es überrascht kaum, dass sie der Kritik des klerikalen Lebenswandels gewidmet ist. Der Cambraier Bischof benutzte übrigens auch das Bild aus dem Johannesevangelium Kapitel 10, den Hinweis auf die Tür zum Schafstall, mit dem bereits Hus und Matthäus von Königsaal jene Kleriker tadelten, die sich die Kirchenwürden durch Simonie oder Gewalt aneigneten. In einem Exkurs wandte sich d'Ailly dem Problem der im Konkubinat lebenden Priester zu. »Gegen dieses schreckliche und abscheuliche Ungeheuer haben wir viel in Predigten und Synodalstatuten gepoltert,« beschwerte er sich, »wir haben aber trotzdem diese Schande aus dieser Diözese nicht vertreiben könnnen, wie wir es uns wünschten.« Der Bischof sah sich jedoch zugleich veranlasst, gegen einen neuerlich verbreiteten Irrtum anzugehen. Einige Prediger (d'Ailly meinte den 1384 verstorbenen Geert Grote, nannte ihn jedoch nicht) hatten nämlich unter dem Volk die Ansicht verbreitet, die Messe eines offenbar im Konkubinat lebenden Priesters sei zu vermeiden. Wir wissen, dass Jan Hus in seiner Synodalpredigt die unzüchtigen Priester als Ketzer bezeichnete. In den tschechisch geschriebenen *Büchlein über die Simonie* aus dem Jahre 1413 äußerte er ganz offen die Meinung, die Gläubigen sollten die Gottesdienste ihres unzüchtigen Pfarrers boykottieren. Interessanterweise benutzte er dabei dieselben Texte aus dem Kirchenrecht wie Grote, den sich d'Ailly zu widerlegen genötigt sah.[13]

Obwohl es Pierre d'Ailly natürlich nicht ahnen konnte, stand er in seiner Diözese vielleicht einer ähnlichen Agitation gegenüber, wie jene, die Hus entfachte. Angesichts allzu radikaler Prediger hatte der Bischof Bedenken, »das Volk zum Aufruhr gegen seine Priester anzustacheln«. Trotz seinem reformistischen Eifer riet d'Ailly in dieser wie in allen ähnlichen Situationen zur Mäßigung. Zusammen mit Gerson, mit welchem er sich über das verbreitete Konkubinat beriet, befürwortete er einen pastoralen Realismus, der extreme Reformmaßnahmen zu vermeiden suchte, um die Laien und die Kirche insgesamt nicht in Verwirrung zu stürzen. Diesen Ansatz verfolgte etwa auch d'Aillys Schrift *De reformacione ecclesie* (»Über die Kirchenreform«) aus dem Jahr 1416, die in weiten Teilen jedoch bereits 1403 ausgearbeitet vorlag. Die Aufzählung der Missstände unter dem Klerus hielt sich in den Grenzen der üblichen Kritik: »Fraß und Völlerei, Pomp, Verschwendung, Müßiggang und andere Laster« werden genannt. Die Schrift zeichnet sich vielmehr durch die Breite der Betrachtungsweise und die besondere »Innenansicht« des Autors aus. Sie beginnt mit dem Kirchenregiment im Allgemeinen, um dann von der Reform der päpstlichen Kurie über die Prälaten, Ordensleute und den niederen Klerus bis zu den Laien vorzudringen.

Die durch d'Ailly entworfenen Reformmaßnahmen kann man als institutionell-administrativ bezeichnen. Er empfiehlt die regelmäßige Abhaltung von General- und Provinzialkonzilien; eine niedrigere Steuerbelastung sollte durch Ausgabenbegrenzung erzielt werden, gerade auch bei den Ausgaben der Kurie für repräsentative Anlässe. Keineswegs dürfe man Gebühren für die Gewährung von Gnaden, für die Spendung von Sakramenten und andere geistliche Handlungen erheben. Auch sollten nicht so viele Feste eingeführt, Kirchen gebaut und Bilder gestiftet werden. Die Vergabe von Pfründen und Kirchenwürden sollte transparent verlaufen, wobei auf gebührendes Alter, Bildung und Charakter der Kandidaten geachtet werden musste. An mehreren Stellen seines Traktats gab d'Ailly nichtsdestoweniger zu, dass die Gesetze nicht immer in aller Strenge und dem vollen Wortlaut nach eingefordert werden können, und er räumte Milderungen ein. Hier spürt man die Erfahrung und Verantwortlichkeit eines hochgestellten Kirchenmannes. Die Reform der institutionellen Kirche sollte in d'Aillys Augen von den Kirchenbehörden selbst vorgenommen werden. Das Vorgehen schildert er folgendermaßen:

> »Daher ist Vorsorge zu treffen, dass bei solchen [schlechten Prälaten] Visitation und Untersuchung geschieht, so dass Lebenswandel und Ruf dieser Leute auf den Provinzialkonzilien, wenn nötig auch auf einem Allgemeinen Konzil, dem Heiligen Vater berichtet wird und dann zu deren Absetzung oder anderer angemessenen Bestrafung geschritten wird.«[14]

In diesem Vertrauen auf die eigene Reformkraft der kirchlichen Institutionen besteht der Hauptunterschied zwischen den Ansichten d'Aillys und des späten Jan Hus. Ziehen wir Hus' *Büchlein über Simonie* zum Vergleich heran. Ihr Autor war nicht mehr derselbe Synodalprediger, der mit dem Erzbischof und im internen Forum der Diözesansynode Kritik am Benehmen der verderbten Kleriker äußerte. In den *Büch-*

lein legte er vielmehr einen stark durch Wyclif inspirierten Entwurf einer Kirchenreform vor. Formal ist das Werk nicht viel anders als dasjenige d'Aillys zusammengestellt. Nach einführenden Passagen über Wesen und Ursprung von Simonie widmete Hus je ein Kapitel dem Papst, den Bischöfen, Ordensleuten, Pfarrern und Laien, wonach er noch in zwei Kapiteln der Frage nachging, wie man der Simonie unterliegt und wie man sie vermeiden kann. Hus ging von der üblichen Definition der Simonie als verwerflichen Tausch einer geistlichen Sache gegen eine nicht geistliche aus. Seine Auffassung war ziemlich breit, wenn er etwa auch ein unordentliches Leben generell als einen simonistischen Handel mit dem Teufel beschrieb. Viele der erwähnten Missstände stammten aus eigener Beobachtung des Verfassers: so gab er beispielsweise an, dass die Weihekandidaten selbst für den Barbier aufzukommen hatten (wahrscheinlich wenn sie sich eine Tonsur rasieren ließen). Manche der kritisierten Verfehlungen fanden sich bereits in Hus' Synodalpredigten. So wurden die Orden getadelt, sie ließen sich nur reiche Pfarren übertragen; auch die gegen Entgelt ausgestellten Brüderschaftsbriefe entgingen nicht der Kritik. Abermals ließ der Verfasser die Ausrede nicht gelten, man würde die Zahlung ja nach dem sakramentalen Handeln entgegenenehmen.

Dass Kirchenämter rechtmäßig, d. h. ohne Simonie, übertragen und angenommen werden konnten, ließ Hus theoretisch zu. Dass sich eine solche Herangehensweise von selbst durchsetzen könnte, dafür sah er in seiner Gegenwart keine große Chance. »Eher stürzt die Prager Brücke zusammen,« bemerkte er, »bevor jemand auf eine solche heilige Weise das Prager Bischofsamt antritt.« Wie sah also sein Weg für eine Besserung der Zustände aus? Hus' Vorschläge wurden weitgehend dem *Tractatus de simonia* des John Wyclif entnommen. Die Möglichkeit, dass der liebe Gott den Menschen einen erleuchteten Papst beschert, der die Simonie selbst ausrotten würde, schien beiden Autoren unwahrscheinlich zu sein. Daher blieben zwei Auswege übrig: Zunächst die Säkularisierung der Kirchengüter durch weltliche Herren. Ihre Stifterrechte nutzend, sollten sie die Pfründen von überflüssiger Ausstattung entschlacken und so für simonistische Geschäfte unattraktiv machen. Wenn die weltlichen Herren diesem Vorschlag nicht folgten, dann könnte auch noch die Gemeinde ihrem simonistischen Seelsorger Zinsen und Zehnt verweigern. Dasselbe gelte für die Unzüchtigen. Wir haben schon gesehen, dass Hus auffordert, deren Gottesdienste zu meiden. Eine weitere Maßnahme stellte eben das Einstellen von Zahlungen dar. Im Extremfall sollte die Gemeinde den Übeltäter aus ihrer Mitte ausscheiden, ihn also vertreiben.

Wie sah dann für Hus die Idealkirche aus? In den *Büchlein über die Simonie* bot er keine systematische Darstellung der derartig gereinigten Kirchengemeinschaft, aus verstreuten Bemerkungen kann man sie aber rekonstruieren. Der Papst könne die Kirche mithilfe der Heiligen Schrift geistlich verwalten, vorausgesetzt, er sei dazu moralisch geeignet. Wenn jemand eine höhere Moral als der jeweilige Papst aufweise, habe er auch ein besseres Recht auf das Papsttum als jener. Keineswegs dürfe der Papst über weltliche Güter verfügen. Jeder Geistlicher dürfe nur soviel von seinem Einkommen zurückhalten, wie er für seinen Lebensunterhalt brauche. Das restliche Kirchenvermögen solle er den Armen verteilen. Die Pfarrer und andere Priester dürfen nicht vom Papst eingesetzt werden. Hus propagierte stattdessen die Wahl von Pfarrern und Bischöfen. Dies sei der Usus gewesen, bevor sich die Stifter das Patronatrecht angeeignet hätten. Die Pfarrer sollten daher direkt von und vor der Gemeinde gewählt werden, am besten unter Zuhilfenahme der göttlicher Offenbarung. Auch für die Bischofswahl wäre nach Hus die Rückkehr zum allgemeinen Wahlrecht wünschenswert; die Wahl durch das Kapitel sei nämlich schon eine Abkehr von den Prinzipien der Urkirche gewesen.[15]

Die dem Hus'schen Reformkonzept zugrunde liegenden Ideale stellen nichts Neues dar. Aus dem Ruf zur Nachfolge Christi, vor allem zu einem Leben in Armut, hat man bereits im 12. Jahrhundert Entwürfe der Reform von Kirche und Christentum abgeleitet. Die zuletzt genannten Gedanken zur

Bischofswahl verdeutlichen jedoch, wie sich der soziale Kontext der Reformbestrebungen veränderte. Die kanonische Wahl durch das Domkapitel gehörte zu den zentralen Anliegen der gregorianischen Reform des späten 11. Jahrhundert, die darin das wirksamste Mittel im Kampf gegen die Simonie erblickte. Drei Jahrhunderte später sah Jan Hus die Wahl durch das Domkapitel als ein Hindernis desselben Kampfes. Das Papsttum war nicht mehr der Führer, sondern die Zielscheibe des Reformstrebens. Die auf den spätmittelalterlichen Konzilien versammelten Reformer sahen in der Reorganisation der Kurie den überfälligen Schritt zur Besserung der kirchlichen Zustände. Wyclif, Hus und ihre Anhänger hatten dagegen jegliches Vertrauen in die Reformierbarkeit der Hierarchie verloren. Daher gingen sie gegen die Hierarchie nicht nur in ihren Reformentwürfen vor, sondern auch in ihrem Kirchenkonzept. Kann man also die Verbrennung Jan Hus' auf einem Reformkonzil als Folge eines Konfliktes unter den Kirchenreformern ansehen? Ergab sie sich zwangsläufig aus der Konkurrenz der zahlreichen Reformprojekte zur Zeit des Großen Schismas?

Die auf dem Konstanzer Konzil verurteilten »irrigen« Artikel thematisierten die Kirchenreform kaum. Jan Hus wurde als wyclifistischer Ketzer, nicht als ein Reformdenker verurteilt. Trotzdem darf man von einem Konflikt der Reformkonzepte ausgehen. Den Konstanzer Konzilsvätern entging keineswegs, dass sich hinter dem wyclifistisch-hussitischen Reformanliegen ein häretischer Kirchenbegriff verbarg. Es war nicht nur ein anderer Weg zum selben Ziel, was Hus vorschlug, sondern eine völlig neue theoretische Grundlegung der Kirche, worin zwar weiterhin mit einem (moralisch erneuten) Priesterstand gerechnet wurde, worin jedoch der Hierarchie die Zügel zur Lenkung der streitenden Kirche aus der Hand genommen wurden. Bereits in der Synodalpredigt *Diliges Dominum Deum* klang bei Hus die Wyclifsche Auffassung der wahren Kirche als der Gemeinschaft der Prädestinierten an. Die verdorbenen Priester seien kein Teil des mystischen Leibes Christi, sondern Glieder der Kirche des Antichrist. »Die streitende Kirche ist die Schar der Erwählten, die auf dem Wege sind«, sagte er damals offen. Im Jahre 1405 wurde er wegen dieser Meinung noch nicht verfolgt, die zuständigen Behörden waren sich wohl der Tragweite dieser Behauptung noch nicht ganz bewusst. Doch der Zusammenstoß war unvermeidlich. Den Juristen und Theologen in Konstanz konnten die Implikationen der Kirchenlehre von Hus nicht entgehen. Hellsichtig erkannten sie, dass in dem Moment, in dem diese Lehre in ein umfassendes Reformkonzept ausgearbeitet würde, die ursprünglich akademische Frage eine Dynamik entfalten würde, das Volk zum Aufstand zu führen. Dem wollte man unbedingt vorbeugen. Letzten Endes kam nämlich eine Verbindung von Ekklesiologie und Reform in dem Urteil über Hus zum Ausdruck. In den am 6. Juli 1415 verurteilten Artikeln finden sich auch solche über die Rechtmäßigkeit des Papst- bzw. Prälatenamtes. Auch wenn ein sündhaft lebender Amtsträger seine Stelle, äußerlich betrachtet, legal angetreten habe, so die verurteilte These, sei er dennoch »ein Dieb und ein Räuber«, der auf falschem Weg »in den Schafstall gelangt«[16] sei.

7 Die Universitätskarriere des Magisters Hus – Die Rektorsrede »Macht eure Herzen stark« 1409

Der Anfang der Adventszeit bot allen frommen Christen einen Anlass zu Ruhe und Besinnung. An der Prager Universität hatte man aber einen zusätzlichen Grund, eine feierliche Atmosphäre herrschen zu lassen. Der 29. November war nämlich der Todestag des Universitätsgründers, Karls IV. Im Jahre 1409 wurde die Gedächtnismesse am 3. Dezember in der St. Clemenskirche (im heutigen Klementinum) abgehalten. Die Predigt übernahm der Universitätsrektor Magister Jan Hus. Er wählte sein Thema aus der Tagesliturgie: *Confirmate corda vestra* – »Macht eure Herzen stark, denn die Ankunft des Herrn steht nahe bevor« (Jakobusbrief 5, 8). Gewandt verband er seine Ausführungen über das Adventsthema mit dem Kaisergedenken. Wie jeder mittelalterlicher Prediger, der in der ersten Adventswoche zu predigen hatte, erinnerte er an die erste Ankunft Christi in dieser Welt, kam aber dann auf die zweite Ankunft beim Jüngsten Gericht zu sprechen.

Die geistige Belehrung dieser Predigt zielte auf die ängstliche Erwartung dieses Gerichtes und auf ein Bedenken der Vergänglichkeit, die alle Menschen ungeachtet ihres irdischen Standes verbindet. Diesen zweiten Aspekt entfaltete Hus in seiner Predigt ausführlich. Er führte das im Mittelalter beliebte Beispiel Alexanders des Großen an, den nicht einmal seine Weltherrschaft vor dem Tod beschützen konnte. Berühmte antike Philosophen hätten in ihren Reden über Alexanders sterbliche Überreste darauf hingewiesen, dass höchster Ruhm und glänzende Pracht das Ende noch miserabler machten. Hier verglich Hus Alexander mit Karl IV.:

»Was sagt dazu der erleuchtete Fürst, Kaiser und böhmischer König Karl, dessen wir nun gedenken? Er war ein Beschützer der Kirche, Wiederhersteller des Friedens, Freund des Klerus, Licht der Fürsten, Ernährer der Armen, Bauherr von Basiliken und Stifter unserer nährenden Universität. Wenn der Begrabene noch sprechen konnte, würde er sagen: ›Windhauch, Windhauch, das ist alles Windhauch‹.«

Im Anschluss an die dem Kaiser gewidmeten Abschnitte griff Hus zu einem selbst in Universitätspredigten ungewöhnlichem Stilmittel, indem er eine Reihe von berühmten, bereits verstorbenen Prager Theologieprofessoren in ein fiktives Gespräch einbezieht: Was würde, so Hus, ein Nikolaus Biceps, ein Adalbert Rankonis, ein Jenek Venceslai, ein Nikolaus von Rakonizt (Rakovník), ein Nikolaus von Leitomischl, ein Stephan von Kolin, ein Johannes Štěkna und ein Peter von Stupna wohl sagen, wenn sie aus ihren Gräbern reden könnten? In rhetorischer Hinsicht hat Hus die Rede *Confirmate* insgesamt gut ausgearbeitet. In einem für ihn außergewöhnlichen Maß hat er etwa rhythmische Satzschlüsse (*cursus*) benutzt. Dazu zog er antike Autoritäten heran, nannte Vergil namentlich und zitierte eine Anzahl weiterer Dichter. Sein Ziel war offenbar eine des Rektors würdige Rede, was ihm mit Erfolg gelang.[1]

Das Rektorat war das höchste Amt der Universität, das jedes Semester neu vergeben wurde. Der Rektor vertrat die Schule nach außen, überwachte die Beachtung der Statuten, übte Gerichtsgewalt über die Universitätsmitglieder aus und war für die Immatrikulationen zuständig. Es handelte sich eher um eine administrative Position, die nicht unbedingt dem wissenschaftlichen Ansehen entsprechen musste. Für Jan Hus stellte das Rektorat gleichwohl den Höhepunkt seiner Universitätskarriere dar. Wie hat er sich zu diesem Amt emporgearbeitet? Wie wir schon gehört haben, erlangte Hus 1396 den Magistertitel in den Freien Künsten, also in der philosophischen Fakultät. Theoretisch hätte er sich danach um eine Pfründe in seiner Heimatregion umsehen können. Hus wollte jedoch nicht nur in Prag, sondern auch an der Universität bleiben, und trat daher die weitere Laufbahn eines Hochschullehrers an: 1398 ist er zuerst als Mitglied der Kommission für Bakkalaureusprüfungen bezeugt, ein Jahr später promovierte er einen Studenten zum Bakkalaureus. Da dies eine unbezahlte Tätigkeit war, verdiente er sich seinen Unterhalt höchstwahrscheinlich dadurch, dass er – den Universitätsstatuten gemäß – Studenten in seiner Wohnung Quartiere vermietete. Der Lehre widmete sich Hus intensiv. 26 seiner Schüler, die er bis zur Bakkalaureus- oder Magisterpromotion führte, sind namentlich bekannt, man kann aber annehmen, dass er mindestens drei Dutzend auf diesem Weg begleitete.

Die Erkerkapelle des Karolinums in Prag. Das prunkvolle Stadthaus ging 1383 in den Besitz der Universität über und wurde zum Sitz des Karlskollegs.

Als Hus 1402 das Predigeramt in der Bethlehemskapelle antrat, hatte er damit eine dauerhafte materielle Absicherung gefunden. Seine Beziehungen zur Universität gab er dennoch nicht auf. Die Verbindungen zwischen der Kapelle und der

Hochschule waren vielfältig. Laut der Gründungsurkunde sollten die Kandidaten für die Predigerstelle an der Bethlehemskapelle dem Stifter von drei tschechischen Magistern des Karlskollegs und dem Altstädter Bürgermeister vorgeschlagen werden. Mit der Kapelle wurde auch das spätestens 1406 durch Krämer Kříž gestiftete Studentenkollegium namens *Nasareth* verbunden. Seit 1411 übernahm der Bethlehemsrektor auch die Aufsicht über die Studenten des so genannten Litauerkollegs. Das alles bedeutete für Hus weitere Lehr- und Erziehungsverpflichtungen, denen er sich wohl gerne stellte. Zugleich widmete er sich weiterhin seinen eigenen Studien. Wohl seit dem Jahr 1398 begann Hus, an der theologischen Fakultät zu studieren. Das Theologiestudium verlangte einen beträchtlichen Zeitaufwand; durchschnittlich dauerte es zwölf Jahre. Die erste Hälfte beanspruchten Vorlesungen und Disputationen zur Erlangung des Bakkalaureats. Der neue Bakkalaureus war dann selbst zu Vorlesungen verpflichtet; zwei Jahre hindurch musste er in Überblicksvorlesungen ihm zugewiesene biblische Bücher auslegen. Dann avancierte er vom *baccalaureus biblicus* zum *baccalaureus sententiarius*. Als solcher sollte er zwei weitere Jahre über die *Vier Bücher der Sentenzen*, das weit verbreitete theologische Lehrbuch aus der Feder des Petrus Lombardus, vortragen. Gleichzeitig besuchte er weiterhin Vorlesungen und Übungen der Theologieprofessoren. Um ein vollberechtigtes Mitglied des Lehrkörpers zu werden, musste der Kandidat zuerst ein Lizentiat der Theologie erlangen, das nach zwei weiteren feierlichen Disputationen zum Magistertitel (gleich dem Doktorat) führte.[2]

Im Herbst 1404 erlangte Jan Hus folgerichtig das erste Bakkalaureat der Theologie. In dieser Eigenschaft bestieg er auch zum ersten Mal die Kanzel während einer Universitätsmesse, und zwar am 1. Dezember 1404 anlässlich der Gedenkfeier für Karl IV. Kurz zuvor musste er mit seinen Vorlesungen über die Bibel begonnen haben. Als Lehrstoff wurden ihm vom Dekan der theologischen Fakultät die sieben so genannten katholischen (d. h. nicht-paulinischen) Briefe aus dem

Neuen Testament zugewiesen. Ihrer Auslegung schickte er, wie es in solchen Fällen üblich war, eine rhetorisch gestaltete Einleitung in Form eines Lobes der Heiligen Schrift voraus, für deren Thema er sich ein Zitat aus dem Judasbrief ausgewählt hatte. Die neutestamentlichen Vorlesungen schloss Hus noch vor dem Ende des Jahres 1405 ab und begann danach zügig mit der Kommentierung von Schriften des Alten Testaments, und zwar mit den Psalmen 109–118. Glücklicherweise sind beide diese Schulwerke erhalten, was unter den Prager Theologen eher eine Ausnahme bedeutet. Der Vortrag des Psalmenkommentars erstreckte sich über zwei Jahre, womit Hus das für den biblischen Kurs vorgeschriebene Minimum um ein Jahr überschritt. Angesichts seinen Verpflichtungen an der Bethlehemskapelle und seinen weiteren Aktivitäten verwundert dies kaum.

Nichtsdestoweniger setzte er sein Theologiestudium als Sentenziar fort. Sein Kommentar über die *Vier Bücher der Sentenzen* entstand in den Jahren 1407–1409. Zum theologischen Curriculum gehörten auch formelle Diskussionen mit den Kollegen, die zur selben Zeit über Sentenzen lasen. Hier traf Hus auf einige bekannten Persönlichkeiten, von welchen noch im nächsten Kapitel die Rede sein wird. Bereits nach dem ersten Jahr der Vorlesungen, also 1408, durfte Hus den Titel eines *baccalaureus formatus* beanspruchen. Da er das Doktorat der Theologie nie erlangte, blieb dies sein höchster akademischer Titel. Die umfangreichen literarischen Früchte seiner Lehrtätigkeit als Student der Theologie legen ein Zeugnis darüber ab, wie ernsthaft Hus seine akademische Laufbahn verfolgte. Über die beiden erhaltenen theologischen Texte hinaus kennen wir auch die Titel seiner philosophischen Vorlesungen an der Artistischen Fakultät. Seine Kommentare zu den aristotelischen Schriften *Metaphysik*, *Über die Seele* und *Über Entstehen und Vergehen* wurden wohl in der einfachsten Form von Glossen zwischen den Zeilen und am Rande verfasst, ebenso sein Kommentar zur so genannten *Alten Logik*. Seine nicht überlieferte Auslegung der aristotelischen *Physik* dürfte ausführlicher gewesen sein. Um das Bild von Hus'

Aktivitäten an der Universität abzurunden, sei hinzugefügt, dass er sich seit 1398 als Examinator sowie in anderen Funktionen und Kommissionen verdient gemacht und 1401–1402 das Amt des Dekans der Artistischen Fakultät bekleidet hatte.[3]

Die Sorgfalt, mit der sich Hus im Wintersemester 1409 seiner Predigt *Confirmate* widmete, ist nicht nur auf sein Rektorenamt, sondern auch auf die besonderen Umstände an der Universität in dieser Zeit zurückzuführen. Infolge des Kuttenberger Dekrets König Wenzels verließen die meisten Mitglieder der nicht-böhmischen Universitätsnationen im Mai 1409 die Hochschule (vgl. S. 21). Hus als einer der Initiatoren des Umsturzes bemühte sich zu zeigen, dass das Niveau der Forschung und Lehre dadurch nicht gelitten hat. Seine Aufzählung der berühmten Prager Professoren der Vergangenheit ist auch in dieser Hinsicht bemerkenswert, weil sie ausschließlich tschechische Gelehrte umfasste. Interessanterweise nahm Hus nicht nur die Verfechter seiner Reformrichtung auf, sondern auch zwei Persönlichkeiten, die den Wyclifismus offen angefochten haben: Nikolaus Biceps und Johannes Štěkna. Dies ist als ein Versuch zu werten, die Bedeutung der Kontroverse um Wyclif herunter zu spielen und den Abzug der nicht-böhmischen Magister als die Folge eines »gewöhnlichen« Konfliktes zwischen den Universitätskorporationen darzustellen. Die beiden anderen Reden, die Hus als Rektor hielt, eine Antrittsrede zum Thema *Multi sunt vocati* (»Viele sind gerufen, aber nur wenige auserwählt«) (Matthäus 22, 14) sowie sein Festvortrag anlässlich der Verlesung der Statuten, zeigen dieselbe Tendenz. In der Antrittsrede lieferte folgendes Zitat aus Esra (7, 25) eine Anspielung auf die aktuelle politische Situation:

> »Doch über jeden, der das Gesetz deines Gottes und das Gesetz des Königs nicht befolgt, halte man streng Gericht und verurteile ihn, je nachdem, zum Tod, zum Ausschluss aus der Gemeinde, zu einer Geldstrafe oder zu Gefängnis!«

Diese Worte hätten diejenigen unterschätzt, sagte Hus offen, die den Befehl König Wenzels nicht befolgen wollten.[4]

Welche Ursachen und Geschehnisse hatten nun zum Kuttenberger Dekret geführt? Infolge des Anwachsens der Studentenzahlen in den 1360er und 1370er Jahren entwickelten sich an der Prager Hochschule vier Universitätsnationen, korporative Gemeinschaften, die zum Bestandteil der universitären Selbstverwaltung wurden. Wie auf zahlreichen anderen mittelalterlichen Universitäten bezeichneten die Nationen keine ethnische Gruppen, sondern die ungefähre geographische Herkunft ihrer Mitglieder. Mit anderen Worten, maßgebend war die Region, aus welcher der Einzelne kam. Neben der einheimischen böhmischen Nation gab es in Prag die bayerische, sächsische und polnische Universitätsnation, die in der Regel jeweils größere Gebiete umfasste als die politisch-kulturelle Einheit, die der Name vermuten lässt. In vielen Angelegenheiten der Universitätsverwaltung wurde nach dem Prinzip der Parität von Nationen entschieden: Nach Nationen wurden zum Beispiel die Prüfungskommissionen zusammengestellt oder die Wähler bei der Dekane- und Rektorenwahl ernannt. Die Ausbreitung des Wyclifismus in der böhmischen Nation verschlechterte die Beziehungen zwischen den Korporationen insofern, als die drei nicht-böhmischen Universitätsnationen dem philosophischen Realismus weitgehend fern geblieben sind. Damit entstand eine Opposition zwischen den tschechischen Wyclifisten und den drei »deutschen« Nationen. Dabei ist zu berücksichtigen, dass in der polnischen Korporation deutschsprachige Schlesier eine zahlenmäßig bedeutende Gruppe bildeten und deutschsprachige Böhmen sich gewöhnlich in die einheimische, d.h. böhmische, Nation einschrieben. Wie die Abstimmung über die Wyclif-Artikel von 1403 zeigte, bedrohte jedes Anwachsen der nicht-böhmischen Nationen die Interessen der hussitische Gruppe.

Eine Möglichkeit zur Veränderung eröffnete sich mit der politischen Entwicklung in den Jahren 1408/09. Die Kardinäle der römischen sowie der avignonesischen Obödienz kündigten ihren Päpsten den Gehorsam auf und beriefen zum Frühjahr 1409 ein Konzil nach Pisa, das einen neuen, allgemein anerkannten Papst wählen und das Schisma somit beendigen sollte. Der französische Hof stimmte dieser Lösung zu und bemühte sich, ihr den Beistand diplomatisch zu sichern. Im Juni 1408 traf der Pariser Magister Jacques de Nouvion mit einer französischen Gesandtschaft bei König Wenzel in Prag ein, im November folgte eine brabantisch-französische Delegation. Wenzel versprach sich vom Konzil die Wiederanerkennung seines römischen Königtitels und somit eine Verbesserung seiner Reputation, denn im Jahr 1400 hatten die Reichsfürsten aufgrund eines Machtkampfes mit den Luxemburgern Wenzel den Königstitel aberkannt und Ruprecht von der Pfalz an seiner statt zum König gewählt. Ruprecht stand fest hinter dem römischen Papst Gregor XII., ebenso wie der Prager Erzbischof Zbyněk. Viele Mitglieder der bayerischen und sächsischen Nation waren zugleich Untertanen des Pfalzgrafen Ruprechts. Die Frage der wyclifistischen Häresie brachte zusätzliche Verwicklungen mit sich. Die Universität in Ruprechts Residenzstadt Heidelberg unterstützte die antiwyclifistische Bemühungen der Prager nominalistischen Magister, so zum Beispiel die Anklage Ludolf Meistermanns gegen Stanislaus von Znaim. Die Mehrheit der Prager Universität stand der Anerkennung des Pisaner Konzil vorerst ablehnend gegenüber.

Im Januar 1409 überschlugen sich die Ereignisse. Die jährliche feierliche *Quodlibet*-Disputation unter der Leitung des Magisters Matthias von Knín, der im Jahr zuvor Repressionen wegen seines Wyclifismus ausgesetzt war, wurde von einigen nominalistischen Magistern boykottiert. Hieronymus von Prag forderte jedoch zum Abschluss der Disputation in einer bemerkenswerten Rede die Universitätsmitglieder auf, in Wyclifs Büchern weiterhin die Wahrheit zu suchen. Die Anwesenheit der brabantischen Gesandten und der Schöffen des kurz zuvor tschechisch gewordenen Altstädter Rates unterstrich die Verknüpfung der universitären Interessen und Probleme mit der Politik. Als König Wenzel nicht viel später von der Universität eine Stellungnahme zum Pisaner Konzil anforderte, sprach sich die böhmische Nation für eine Teilnahme am Konzil, die drei anderen jedoch dagegen aus. Statt eine endgültige Entscheidung zu treffen, entschloss sich der Rektor Henning Baltenhagen, eine Gesandtschaft zum König nach Kutná Hora (Kuttenberg) zu senden. Die wyclifistische Gruppe wollte die Sache nicht dem Zufall überlassen. Aus ihrer Sicht betraf die Angelegenheit nicht nur das Schisma und die damit verbundene Konzilsfrage, sondern sie sahen in der Zuspitzung des Streits eine Chance, die ganze Universität unter ihre Kontrolle zu bringen. Hieronymus von Prag und Johannes von Jesenice versuchten auf einige Mitglieder des königlichen Rates Einfluss zu nehmen. Am 18. Januar 1409 erließ König Wenzel in Kutná Hora ein Mandat, mit dem er das Stimmenverhältnis an der Universität änderte. Die böhmische Nation sollte zukünftig über drei Stimmen verfügen, die drei anderen Nationen zusammen nur über eine Stimme.

Jan Hus lag zu dieser Zeit im Krankenbett und war daher in Kutná Hora nicht persönlich anwesend. Es besteht jedoch kein Zweifel, dass er bei dem universitären Umsturz eine der führenden Rollen spielte. Als es um die Sicherung der neuen Stimmenverhältnisse ging, finden wir ihn fest an der Seite Hieronymus'. Die deutschen Magister versuchten umgehend, die Kuttenberger Entscheidung umzustoßen, stießen aber auf den Widerstand der wyclifistischen Magister. Jesenic etwa verfasste ein brillantes Rechtsgutachten zur Verteidigung der neuen Stimmenverhältnisse. König Wenzel fürchtete nun die Folgen seiner Entscheidung und er versprach den deutschen Magistern, sie zu widerrufen. Daraufhin begaben sich Hus und Hieronymus zum König auf die Burg Žebrák (Bettlern) und schlugen ihm einen Ausweg aus der komplizierten Situation vor. Die Lösung stützte sich auf den mit Eid bekräftigen Entschluss der Magister der drei Nationen, Prag zu verlassen, wenn das Kuttenberger Dekret bestehen bliebe. Dieses Druckmittel kehrte sich nun gegen sie. Als am 9. Mai die Altstädter Schöffen unter Waffengewalt eine Universitätsversammlung unterbrechen ließen und auf königlichen Befehl, also ohne Wahl, einen neuen Rektor und Artistendekan einsetzten, wurde den »deutschen« Magistern klar, dass sie keine andere Wahl hatten als Prag zu verlassen. 700–800 Lehrer und Studenten, was etwa zwei Drittel der Angehörigen der artistischen Fakultät entsprach, verließen die Universität. Etliche von ihnen begaben sich an die neu gegründete Universität Leipzig.[5]

Hus sah sich bald nach diesen Ereignissen veranlasst, in einem offenen Brief Anschuldigungen gegen ihn zurückzuweisen, er habe die Deutschen vertreiben lassen. Er wies darauf hin, dass die nicht-böhmischen Scholaren Prag in Folge ihres eigenen Eides verlassen hätten. Er gab aber offen zu, dass er das Mandat für die Neuordnung der Stimmenverhätnisse beim König erwirkt habe.[6] Wenngleich die neuen Mehrheitsverhältnisse an der Universität den momentanen politischen Absichten Wenzels dienten, ist dennoch davon auszugehen, dass die Möglichkeit einer Korrektur der Abstimmungsregelung dem König seitens der tschechischen Magister nahegelegt wurde. Man kann annehmen, dass diese Möglichkeit in der böhmischen Nation bereits einige Zeit zuvor erwogen wurde. Es verdient nämlich Beachtung, was die neuen Stimmrechtverhältnisse eigentlich veränderten. Das Mandat gab der böhmischen Nation drei Stimmen »in allen Beiräten, Gerichtsverfahren, Prüfungen, Wahlen und allen anderen Akten und Verfügungen der obgenannten Universität«. In allen Ausschüssen, die gemäß dem Nationenprinzip zusammengestellt wurden, verloren also die nichtböhmischen Nationen ihren Einfluss und damit die Möglichkeit, Angelegenheiten wie Rektorswahl oder Prüfungen mitzubestimmen. In Angelegenheiten, die in der Kongregation aller Magister-Regenten (also etwa Lehrstuhlinhaber) zu entscheiden waren – eine solche Angelegenheit war beispielsweise die Abstimmung über die 45 Artikel Wyclifs im Jahre 1403 – hätten jedoch die Mitglieder der drei Nationen auch nach dem Kuttenberger Dekret die Oberhand behalten. Zur Frage des Konzils von Pisa hatten sich zwar in den Vorverhandlungen einzelne Nationen ausgesprochen, trotzdem aber konnte das Dekret als solches dem König die erwünschte Entscheidung kaum endgültig garantieren. Vielmehr funktionierte es als ein Mittel, auf die drei Nationen Druck auszuüben, indem ihnen jeglicher Einfluss auf die internen Universitätsgeschäfte entzogen wurde.

Nach dem Abzug seiner Kollegen zeigte sich Jan Hus bereit, die Verantwortung für die Universität zu übernehmen. Während er in seiner bisherigen Karriere nur zwei Mal bei der Universitätsmesse gepredigt hatte, hielt er innerhalb eines Jahres nach seiner Rektorswahl am 17. Oktober 1409 insgesamt vier Universitätspredigten. Er arbeitete mit unermüdlicher Tatkraft. Im Sommer 1410 übernahm er die Aufgabe, die *Quodlibet*-Disputation für den kommenden Januar vorzubereiten. Das erhaltene Handbuch dieser Veranstaltung aus seiner Feder verrät deutlich, mit welchem Nachdruck Hus die weitere Qualität in Forschung und Lehre der Universität bewahren wollte. Nunmehr wirkte Hus als wirklicher Führer der wyclifistischen Partei. In der Vorrede schildert er seine Gründe, den Vorsitz beim *Quodlibet* anzunehmen:

»Ich jedoch, der ich dazu weniger geeignet bin, wollte gerne die Mühe der Disputation annehmen, denn ich trage in meinem Herzen beharrliche Sorge, dass den bellenden Feinden ein Anlass zur Verleumdung gegeben würde, wenn unsere nährende Universität wegen Mangel an wissenschaftlicher Übung unfruchtbar würde.«

Für die Teilnehmer der Disputation bereitete Hus die zu erörternden Fragen (*Quaestiones*) samt skizzierter Argumentation vor. Darüber hinaus verfasste er für jeden einzelnen Magister eine Einführung, in welcher er ihn mit einem antiken Philosophen verglich. Sein *Quodlibet* war das wissenschaftlich anspruchvollste aller bekannten Disputationen an der mittelalterlichen Prager Universität.[7]

Das Kuttenberger Dekret konnte die Streitigkeiten an der Prager Universität zu keinem Abschluss bringen. Letztes Endes lagen ihre Wurzeln nicht primär in den Nationenrivalitäten, sondern in der Glaubenslehre. Die böhmische Universitätsnation beherrschte nun das universitäre Leben, spaltete sich aber ab 1412 in zwei unversöhnliche Richtungen: die tschechischen, wyclifistisch gesinnten Magistern der Artistenfakultät und die tschechischen, »römisch« gesinnten Doktoren der theologischen Fakultät. Fragen wir am Schluss dieses Kapitels, welche Auswirkungen die Tätigkeit Hus' an der Universität auf sein Leben und seine Verurteilung in Konstanz hatte. Das akademische Wirken und seine wissenschaftliche Arbeit bildete neben der Mission als Prediger die zweite Hauptachse seines Schaffens. Die Bemühung, Predigtmission und theologische Auseinandersetzungen miteinander in Einklang zu bringen, führte dazu, dass Hus' Anliegen über das begrenzte Forum der Hörsäle hinaus hörbar wurde. In den Anklageartikeln tauchte die Vertreibung der deutschen Magister auf. An sich war an dieser Auseinandersetzung nichts häretisches zu finden, betraf es doch nicht den Glauben im engeren Sinne, doch hat diese Kontroverse Hus in seinem Prozess belastet. Die akademische Welt war Anfang des 15. Jahrhunderts sehr klein: In Konstanz traf Hus seine Prager Gegner wieder, die mit ihm nun abrechneten.

8 Die Generation des Kuttenberger Dekrets – Die Prager Universität als mitteleuropäisches Begegnungsort

Die Prager Universität genoss bis zum Kuttenberger Dekret eine große Anziehungskraft innerhalb der mitteleuropäischen Bildungslandschaft. Der Höhepunkt der Besucherzahl lag in den 1380er Jahren, im folgenden Jahrzehnt gingen die Zahlen zurück. Die Konkurrenz der Universitäten in Wien und Krakau sowie der jungen Hochschulen in Erfurt, Heidelberg und Köln dürfte dabei eine Rolle gespielt haben. Zu Beginn des 15. Jahrhunderts jedoch erfreute sich Prag wieder wachsender Beliebtheit. Diese Steigerung der Besucherzahl verdankte die Universität den zahlreichen Immatrikulationen von Studenten der sächsischen und polnischen Nation. Letztere wurde zur zahlenmäßig stärksten Universitätsnation und überholte damit im Laufe der 1390er Jahre die bayerische Nation. Die Böhmen immatrikulierten sich seit den 1380er Jahren in konstant bleibenden Zahlen. Das bedeutete, dass ihre Vertretung innerhalb der Universität im Jahrzehnt vor dem Kuttenberger Dekret anteilsmäßig sank. Ihr Emanzipationsbestreben entsprang also der Tatsache, dass man sich einer Bedrohung durch die wachsenden »deutschen« Nationen ausgesetzt sah. Gerade aus der sächsischen und polnischen Nation rekrutierten sich die schärfsten Gegner des Wyclifismus, wie z. B. Ludolf Meistermann oder Johannes Hoffmann.[1]

Das spezifische soziokulturelle Milieu einer Universität verleiht jeder Stadt eine besondere Note. Prag als königliche Residenzstadt wurde von der Universität zwar nicht völlig geprägt, aber doch stark beeinflusst. Ansätze zur Bildung abgeschlossener Universitätsviertel sind in einigen Stadtgebieten nachweisbar, so besonders am Fruchtmarkt und um die Bethlehemskapelle mit den in der Nähe gelegenen Kollegien. Für Jan Hus war die Universität als Wirkungsstelle seine eigentliche Umwelt. Bei aller Hingabe zum Predigeramt in Bethlehem fand er nicht dort, sondern an der Universität jene Standesgenossen und Berufskollegen, die sein intellektuelles Milieu bildeten. Eine biographische Darstellung läuft Gefahr, die Hauptperson zu stark in den Vordergrund zu stellen und die das Leben begleitenden Gefährten auf eine Nebenrolle zu reduzieren. Ohne Freunde und Feinde, gedankliche Begleiter und Kritiker wäre auch die Lebensgeschichte von Jan Hus unvollständig und nur zum Teil nachvollziehbar. Da sich die Kämpfe und Verwicklungen in Hus' Leben größtenteils auf der Ebene der theologischen Debatten abspielten, sind auch die meisten seiner Mit- und Gegenspieler Teil jener Prager Universitätslandschaft, die den Lebensraum des Jan Hus und seiner Bewegung bildete. Die Laufbahn aller dieser Männer wurde vom Kuttenberger Dekret beeinflusst. Einige verließen Prag, andere übernahmen weiterhin wichtige Leitungsfunktionen an der Universität. Erstaunlich viele finden wir wieder beim Konstanzer Konzil. Die gemeinsamen Prager Jahre verband die Generation des Kuttenberger Dekrets auf lange Zeit miteinander. Das folgende Kapitel wird daher nach dem Einfluss seiner Zeitgenossen auf die Geschichte des Jan Hus fragen, nach ihren Verbindungen untereinander und ihren gemeinsamen Interessen.

Blicken wir auf die Anfänge Hus' in Prag. Beim Eingewöhnen in Prag des aus Husinec bei Prachatitz stammenden Studenten dürften einige Landsleute aus dem Vorgebirge des Böhmerwaldes eine nicht unbedeutende Rolle gespielt haben. So begegnen uns hier der ältere Magister Christian von Prachatitz als Mentor von Hus sowie später der aus einer Kleinstadt unweit von Husinec stammende Magister Martin von Wolin als sein Schützling. Letzterem vertraute Hus sein Testament an, bevor er sich nach Konstanz begab. Die engsten Freunde fand Hus natürlich schon als Student an der Artistenfakultät. Jakoubek von Mies wurde im selben Jahr wie Hus, nämlich 1393, zum Bakkalaureus und ein Jahr später als Hus, nämlich 1397, zum Magister promoviert. Hieronymus von Prag wurde 1398 Bakkalaureus. Auch mit seinen Kommilitonen aus der theologischen Fakultät sollten sich Hus' Wege mehrmals kreuzen, wenn auch nicht immer auf einer freundschaftlichen Ebene. Hus las über die Sentenzen gleichzeitig mit Stephan von Páleč und Matthäus von Königsaal. Mehrere Erwähnungen in Hus' Sentenzenkommentar bezeugen den Respekt und die Rivalität, die zwischen ihnen herrschten. Matthäus von Königsaal nahm später am Konstanzer Konzil teil und wohnte der Hinrichtung Hus' bei.[2]

Eine weitere wichtige Rolle in seinem Leben spielten Hus' eigene Studenten. Wir wissen, dass es bei der Bethlehemskapelle zwei Studentenkollegien gab: das Nasarethkolleg und das Kolleg der Litauerkönigin Hedwig. Aus diesem Kreis stammten wohl viele von Hus' Studenten. Das Litauerkolleg wurde von Hedwig bereits 1397 gegründet, aber erst 1411 in der Nachbarschaft der Bethlehemskapelle eröffnet. Ursprünglich befand es sich in dem Haus, in dem einst Milíč sein *Jerusalem* betrieb; von dort zog es zwei Jahre später an den Fruchtmarkt um. Die ersten Mitglieder des Kollegs, über das Jan Hus als Bethlehemsrektor die Aufsicht führte, sind namentlich bekannt. Als Vorstand amtierte Magister Nikolaus von Stojčín. Er wurde von Hus 1410 als einer seiner Vertreter im Gerichtsprozess an der Kurie bestimmt. Trotzdem erschien Stojčín in Konstanz unter denjenigen, die Zeugnis gegen Hus ablegten. Die übrigen Studenten von Jan Hus, mit einer weiteren Ausnahme, nämlich Nikolaus von Pavlíkov, blieben dem Hussitismus treu. Von den ersten Mitgliedern des Litauerkollegs zeichneten sich später Peter von Mladoňovice und Nikolaus von Pilgram (Pelhřimov) aus. Peter trat durch seinen Bericht über den Prozess und Tod von Hus in Konstanz hervor, wohin er Hus als Schreiber des Johann von Chlum begleitet hatte. Nikolaus war 1420 an der Gründung der revolutionären Kommune von Tabor beteiligt. Die Taboriten bildeten den radikalen Flügel des Hussitismus. In ihren theologischen Ansichten, in der Vereinfachung des Gottesdienstes und durch eine an der Urkirche orientierten Gesellschaftsorganisation gingen sie weiter als andere hussitische Strömungen. Nikolaus wurde zum Bischof der Taboriten erwählt und vertrat 1433 die Hussiten in der Disputation auf dem Basler Konzil. In den 1450er Jahren starb er wegen seiner beharrlichen Verteidigung des Taboritentums im Kerker des hussitischen Königs Georg von Poděbrady. Mit seinem Radikalismus bildet er eine Ausnahme unter den engeren Schülern von Hus. Peter von Mladoňovice folgte einem weit gemäßigterem Weg innerhalb des Hussitismus, genauso wie sein Mitschüler Johannes von Příbram. Der konservative Johannes entsagte in den 1420er Jahren sogar dem Wyclifismus.

Der Reformprediger diskutiert mit Juristen, die ihn der Häresie bezichtigen wollen. Aus dem Processus consistorialis martyrii Io. Huss (1525).

Příbram und Mladoňovic wurden 1409 gemeinsam von Hus zu Bakkalaren promoviert. Seinen ersten Schüler, Johannes Niger von Řečice, promovierte Hus bereits 1398. Ein Jahr später erlangte Matthias von Knín unter ihm das Bakkalaureat – derselbe Matthias, der 1408 zum Opfer einer Häresieanschuldigung wurde und dem Wyclifismus abschwor. Im Vorfeld des Kuttenberger Dekrets entledigte sich Matthias von Knín der Aufgabe des *Quodlibetars*. Von mehreren Bakkalaureatspromotionen – man bezeichnete diese damals *Determinationen* – sind Festreden von Hus überliefert. Besonders seine frühen Ansprachen zeugen von seinem Humor und von der guten Atmosphäre, die bei den Graduierungen herrschte.

Sein Verhältnis zu den Studenten, die übrigens nicht viel jünger gewesen sein dürften als er, war von freundschaftlicher Heiterkeit geprägt. In einer Ansprache anlässlich der Determination des Martin Kunssonis im Jahr 1400, in der er den ovidianischen Vers »Es komme der Kuckuck, der glänzende Vogel« aufgriff, nahm Hus scherzhaft die Schlafsucht des neuen Bakkalaureus aufs Korn: »Der Kuckuck schläft gerne und ist faul [...]. Kennst du nicht die Verspätung des Faulenzers, das heißt des Kuckucks Martin?« In dieselbe Kerbe schlug Hus, als er 1411 denselben Martin in die *Quodlibetdisputation* einführte: »Martin von Prag, der nie das Studium aufgibt, auch wenn er schläft, der öfter über seinen Drang zum Studium nachdachte und zweifelte, ob er sich aus dem Bett bewegen kann.« Als 1430 die Prager Universität nach den Hussitenkriegen die Verleihung der Magisterwürde wieder aufnahm, promovierte Martin Kunssonis die Studenten mit Redewendungen, die er sich aus Hus' *Quodlibet*-Handbuch auslieh.[3]

Die Studenten schalteten sich auch in den Kampf gegen die kirchlichen Behörden ein. Im Jahre 1409 appellierten fünf Studenten beim Papst gegen die Entscheidung Erzbischofs Zbyněk, Wyclifs Bücher zu zensieren und zu konfiszieren. Zwei der Studenten, Příbík von Houžná und Hroch von Podveky, zogen ihre Beschwerde zurück, als der Erzbischof ihnen mit Exkommunikation drohte. Hroch wurde nichtsdestoweniger zwei Jahre später Mitglied des Litauerkollegs. Michael von Drnovice, Peter von Valencia und Johann von Landstein aber blieben der Sache treu und unterschrieben den zweiten Einspruch, den Jan Hus 1410 gegen die Bulle Alexanders V. einlegte. Offenbar entwickelte sich hier der Kern einer schlagfertigen Interessensgemeinschaft. Der aragonesische Student Peter von Valencia diente Hieronymus von Prag als Gehilfe (Famulus) und im Jahre 1415 überbrachte er dem Konstanzer Konzil die Protestbriefe gegen Hus' Hinrichtung. Die höchste gesellschaftliche Stellung unter den Unterzeichnern des zweiten Einspruches genoss Magister Zdislav von Zvířetice, Mitglied eines bedeutenden

Herrengeschlechtes. Zdislav erlangte sein Bakkalaureat 1405 unter Jan Hus. Als der adelige englische Wyclifist Sir John Oldcastle einen Brief zur Unterstützung der Wyclif-Anhänger nach Böhmen schickte, nannte er Zdislav als einen der möglichen Empfänger.[4]

Einen weiteren Anlass, Zugehörigkeit zur wyclifistischen Reformgruppe zu signalisieren, boten die beiden öffentlichen Verteidigungen der Bücher Wyclifs in den Jahren 1410 und 1412. An der ersten im Sommer 1410 nahmen fünf Magister teil. Jan Hus übernahm die Verteidigung des Buches *De trinitate* (»Über die Dreifaltigkeit«), Jakoubek von Mies wählte ein weiteres theologisches Werk, *De mandatis divinis* (»Über die Gebote Gottes«). Zwei weitere Disputanten nahmen sich der Metaphysik an: Prokop von Pilsen (Plzeň) mit der Schrift *De ideis* und Zdislav von Zvířetice mit *De universalibus*. Simon von Tišnov schließlich disputierte über Wyclifs *De probacionibus proposicionum*, eine Schrift aus dem Bereich der Logik. Zwei Jahre später sahen sich die Verteidiger Wyclifs in einer neuen Situation. Kurze Zeit nach den tragischen Vorkommnissen um den Ablassstreit verlor das wyclifistische Lager zwei seiner bedeutendsten Sympathisanten: Stanislaus von Znaim und Stephan Páleč, die nun zu scharfen Gegnern Hus' wurden. Trotzdem fanden sich zwei Gelehrte, die Hus weiterhin unterstützen: sein guter Freund Jakoubek und der Magister Friedrich Eppinge. Jakoubek verteidigte die Wyclifschen Artikel über den Besitz der Geistlichen. Der Jurist Friedrich, der Wyclifs Artikel über die Exkommunikation ausarbeitete, gehörte zur Gruppe von reformgesinnten deutschsprachigen Magistern, die in dem Haus *Zur schwarzen Rose* in der Prager Neustadt lebten. Die Gruppe der *Schwarzen Rose* nennen die Historiker nach der Herkunft von zwei Mitgliedern, nämlich Peter und Nikolaus von Dresden, auch *Dresdner Schule*.[5]

Jakoubek gehörte zum engsten Kreis der Freunde und Mitarbeiter von Jan Hus. Das »Vierergespann« Jan Hus, Hieronymus von Prag, Jakoubek von Mies und Johannes von Jesenice deckte ein breites Spektrum der reformistischen

Agenda ab. Hus als Gelehrtem und Prediger kam die führende Rolle zu. Hieronymus war wohl der beste Kenner der Wyclif'schen Universalienlehre und für die Wyclifisten auch wichtig aufgrund seiner Kontakte zum königlichen Hof. Zugleich erregte er Aufmerksamkeit durch seine provokanten Auftritte in den Disputationssälen europäischer Universitäten sowie auf den Straßen böhmischer Städte. Seine letzte Reise führte den weit gereisten Magister im Jahre 1415 nach Konstanz, wo er seinem Freund Hus beistehen wollte. In seinem letzten Brief, den er am Vorabend seiner Hinrichtung schrieb, bat Hus seine Freunde, für Hieronymus zu beten, da er ahnte, dass auch der Philosoph dem Tod nicht entkommen werde. Die Vermutung war richtig. Am 30. Mai 1416 wurde Hieronymus ebenfalls in Konstanz verbrannt.

Im Unterschied zu Hieronymus liebte Jakoubek keine effektvollen Auftritte. Er führte ein zurückgezogenes Gelehrtenleben und widmete sich vertieften Studien, stellte sich aber auch polemischen Auseinandersetzungen. Sein Hauptthema war die Kritik der so genannten »menschlichen Erfindungen«, wozu er all jene Elemente der theologischen Tradition, der Liturgie und des religiösen Lebens rechnete, die erst im Laufe der Kirchengeschichte entstanden und nach Jakoubeks Meinung nicht im Evangelium begründet waren. So gelangte er auch zur Idee, die Kelchkommunion für alle Gottesdienstteilnehmer, also auch für die Laien, wieder einzuführen. Diese Praxis, den so genannten Utraquismus (von »*communio sub utraque specie*« – Kommunion unter beiderlei Gestalten), verteidigten Jakoubek sowie Nikolaus von Dresden auch gegen die Erlässe des Konstanzer Konzils als Gebot Christi und als Ritus der Urkirche. Nach 1415 wurde Jakoubek gewissermaßen zu Hus' Nachfolger. Er übernahm die Predigerstelle an der Bethlehemskapelle und wurde zum eigentlichen Begründer der hussitischen Theologie. Bis zu seinem Tod im Jahr 1429 nahm er eine autoritäre Stellung zwischen den rivalisierenden hussitischen Strömungen ein, vor allem in der Auseinandersetzung mit den Taboriten. Auch Jesenic, einer der besten böhmischen Juristen der

Zeit, stand den Radikalen von Tabor feindlich gegenüber. Zu Hus' Lebzeiten unterstützte er diesen als sein Anwalt. In dieser Funktion reiste er auch nach Italien. An der Universität von Bologna erlangte er ein Doktorat, wurde dort aber auch als Ketzer verhaftet und verbrachte einige Zeit im Gefängnis. Er starb im Sommer 1420 als Opfer der Abkehr des Herrn Ulrich von Rosenberg vom Utraquismus.[6]

Die Gruppenbildung auf der hussitischen Seite rief natürlich einen ähnlichen Prozess im gegnerischen Lager hervor. Die erste, noch sehr lose organisierte antihussitische Gruppe konstituierte sich aus den Prager Pfarrern und Domherren. Diese reichten auch erste Anklagen gegen die Ausbreitung des Wyclifismus und gegen Hus' Predigten ein. Die prohussitisch gesinnte *Chronik der Prager Universität* verzeichnete – beinahe wie eine Denunziation anmutend – die Namen der Kleriker, die als erste gegen wyclifistische Lehren auftraten. Hier wurde auch die unter den Hussiten weit verbreitete Vermutung ausgesprochen, dass die Domherren die päpstlichen Bullen durch Bestechungen erwirkt hätten. Neben einigen Kanonikern und Pfarrern werden auch der Jurist Georg von Bor und der Theologe Andreas von Brod erwähnt. Georg wird als »Grund, Mittel und Ende« des ganzen Vorgehens gegen die hussitische Gruppe bezeichnet. Als vornehmer Rechtsgelehrter der antihussitischen Partei wurde er gewissermaßen zum Gegenspieler von Jesenic. Andreas von Brod entfaltete eine umfangreiche polemische Tätigkeit und griff literarisch besonders die hussitische Abendmahlslehre – Remanenz wie Utraquismus – an. Er war auch unter den Zeugen, die 1410 vor dem Erzbischof gegen Hus aussagten, wobei er Hus der Remanenzlehre beschuldigte. Die Zeugenaussagen bei diesem Prozess (*Depositiones testium*) liefern als weitere Quelle die Namen der Anhänger der frühen antihussitischen Opposition; mehrheitlich sind es wieder Prager Domherren und Pfarrer. Zu den aktivsten Mitgliedern dieser losen Gruppe zählte Johannes Protiva, ehemaliger Bethlehemsprediger, der ein Jahr zuvor seine eigene Liste von Anklagen zusammengestellt hatte.[7]

Seit 1412 begann sich die »römisch« gesinnte Partei schärfer von der Gruppe um Jan Hus abzugrenzen. Auf die demonstrative Verteidigung der Schriften Wyclifs durch Hus und seine Freunde reagierten Stanislaus und Páleč mit gelehrsamen, imposanten Predigten gegen die Wyclif-Artikel. Das Memorandum der theologischen Fakultät, das anlässlich der Verhandlungen mit Hus' Partei erstellt wurde, bot eine weitere Gelegenheit, die Zugehörigkeit zum antihussitischen Lager zu demonstrieren. Es wurde von acht Doktoren unterzeichnet, nämlich von Stephan von Páleč, Stanislaus von Znaim, Petr von Znaim, Johannes Eliae, Johannes Hildessen, Andreas von Brod, Hermann von Mindelheim und Matthäus von Königsaal. Vier von ihnen – Stephan, Stanislaus, Andreas und Johannes Eliae – bezahlten dafür 1413 mit ihrer Verbannung aus Prag. Das Exil war das Schicksal der meisten antihussitischen Gelehrten. Viele begaben sich zunächst nach Konstanz. Nach der Hinrichtung Hus' und nach dem Ausbruch der Hussitenkriege konnten sie nicht mehr nach Prag zurückkehren, nicht zuletzt wegen ihrer Rolle beim Konstanzer Prozess. Die böhmischen Konzilsprediger haben wir oben schon erwähnt. Sie alle hatten bereits Erfahrungen aus den Auseinandersetzungen mit Jan Hus. Páleč und Rvačka gingen von Konstanz nach Polen, wo beide weiterhin literarisch gegen den Hussitismus agierten. Matthäus von Königsaal, ein Zisterziensermönch, trat in die sächsische Abtei Altzelle ein. Stanislaus, der mit Páleč nach Konstanz reiste, ist unterwegs gestorben. Andreas von Brod war in Konstanz nicht anwesend, später wechselte aber auch er an die Universität Leipzig.[8]

Die böhmischen Gelehrten, die am Konzil teilnahmen, gehörten zu den eifrigsten Anklägern von Hus. Besonders Stephan Páleč und Michael de Causis trieben das Gerichtsverfahren gegen Hus und Hieronymus von Prag voran. Papst Johannes XXIII. soll einmal auf die Beschwerde, warum der Prozess gegen Hus nicht eingestellt worden sei, entgegnet haben: »Was kann ich dafür? Eure Leute machen es doch!« Michael kümmerte sich in Konstanz darum, dass genügend Zeugenaussagen gegen Hus zustande kamen. Unter den ersten Zeugen in Konstanz waren auch ehemalige Mitglieder der Prager Universität, die die böhmische Hauptstadt nach dem Kuttenberger Dekret von 1409 verlassen hatten. Die Magister Johannes von Münsterberg und Peter Storch von Zwickau gehörten nun der Leipziger Hochschule an. Ein Mitglied der ersten Untersuchungskommision in der *Causa* Hus, Bischof Johann von Lebus, war ebenfalls ein ehemaliger Prager Student und Domkanoniker. Er konnte Hus in Prag höchstens als jungen Studenten getroffen haben; dennoch ritt er einen Tag vor Hus dieselbe Reisestrecke nach Konstanz ab und warnte die Leute vor einem Magier, der Gedanken lesen könne. Auch Nikolaus Zeiselmeister sagte gegen Hus aus. Die beiden kannten sich seit der Zeit, als Zeiselmeister Rektor des Pfarrsprengels St. Philipp und Jakob war, in welchem die Bethlehemskapelle lag. Der päpstliche Auditor Johannes Naso verfügte als ehemaliger Offizial der Prager Diözese über beträchtliche Kenntnisse der böhmischen Problematik und brachte diese in den Ketzerprozessen gegen Hus und Hieronymus, sowie in den Verhandlungen über die Kelchfrage zur Geltung. Magister Albrecht Warentrappe, ein weiteres Mitglied der Universität Leipzig, nahm am Verhör vom 7. Juni 1415 teil. Da er 1409 Dekan der Prager Artistenfakultät war, wollte er sich über das Kuttenberger Dekrets äußern, aber man hörte ihn nicht an.[9]

Die Prager Universität war also ein mitteleuropäischer Begegnungsort, den Jan Hus gezielt nutzte, um seine Bewegung aufzubauen. Die breite Anhängerschaft, die er durch seine Predigten gewonnen hatte, brauchte nicht nur Unterweisung, sondern in Konfliktzeiten auch Wegweisung. Die universitären Mitarbeiter und Hus' engste Freunde beteiligten sich an der Ausformulierung des Reformprogramms; eine größere Gruppe von Studenten und Absolventen verbreitete dieses Programm weiter. Es waren meistens anonyme hussitische Priester und ehemalige Studenten, denen die Ausbreitung der Bewegung zufiel. Wenige Jahre nach Hus' Tod wagten eben diese Leute die Revolution. Die Namen, die uns in Deklarationen, Appellationen und Disputationen begegnen, sind Hinweise auf jene Gruppenbildungen, und zwar sowohl im hussitischen als auch im antihussitischen Lager. Die Namen wiederholen sich und die betreffenden Personen traten im weiteren Verlauf von Hus' Lebensgeschichte wiederholt mit- und gegeneinander auf. Die »Generation des Kuttenberger Dekrets« verlor sich daher durch die Ereignisse von 1409 nicht für immer aus den Augen.

Die aus dem akademischen Milieu stammenden Verflechtungen erwiesen ihre Kraft im positiven, wie auch im negativen Sinn. Dank der Mobilität von Menschen und Gedanken im Spätmittelalter besaßen viele Konstanzer Konzilsteilnehmer eine Vorkenntnis des Hussitentums. Dabei traten alte Freund- und Feindschaften am Konzil wieder zutage. Nicht alle ehemaligen Prager Studenten und Magister standen dem Hussitismus feindlich gegenüber. Der polnische Doktor der Rechte Paul Włodkowic, Rektor der Universität Krakau, zu Hus' Studienzeit aber Mitglied der Prager Hochschule, verhielt sich in Konstanz dem böhmischen Reformator freundlich gegenüber. Doch die meisten anderen waren stark antihussitisch gestimmt. Viele Exulanten meldeten sich in der theologischen Polemik mit dem Hussitismus bis in die 1430er Jahre und darüber hinaus zu Wort. Freilich gilt es auch zu bedenken, dass die Autoren mit Prager Erfahrung nie die Mehrheit unter den antihussitischen Polemikern bildeten. Das Problem Hussitismus wurde sehr schnell zu einer Angelegenheit internationalen Ausmaßes, was vor allem dem Konstanzer Konzil zugeschrieben werden darf. Das Konzil machte Hus und die Utraquisten in ganz Europa als unverbesserliche Ketzer bekannt. Während die hussitischen Magister den Kampf um Anhängerschaft in Böhmen gewannen, beherrschten ihre Gegner die internationale öffentliche Meinung.[10]

9 Die hussitische Medienkampagne – Die Appellation gegen das päpstliche Predigtverbot 1410

Am 25. Juni 1410 erlebte die Bethlehemskapelle eine der spektakulärsten rhetorischen Darbietungen, von denen die Quellen berichten. Jan Hus war es an jenem Tag besonders daran gelegen, die Zuhörer auf seine Seite zu ziehen. Er wollte ihnen den Text des Einspruches vorlesen, den er gemeinsam mit sieben Verbündeten gegen die Bulle von Papst Alexander V. eingelegt hatte, worin dieser am 20. Dezember des vorangegangenen Jahres den Besitz wyclifscher Bücher sowie die Verbreitung seiner Irrlehren und die Predigt innerhalb der Diözese Prag an anderen Orten als in Stifts-, Pfarr- und Klosterkichen verboten hatte. Wyclifs Bücher sollten dem Erzbischof ausgehändigt werden und die Predigt auch in solchen Kapellen untersagt werden, die die päpstliche Zustimmung besaßen. Weder die Bethlehemskapelle noch Hus wurden in der Bulle namentlich genannt, doch war es klar, gegen wen sich die Anordnung richtete. Hus begann die Bulle zu bekämpfen, sobald sie auf der Synode vom 16. Juni 1410 von Erzbischof Zbyněk veröffentlicht wurde. Zu Recht fühlte er sich durch ihren Inhalt bedroht. Die Verteidigung der wyclifschen »Wahrheiten« und die Predigt bildeten zwei Schwerpunkte seiner Tätigkeit. Daher setzte er alles daran, eine Aufhebung dieses Verbot zu erreichen. Dies gelang ihm nicht; die beiden Punkte blieben bis zum Konstanzer Prozess ein zentrales Thema in seiner Auseinandersetzung mit den kirchlichen Behörden.

Hus hatte seinen Auftritt in Bethlehem gut vorbereitet. Wir wissen, dass er bereits am 22. Juni über das Predigtverbot sprach. Schon in dieser Predigt kündigte er die Appellation an: »Gegen diesen ungerechten Befehl lege ich Berufung ein, zunächst bei Gott, dem es in erster Linie zusteht, eine Predigtbefugnis zu erteilen, und dann beim apostolischen Stuhl.« Unter Hinweis auf das biblische Zitat »Man muss Gott mehr gehorchen als den Menschen« (Apostelgeschichte 5, 29), auf welches sich auch der Einspruch stützte, gab er seinen Ungehorsam gegenüber dem erzbischöflichen Mandat kund. Drei Tage später wies Hus die Zuhörer abermals auf den Erlass des Papstes hin. Alexander habe dem Prager Erzbischof geschrieben, es gebe in Böhmen und Mähren viele Leute, die die Lehre Wyclifs verteidigten und deren Herzen von Ketzerei erfüllt seien. »Und ich sage, und Gott sei Dank, dass ich keinen ketzerischen Tschechen je gesehen habe,« sprach Hus. Der von Erzbischof Zbyněk erstattete Bericht an die Kurie über Hus' Rede beruhte sicher auf dem Zeugnis eines geheimen Informanten, der bei der Predigt persönlich anwesend war. In den Konstanzer Akten sind allerdings mehrere Zeugen verzeichnet, die den Wortlaut bestätigten. Auf die von Hus zitierten Worte des Papstes habe »das ganze Volk ausgerufen: ›Er lügt, er lügt!‹«. Hus erinnerte dann die Zuhörer an die Prophezeiung des Jakob von Teramo, dass im Jahre 1409 ein Mann erscheinen werde, der den Glauben und das Evangelium Christi verfolgen werde. Diese Weissagung sei nun in Erfüllung gegangen, und zwar in der Person Papst Alexanders, der 1409 vom Pisaner Konzil auf den Stuhl Petri erhoben worden sei. »Ich weiß nicht, ob er im Himmel oder in der Hölle ist«, bemerkte Hus vielsagend über den inzwischen verstorbenen Papst.

Demnach teilte Hus mit, dass er zusammen mit anderen gegen die Bulle appelliert habe, und er stellte den Anwesenden die Frage, ob sie weiter zu ihm halten wollten. »Wir wollen und wir werden zu Dir halten!«, soll die Menge gerufen haben. Der Prediger versicherte ihnen danach:

»Wisset also, dass ich erklärt habe und erneut erkläre, dass es meine Bestimmung ist, entweder zu predigen oder aus dem Land verbannt zu werden oder im Kerker zu sterben, weil Päpste lügen können und in der Tat lügen; Gott aber lügt nicht. Darum überlegt, wer von euch zu mir halten möchte, und fürchtet keine Exkommunikation, denn ihr habt gemeinsam mit mir, der Regel und dem Brauch der Kirche entsprechend, Einspruch eingelegt.«

Formell gesehen haben Hus und seine Gefährten tatsächlich den Einspruch gegen die Bulle explizit im Interesse aller Gläubigen eingelegt. Die Bedeutung dieses denkwürdigen Kanzelauftritts liegt aber nicht in der Präzisierung des kirchenrechtlichen Sachverhalts. Hus nutzte hier seine unbezweifelte Rednergabe, um die Prager Bevölkerung in die Auseinandersetzung der universitären Reformgruppe mit dem Erzbischof und nun auch mit dem Papst hineinzuziehen. In dem sich verschärfenden Streit war eine möglichst breite Unterstützung seitens der Laienschaft erforderlich, wenn die Wyclifisten nicht als ein Ketzerhaufen marginalisiert werden wollten. Gegen Ende seiner Rede forderte Hus das Publikum ausdrücklich zur Bereitschaft auf, das Gesetz Gottes zu verteidigen. Die Predigt, besonders in der geräumigen Bethlehemskapelle, war für die Mobilisierung der gläubigen Massen wie geschaffen, sie war jedoch nicht das einzige Mittel, sich breiter Unterstützung zu versichern. Hus

Bethlehemskapelle in Prag, die Wirkungsstätte von Jan Hus 1402–1412/1414. Heutiger Zustand nach der Wiedererrichtung 1954

und seine Mitarbeiter setzten zu ihren Zwecken alle vorhandenen Medien ein, die eigenen Überzeugungen zu vermitteln. Ihre Bemühungen glichen daher einer multimedialen Massenkampagne.[1]

Die reguläre und regelmäßige Sonn- und Festtagspredigt in der jeweiligen Ortskirche konnte nicht weniger wirkungsvoll sein als die spektakulären Auftritte berühmter »Gastprediger«. Die häufige Wiederholung derselben Inhalte und Gemeinplätze konnte eine den Massenmedien ähnliche Wirkung erzielen. Dabei vervielfältigten die Prediger im mündlichen Vortrag häufig nur das, was ebenso massenhaft in Sammlungen von Musterpredigten schriftlich verbreitet wurde. Die Bettelorden und die Universitäten hatten dazu eine effektive Methode des Textkopierens entwickelt. In Paris wurde im 13. Jahrhundert das System der so genannten *pecia* benutzt: ein Werk wurde in mehrere ungebundene Hefte aufgeteilt und konnte so beim Buchhändler hefteweise zum Abschreiben ausgeliehen werden. Dadurch konnten aus einer Vorlage mehrere Schreiber gleichzeitig kopieren. Eine andere, organisatorisch etwas anspruchsvollere Möglichkeit, war die so genannte *pronuntiatio*, das Vorlesen einer Schrift vor mehreren Schreibern, also ein Diktat vor einer Gruppe von Kopisten. Doch auch diese Techniken konnten die Texte weitgehend nur in die universitären Kreise vermitteln.[2]

Allem Anschein nach haben die Hussiten nicht alle oben geschilderten Möglichkeiten der Textvervielfältigung genutzt. Vom *pecia*-System haben wir im spätmittelalterlichen Böhmen keine Spuren. Die meisten Abschriften wurden privat angefertigt, nur ein kleiner Teil stammte von professionellen Schreibern. Als Forum der Verbreitung kamen eher jene Lesergruppen in Frage, die gemeinsame Interessen hatten. Das Studentenheim bei der Bethlehemskapelle darf als eine solche Produktionsstätte gesehen zwerden. Seine Mitglieder waren häufig die ersten Leser und Schreiber von Hus' Schriften, und damit auch verantwortlich für ihre weitere Verbreitung. Beim Kopieren von Hus' Werken nutzte man den Umstand, dass die Studierenden daran gewöhnt waren, Texte nach Diktat zu schreiben. Stephan von Páleč erwähnte, dass Hus' Traktat *Über die Kirche* in der Bethlehemskapelle einer Gruppe von »fast achtzig Personen« vorgetragen wurde. Ob diese alle mitgeschrieben haben, geht daraus noch nicht hervor, das Wort *pronunciatus* deutet aber jedenfalls darauf hin. Die erhaltenen Handschriften machen nicht den Eindruck, dass sie alle einer einzigen Vorlage entstammten, die für das Diktat benutzt wurde. Doch es kann auch bedeuten, dass die ursprüngliche Verbreitung weit über die angeblich achtzig Schreiber hinausging, dass aber davon nur ein Bruchteil der einstigen Handschriften erhalten ist. Ob eine ältere Nachricht, wonach Milíčs Schriften zwei- bis dreihundert Schreiber auf einmal kopiert hätten, eine Übertreibung darstellt, ist schwer zu entscheiden.

Keiner der erhaltenen Kodizes weist darauf hin, dass man eine »Gesamtausgabe« der Werke von Hus erstellte, wie es für John Wyclif bezeugt ist. Bei den als Ketzer verurteilten Autoren muss man mit erheblichen Verlusten bei der handschriftlichen Überlieferung, besonders während der Gegenreformation, rechnen. Trotzdem sind einige von Hus' Schriften in beträchtlicher Handschriftenanzahl überliefert, wie ewa die lateinische Schrift *De sex erroribus* (»Von den sechs Irrtümern«), von der noch 25 Exemplare existieren. Der Leserkreis von Hus' Schriften blieb auf eine Interessengruppe, die schriftkundigen Sympathisanten der Reform, begrenzt. Jan Hus sorgte aber erfolgreich für eine möglichst weite Ausdehnung dieser Gruppe. Er schrieb sowohl lateinische Traktate für die Universitätsmitglieder, als auch tschechische Bücher für die Ausbildung von hussitischen Landespfarrern, die die hussitische Reformlehren weiter vermitteln sollten. Einige Werke zielten sogar direkt auf die Erbauung gebildeter Laien.[3]

Obwohl man die schriftliche Verbreitung der Reformideen vielfältig anwandte, lag die erstaunlichste Errungenschaft des frühen Hussitentums in seiner direkten Wirkung auf das Publikum. Die Möglichkeiten der mündlichen Agitation durch die Predigt haben wir skizziert. Die hussitische Kampagne drang jedoch über die Kirchen hinaus auf die Straßen und Märkte, und ihre Wirkung war ausgesprochen von persönlichem Hören und Sehen bestimmt. Jan Hus nutzte auch den Innenraum der Bethlehemskapelle zur »audiovisuellen« Aufnahme der Reformideen. Er ließ an Nord- und Südwand den Text seines Traktates *De sex erroribus* anbringen. Die Inschriften wurden in 2,70 Meter breiten Spalten angeordnet, wohl im Jahr 1412. Nicht nur für die ungebildeten Laien, sondern auch für meisten Lesekundigen waren die teilweise hoch über Augenhöhe stehenden lateinischen Buchstaben unleserlich und unverständlich. Das störte Hus offenbar nicht. Er konnte auf die Lehrsätze während seiner Predigt hinweisen und nun auch mit der Hand hindeuten. Für die Bethlehembesucher besaßen die Inschriften in erster Linie eine symbolische Bedeutung. Sie standen auf der Wand als Beweis der Wahrheit, die von den treuen Gelehrten der universitären Reformgruppe erforscht und verbürgt wurden. Als solche mussten sie für den einfachen Gläubigen gar nicht verständlich sein.

Alle sechs Thesen dieser Schrift betonen Gottes Macht gegenüber den nur irdischen Befugnissen der Priester. Die von Hus angegriffenen Irrtümer betreffen folgende Lehrsätze:

- *Schöpfung*: Priester sollen nicht behaupten, sie erschafften beim Abendmahl den Leib Christi.
- *Glauben*: Priester dürfen nicht zum Glauben an die Jungfrau, an Heilige oder den Papst auffordern, denn glauben könne und dürfe man nur an Gott.
- *Vergebung*: Priester dürfen nicht verkünden, dass sie nach ihrem Belieben jedem die Sünden vergeben können.
- *Gehorsam*: Es ist nicht richtig zu verkünden, dass die Untertanen allen, auch den ungerechten Befehlen ihrer Obrigkeit gehorchen müssen.
- *Exkommunikation*: ein ungerechter Bann ist nach Hus ungültig
- *Simonie*: also der Ämterkauf durch Kleriker.

In allen diesen Fällen eignen sich nach Hus die Priester unrechtmäßig Macht an, die allein Gott zukommt. Der Traktat *De sex erroribus* besteht fast ausschließlich aus Belegen aus der Bibel und den Kirchenvätern; der Kommentar von Hus ist auf ein Minimum reduziert. In der im Sommer 1413 angefertigten tschechischen Bearbeitung versah Hus jedes Kapitel mit einer Einleitung und einem Schluss. Auf der Wand in der Bethlehemskapelle standen aber lediglich aneinandergereihte Zitate.[4]

Dem Ziel, die Sicht Hus' bekannt zu machen, dienten nicht nur die Inschriften in der Bethlehemkapelle, beliebt waren auch öffentliche Inszenierungen und Umzüge, eine Art von politischem Karneval. Bei hussitischen Straßendemonstrationen wurden Tafeln und Transparente benutzt, die das Reformprogramm in Schrift und Bild wiedergaben. In den Quellen ist beispielsweise eine Abbildung belegt, die den reitenden Papst dem armen Jesus auf dem Esel gegenüberstellte. Im Jahre 1412 organisierten Prager Studenten eine Spottveranstaltung gegen die päpstliche Ablassbulle. Ein von zwei Pferden gezogener Wagen wurde mit Nachbildungen der päpstlichen Bulle beladen. Obendrauf saß ein Student, der, als Hure verkleidet und geschminkt, den Zuschauern die Ablässe frivol anbot. Vielleicht hat man auch wirkliche Prostituierte engagiert; denn manche Berichte schildern, wie ihr die Bulle im Nacken oder auch von den Brüsten herabhing. Hinter der ganzen Veranstaltung kann man, im Einklang mit den Konstanzer Anschuldigungen, Hieronymus von Prag vermuten.

Die Maskerade brach von der Kleinseite aus auf und zog durch die Altstadt, bevor die Studenten die päpstliche Bulle nahe des Neustädter Prangers (nach einem anderen Bericht beim Königshof in der Altstadt) verbrannten. Diese öffentliche Veranstaltung dürfte auf die Prager Bevölkerung einen stärkeren Eindruck gemacht haben als jede verbale theologische Beweisführung. Die Resonanz dieses spektakulären Aktes war weit über die Stadt hinaus zu hören. In den Konstanzer Beschuldigungen gegen Hieronymus und Wenzel IV. fand das Ereignis Erwähnung. Der Abt Ludolf aus dem schlesischem Sagan (Żagań) war darüber unterrichtet, und der utraquistische Suffraganbischof Martin Lupáč erinnerte sich noch ein halbes Jahrhundert später, dass er als junger Student der Demonstration zuschaute. Anscheinend gab es in Prag aber öfter solche Demonstrationen. Der Basler Konzilsvater Johannes Palomar wusste davon, dass Jan Hus bereits 1410 die Bulle über das Predigtverbot einer Stute an den Schweif geheftet habe, die dann so durch die Strassen geführt wurde. Der hussitische Anführer Prokop stellte dieses Ereignis in einen anderen Zusammenhang und behauptete, es habe sich um ein Schreiben eines Prokurators gehandelt, der den König vergiften wollte. Von wem und gegen was auch immer diese Aktion vorgenommen wurde: der Bericht zeigt, dass die öffentliche Zurschaustellung von Schmach durchaus verbreitet war.[5]

Ungeachtet des eingereichten Einspruches von Hus und seinen Verbündeten gegen die Bulle Alexanders V. hat Erzbischof Zbyněk Wyclifs Bücher tatsächlich konfisziert und diese am 16. Juli 1410 verbrennen lassen. Die Reformer haben ihre Missbilligung darüber mehrfach geäußert. Unter anderem durch eines der wichtigsten Medien der hussitischen Agitation, den Liedern. Der Vorteil des volkssprachigen Liedes bestand darin, dass es leicht verständlich und einprägsam war, besonders wenn es auf eine bekannte Melodie zurückgriff. Hus selbst hat ein Gebet und ein älteres Lied neu bearbeitet und möglicherweise weitere Lieder selbst komponiert. Diese waren rein religiösen Inhalts. Der Gesang bot die Möglichkeit zur aktiven Teilnahme aller Laien, was das Gemeinschaftsgefühl verstärkte. Die hussitische Liederpropaganda stellte sich aber höhere Ziele. Der Gesang sollte über die Kirchenschwelle hinaus Verwendung finden. Der weit verbreitete antihussitische Traktat in Form eines offenen Briefes an einen »beredsamen Mann« (*Eloquenti viro* – gemeint ist Hus) beklagt, dass gewisse »von der Kirche ungenehmigte Lieder in Kirchen, auf den Marktplätzen und in Kneipen gesungen würden«. Die *Alten tschechischen Annalen* berichten, dass sich der Zwist nach der Verbrennung von

Wyclifs Büchern auch in Liedern niederschlug: »Einige hielten zu den Chorherren, andere zu Magister Hus, und deshalb dichteten sie Schmählieder gegeneinander.« Diese sollten sie »durch Prag herumziehend« gesungen haben. Nicht zufällig hat eine Synode von 1408 alle »neuen Lieder« außer vier schon älteren Gesängen verboten.[6]

Die Reformer hatten die Gesänge zu verschiedenen Zwecken benutzt. Einige griffen simonistische Praktiken an: ein Gedicht von 171 Versen beschreibt ein Menschenleben von Geburt und Taufe über Hochzeit bis zu Krankheit, Tod und Bestattung und zählt verschiedenste den Priestern geleistete Gebühren und Abgaben auf. Für eine schnelle Wirkung auf die öffentliche Meinung konnten kürzere Lieder sogar geeigneter sein, da man mit ihnen unmittelbarer auf die Ereignisse reagieren konnte. Die Bücherverbrennung etwa animierte die Versdichter dazu, den Erzbischof als Analphabeten zu karikieren: »Bischof Zbyněk, A Be Ce De / verbrannte die Bücher, ohne zu wissen / was in ihnen geschrieben steht.« Eine weitere Strophe schloß auch den Domherr Zdeněk von Chrást in diesen Spott ein: »Zbyněk verbrannte die Bücher / Zdeněk zündete sie an, / er bereitete Schmach den Tschechen, / weh wird allen untreuen Priestern.« Auch die Ablasskampagne von 1412 fand sofort eine heftige Reaktion: »Magister Hus fand es komisch / und der heiligen Schrift widrig, / dass sich ein Mensch zum Gott macht.«[7]

Diese Lieder sind fragmentarisch überliefert, oft als einzelne, inhaltlich nicht aufeinander abgestimmte Strophen, aber in derselben Form. Das weckt die Vermutung, dass vorhandene Lieder nach Bedarf durch aktuelle Strophen ergänzt wurden. Als ihre Urheber kann man akademisch ausgebildete Kleriker vermuten. Ohne Zweifel war das der Fall bei längeren Kompositionen mit mehr oder weniger theologischem Inhalt. Die Anschuldigungen gegen Hieronymus von Prag im Konstanzer Prozess lauteten unter anderem, er habe mehrere Lieder für die Laien gedichtet, in denen er den Text der Heiligen Schrift so wiedergegeben habe, um den Anschein zu erwecken, seine Partei, und nicht die römische Kirche verstehe die Bibel richtig. Diese Lieder sollten dann öffentlich in den Straßen Tag und Nacht gesungen werden. Hieronymus hat diese Anklage bestritten. Da es keine verlässlichen Quellen gibt, kann man nicht mit Sicherheit davon ausgehen, dass Hieronymus selbst Lieder komponierte. Dass jedoch die Gedanken, Argumentationen und Redewendungen der reformgesinnten Magister Eingang in volksprachige Gedichte und Gesänge fanden, darf als gesichert gelten.

Das Lied *Slyšte, rytieři boží* (»Höret, ihr Ritter Gottes«) forderte zum Widerstand gegen Erzbischof Zbyněk auf. Die Bezeichnung der Anhänger der Reform als Gottesstreiter war unter wyclifistischen Predigern weit verbreitet. In Anlehnung an den alten christlichen Gedanken des geistigen Kampfes haben sich sowohl Hus als auch Jakoubek und Hieronymus dieser Rhetorik bedient. In Konstanz gab der letztere zu, dass er eine Klage gegen Zbyněk geschrieben habe. Laut den Anklageartikeln hatte er mehrere Schmähschriften verfasst und an öffentlich zugänglichen Orten, einschließlich des Prangers, angeheftet. Während einer Predigt Hus' in der Bethlehemskapelle steckte Hieronymus angeblich seinen Kopf aus dem Fenster des Predigerquartiers und rührte das Volk gegen den Erzbischof auf. Interessanterweise liest man im Lied *Höret, ihr Ritter Gottes* neben der Kritik an Zbyněk auch die Verteidigung der Rechtgläubigkeit der Tschechen: »Es gibt ein altes, gutes Sprichwort: Es kann nicht sein, dass das ehrwürdige tschechische Geschlecht irrig wäre. Das besingen alle Länder.« Nicht nur Hus hat auf dieses Sprichwort in seinem am Anfang dieses Kapitels geschilderten Auftritt angespielt; es findet sich auch in der *Quodlibet*-Rede des Hieronymus.[8]

Allerdings haben nicht »alle Länder« die Rechtgläubigkeit der Tschechen verherrlicht. Für den Chronisten Andreas von Regensburg, der zu den antihussitischen Autoren zählte, war die Ketzerei der Tschechen notorisch. Er lehnte den Spruch über die tschechische Rechtgläubigkeit ab und fügte hinzu, die Hussiten würden es sogar wagen, andere als Mohammedaner zu bezeichnen. Tatsächlich gibt es mehrere Belege für die Verwendung dieser Beschimpfung durch die Hussiten. Stephan von Páleč beschwerte sich darüber im Jahre 1413; ein Jahr später bemerkte Andreas von Brod, die Erfindung von als diffamierend empfundenen Namen für die Parteien würden den religiösen Zwist steigern. Die Verbreitung von Feindbildern im Volk konnte tatsächlich die Identität der hussitischen Anhängerschaft stärken. Auch wenn sie die einfachste, ja vulgäre Form von Spottnamen annahmen, muss nach ihrem Ursprung in der universitären Umwelt gesucht werden.[9]

Gleiches gilt für die »Hilfstruppen« zur Verbreitung von Hus' Lehren. Die Schüler von Jan Hus und seinen Kollegen wurden als Priester und Pfarrer innerhalb und besonders auch außerhalb Prags angestellt, wo sie für die Verbreitung und Aufnahme des Reformprogramms sorgten. Ohne die meist anonymen Mitglieder der utraquistischen Geistlichkeit wäre die erfolgreiche Werbung für die hussitische Reform zu Hus' Lebzeiten und besonders später kaum denkbar.

Dass die Verbreitung des frühen Hussitismus kein Zufall, sondern Ergebnis einer gezielten Kampagne war, belegt eine Quelle, welche von den Bemühung zeugt, die Propaganda einigermaßen zu steuern. Sie stammt aus der Zeit der Ablassunruhen im Jahr 1412. Dem dritten Teil von Hus' Zyklus der Flugschriften *Contra cruciatam* (»Gegen den Kreuzzug«) ist in der Ausgabe von 1558 ein Text hinzugefügt, der mit den Worten beginnt: »Es sei dem Volke gepredigt…«. Eine erhaltene Handschrift bestätigt, dass diese Instruktion bereits im 15. Jahrhundert mit dem Text von *Contra cruciatam* verbunden war. Seinem Inhalt nach stammt sie höchstwahrscheinlich noch aus dem Jahr 1412, und wurde vielleicht von Hus selbst verfasst. Es handelt sich um wenige Abschnitte, die großenteils aus Zitaten aus der Heiligen Schrift, den Kirchenvätern und dem Kirchenrecht bestehen. Thematisch betreffen sie Ablässe, Reliquien, Beichte, Sündenvergebung, Buße und klösterliche Weltflucht. Wichtig ist, dass jedes Thema mit denselben, bereits zitierten Worten eingeführt ist. Der ganze Wortlaut dieser Quelle spricht dafür, dass es sich um eine Anweisung zur Volkspredigt handelt. Der Inhalt stimmt mit den

Anschauungen des wyclifistischen Reformkreises überein. So liest man zum Beispiel:

> »Auch sei dem Volke gepredigt, es soll nicht zulassen, bei der Beichte von Simonisten beraubt zu werden durch eine Taxe oder dadurch, dass ihm auferlegt wird, eine Spende zu geben oder Messen zu stiften.«

Offenbar hat jemand aus dem Prager Reformzentrum, vielleicht Hus selbst oder einer seiner nächsten Mitarbeiter, dieses einfache Programm entworfen, um Hauptthemen und Kerninhalte der aktuellen Predigtagitation festzulegen und sie den aktiven Mitstreitern zu übermitteln.[10]

Hus' Predigt stand im Zentrum der Aufmerksamkeit seiner Parteigänger sowie seiner Opponenten. Die *Alten böhmischen Annalen* bemerken dazu:

> »Und die Leute stritten stets um die Predigt des Magisters Hus: einige sagten, er predige die Wahrheit über die Geistlichkeit, und die andern, dass dies kaum stimme.«[11]

Man darf annehmen, Hus' Erfolg im öffentlichen Raum gründete darin, dass er beide oben erwähnte Formen der Massenkommunikation virtuos beherrschte. Dank seinem Predigeramt an der Bethlehemskapelle konnte er langfristig wirken. Andere öffentliche Prediger im damaligen Prag übertraf er dadurch, wie er seine Botschaft »zu verpacken« verstand. Seine Predigt geriet zu einem Ereignis. Seine kirchenkritischen Reden wühlten die Zuhörer nicht weniger auf als die asketisch-prophetische Stilisierung eines Milíčs oder die bombastischen Auftritte der berühmten auswärtigen Bettelordensprediger. Die Predigt unterstützende Bilder und Gesänge verhalfen dem Publikum, die Botschaft zu verinnerlichen und sich mit dieser zu identifizieren.

Hus' Gegner erkannten zweifelsohne die Stärke einer so geführten Kampagne. Teilweise nutzten sie dieselben Mittel, wie etwa volkssprachige antihussitische Dichtungen zeigen. Gleichzeitig sahen sie sich aber dazu gezwungen, mit Gewalt gegen diese häretische Propaganda vorzugehen. Im Kapitel über die Predigttätigkeit des Jan Hus haben wir gesagt, die Ausübung des Predigeramtes an sich war kein Grund für seine Verurteilung. Aber die Inhalte seiner Predigten sowie die Missachtung des Predigtverbots gaben Anlass zur Verfolgung. Die innere Überzeugung und seine Überzeugungskraft nach außen, mit welcher er sich an die Laien wandte, um Beistand zu erhalten, musste die kirchlichen Behörden alarmieren. Nach dem Konstanzer Verhör vom 8. Juni 1415 sprach König Sigismund halb privat zu den anwesenden Konzilsvätern. Hus' böhmische Begleiter befanden sich jedoch noch in Hörweite, so dass Peter von Mladoňovice seine Rede aufzeichnen konnte:

>»Und wisset, was immer er euch versprechen würde, dass er widerrufen wolle oder dass er hier widerrufen würde – glaubt ihm nicht. Auch ich würde ihm nicht glauben, denn wenn er ins Königreich und zu seinen Gönnern kommt, würde er jene Irrtümer und noch andere mehr ausstreuen, und ›der letzte Betrug würde schlimmer werden als der erste‹ [Matthäus 27, 64]. Und deshalb sollt ihr ihm das Predigen überhaupt verbieten, damit er nicht mehr weiter predigt, und auch, dass er nicht mehr zu seinen Gönnern kommt und jene Irrtümer nicht mehr weiter ausstreut.«[12]

10 Öffentliches Engagement und politische Unterstützung – Königliche Beschlagnahme der Kirchengüter 1411

Die an den Papst gerichtete Appellation von Hus gegen das Predigtverbot und die Bücherverbrennung markiert den Anfang seines Prozesses an der römischen Kurie. Kardinal Odo Colonna, der spätere Papst Martin V., wurde mit der Bearbeitung des Falls beauftragt. Er lud Jan Hus vor und als dieser nicht erschien, belegte er ihn im Februar 1411 mit dem Kirchenbann. Am 15. März desselben Jahres veröffentlichte Erzbischof Zbyněk diese Entscheidung in Prag. Eine Reaktion kam von höchster Stelle: König Wenzel war bereits durch die Bücherverbrennung verstimmt und befahl dem Erzbischof, die Besitzer der verbrannten Bände zu entschädigen. Das geschah nicht, so dass der König diesen Umstand als Vorwand für seinen unerwarteten Gegenschlag nutzte. Am Freitag, dem 24. April 1411, fand in der Prager Neustadt die jährliche so genannte Heiltumsweisung statt, bei welcher die Reichsreliquien auf dem Viehmarkt (dem heutigen Karlsplatz) zur Schau gestellt wurden. Die bereits von Wenzels Vater Karl IV. begründete Zeremonie lockte regelmäßig große Pilgerscharen in die Stadt. Die Menschenmenge wurde von einem königlichen Sprecher überrascht, der vom Turm der Fronleichnamskapelle herab Folgendes verkündigte: Der König beschlagnahmt die Einkünfte und Güter der Burgkanoniker und aller anderen Geistlichen, »weil sie ihm ungehorsam sind und sein Königreich diffamieren«.

Die Durchführung der Konfiskation wurde Wenzels Hofmännern Racek Kobyla und Voksa von Waldstein anbefohlen, die von Prager Stadträten unterstützt wurden. Die Rathäuser der Alt- sowie der Neustadt wurden nun mit kirchlichen Schätzen gefüllt. Die Quellen deuten an, dass die

Beschlagnahme als eine Strafmaßnahme wegen der Unzucht im Klerus deklariert wurde. Einem königlichen Mandat zufolge wurde Kobyla sogar in die Olmützer Diözese gesandt, um dort einzugreifen, falls der dortige Bischof Konrad von Vechta (der freilich ein Verbündeter Wenzels war) nicht innerhalb eines Monats die Missstände bei der Geistlichkeit beseitigte. In den so genannten *Versannalen* wurden die beiden dafür Beauftragten – wohl ironisch – mit dem Terminus »Korrektoren« bedacht. Diese Bezeichnung meinte einen Amtsträger im Erzbistum, dessen Aufgabe es war, über die Sitten der Kleriker zu wachen.

Erzbischof Zbyněk exkommunizierte am 2. Mai die Exekutoren, was die Situation nur verschärfte. Vier Tage später folgte die Reaktion Wenzels. Nach einer chronikalischen Nachricht

> »kam der Herr König in die Prager Burg, betrat die Domkirche und ließ alle Reliquien und andere Kleinodien in der Sakristei zusammentragen und auf den Wagen, den er mit sich nahm, [laden]. Diese [Wertsachen] befahl er am nächsten Tag, also am Freitag nach dem Fest des hl. Stanislaus, nach Karlstein zu befördern, weil er fürchtete, der Erzbischof und die Kanoniker könnten sie in jener Streitigkeit anderswohin überführen«.

Der Eingriff gegen die Priester nahm in manchen Orten bedrohliche Ausmaße an. Ein späterer Bericht spricht davon, die Pfarrer

> »wurden beraubt und einige verschiedentlich belästigt und gefangen genommen, an den Stadtpranger gestellt, nackt mit [ihren] Frauen vorgeführt, mit Schlamm beschmiert, ins Wasser geworfen und dann schändlich aus der Stadt vertrieben.«[1]

Damit wurde eigentlich ein Beispiel gegeben, wie die wyclifistische Reformtheorie in die Praxis umgesetzt werden könnte. Die Quellen – obwohl meistens antihussitisch gefärbt – setzen die geschilderten Vorgänge eindeutig in den Zusammenhang mit den Predigten von Jan Hus. Die *Versannalen* machen die papst- und priesterfeindlichen Predigten des Magisters Hus für die Verbreitung des Hasses gegen die Priester verantwortlich. Schließlich habe Hus die Kleriker »Geizhälse, Simonisten und Schürzenjäger« genannt. Ein anderer Annalist sagt ausdrücklich, die Beschlagnahme erfolgte »auf Hus' Anweisung und wegen seiner Predigt«. Doch die Verbindung zwischen der königlichen Konfiszierung und den Reformpredigten Hus' ist damit keineswegs gesichert. Der König handelte im eigenen Interesse und nicht etwa auf Geheiß von Predigern. Zwei Umstände kann man indessen kaum bestreiten. Erstens war die Säkularisierung von Kirchengütern für viele weltliche Herren der interessanteste Aspekt der wyclif'schen Wyclifschen Soziallehre, und zweitens standen viele adelige Hofleute der Prager wyclifistischen Gruppe nahe. Dies gilt insbesondere für eine der Hauptpersonen des Konfiszierungdramas, Voksa von Waldstein.

Voksa war mit Hieronymus von Prag befreundet, wie die bereits geschilderte Ablassdemonstration bezeugt und wie Hieronymus selbst bei seinem Prozess in Konstanz zugab. Auch stand er in brieflicher Verbindung zu einem prominenten englischen wyclifistischen Ritter, John Oldcastle, Lord von Cobham in Kent. Ein Brief von Oldcastle an Voksa datiert vom 8. September 1410, könnte also Prag wenige Monate vor der Beschlagnahme der Reliquien erreicht haben. Jan Hus, der selbst im Briefverkehr mit dem wyclifistischen Priester Richard Wyche stand, schrieb seinerseits auch an Oldcastle, vielleicht gerade im Sommer 1411. Vom 7. September stammt ein Schreiben Oldcastles an König Wenzel. Der Empfänger wird für sein Vorgehen gegen die »falschen Brüder sowie Prälaten« gelobt; die Gegner des göttlichen Gesetzes sollten »wie durch Löwengebrüll erschreckt werden«. Die Anspielung auf das böhmische Wappentier erinnert an das Lied über die Gottesritter, wo es heißt: »Gott, rat dem Löwen aufzustehen / und das priesterliche Übel zu zerreißen.« Wurde dieser Brief wirklich im Jahre 1411 verfasst, dann bezieht sich Wenzels »tüchtiger Ritterdienst für das Evangelium Christi«, über den Oldcastle durch Magister Hus informiert worden sei, auf die Säkularisierung der Kirchengüter.[2]

Jedenfalls fand Wenzels Handeln die volle Zustimmung der wyclifistischen Reformgruppe in Prag. Magister Jakoubek von Mies hielt im Mai 1411 an der Universität einen Vortrag, worin er die Beschlagnahme billigte. Jakoubek schöpfte in seinem Text aus den Schriften Wyclifs und stand den Ansichten des englischen Theologen sehr nahe. Die Kleriker, die das Gesetz Gottes überschritten und durch Anhäufung von Kirchengütern dem Königreich schadeten, sollten nach Jakoubek vom König als ihrem Oberhaupt mit der Konfiszierung ihres Eigentums bestraft werden. Auch Jan Hus hat Wyclifs Ausführungen zum Königsamt in seine Predigt *Ait dominus servo* (»Da sagte der Herr zu dem Diener«, Lukas 14, 23) übernommen. Der überlieferte Text stellt eine überarbeitete Version der Bethlehemspredigt vom 21. Juni 1411 dar. Hus verteidigte das Recht Wenzels, die Reichtümer der Kleriker sicherzustellen, um sie zur ordentlichen Ausübung ihrer Pflichten zu zwingen. Das Interdikt über Prag und Umgebung, mit welchem Erzbischof Zbyněk Mitte Juni auf die Verfolgung seiner Geistlichkeit reagierte, hielt Hus für unangemessen, und er forderte die Wiederaufnahme von Predigt und Gottesdienst.[3]

Obwohl man keine direkte Einflussnahme Hus' und seiner Kollegen auf die Entscheidungen des Königs nachweisen kann, ist es offensichtlich, dass die Interessen des Hofes und der Wyclifisten hier verschmolzen. Die Ereignisse von 1411 kann man als einen Höhepunkt der königlichen Unterstützung für Hus' Reformgruppe in ihrem Streit mit dem Erzbischof ansehen. Doch man muss sich darüber im Klaren sein, dass dieses Bündnis rein pragmatischer Natur war. Wenzel selbst war ja kein Wyclifist. Mehr als der theologische Hintergrund der Reformlehren war für ihn deren Potenzial im politischen Kampf gegen den Erzbischof wichtig. Die Anführer der wyclifistischen Reformgruppe an der Universität erkannten sehr wohl den Vorteil dieser politischen Unterstützung. Ein Bündnis mit dem Königshof war für sie in ihrem Kampf gegen den Erzbischof und den Papst geradezu eine Existenzfrage. Sich Zutritt zum Prager Hof zu verschaffen erwies sich jedoch für die Universitätsgelehrten als nicht so einfach. Wenzel nutzte gelegentlich die Dienste der Professoren, etwa für diplomatische Zwecke, er pflegte aber kein ausgesprochen enges Verhältnis zu »seiner« Universität wie etwa andere Fürsten zu seiner Zeit.

Im Spätmittelalter nahm der Einfluss der Universitäten an den königlichen Höfen grundsätzlich zu. In der Verwaltung einzelner Fürstentümer finden wir zwar Universitätsabsolventen, meistens Bakkalaurei der Künste, in größerem Maß aber erst ab dem letzten Viertel des 15. Jahrhunderts, und dann vor allem in der Neuzeit. Theologen und vor allem Juristen bot sich jedoch bereits im Spätmittelalter die Chance auf einen Dienst am Hofe, in der Kanzlei oder im Rat des Königs. Ein gutes Beispiel dafür ist Wenzels Rivale, der römische König Ruprecht von der Pfalz. An seinem Hof sind insgesamt 31 Räte geistlichen Ranges bezeugt, von welchen zehn als Professoren an der Universität Heidelberg tätig waren. Interessanterweise sind sieben dieser zehn Gelehrten von der Prager Universität nach Heidelberg gekommen, wie etwa die beiden wichtigsten gelehrten Räte Ruprechts, der Theologe Matthäus von Krakau und der Jurist Nikolaus Burgmann, oder aber auch Konrad von Soltau und Nikolaus Magni von Jauer. Die Rolle der Intellektuellen am Hof Ruprechts wird durch die enge Verbindung zwischen der Universität und der königlichen Kanzlei unterstrichen. Der polnische Königshof kannte zwar die Funktion des gelehrten Rates nicht, dennoch nutzte König Władysław Jagiełło die Dienste der Gelehrten intensiv. Die Krakauer Professoren, die meistens in Prag studiert hatten oder direkt aus der böhmischen Metropole nach Polen berufen worden waren, wurden besonders in der Diplomatie und als Gutachter im Konflikt mit dem Deutschen Orden eingesetzt.[4]

In Anbetracht der Ausstrahlung der Prager Universität nach Heidelberg, Krakau und anderswohin fällt auf, dass Wenzel die Fähigkeiten seiner Gelehrten nicht so systematisch nutzte wie Ruprecht oder Władysław. Kulturell bewahrte der Prager Hof ein hohes Niveau, wie die Prachthandschriften aus

Wenzels Bibliothek sowie einige literarische Schöpfungen zeigen. Der Universitätsmagister Laurentius von Březová, der später zum Geschichtsschreiber des Hussitismus wurde, hatte während seiner Zeit am Hofe Wenzels eine Weltchronik verfasst und Mandevilles *Reisen* sowie ein Traumbuch ins Tschechische übersetzt. In der politischen Praxis wirkten die Gelehrten jedoch kaum mit. In der königlichen Kanzlei in Prag waren einige Juristen tätig, wie etwa Jakob von Beraun (Beroun), der zusammen mit Hus 1393 das Bakkalaureat der freien Künste erlangt hatte und danach in den Kanzleidienst wechselte. Ansonsten verfügte der königliche Rat aber über wenig »gelehrte Unterstützung«.[5]

Der König selbst war jedoch ein gebildeter Mann und ließ an seinem Hof gelegentlich auch theologische Debatten zu. Mitte der 1380er Jahren kam es zu einem gelehrten Streit zwischen dem Domscholastiker Adalbert Rankonis und Erzbischof Jenstein anlässlich eines Gastmahls auf der königlichen Burg Křivoklát (Pürglitz). Im Jahre 1412 lud Wenzel die wegen des Ablasskaufs verfeindeten Parteien auf die Burg Žebrák ein, um mit seiner Autorität eine Schlichtung des Konfliktes zu erreichen. Wenzel war an Frieden und Ruhe in seinem Land interessiert. Seine Politik bezüglich der *Causa* Hus zielte auf Beseitigung von unnötigen Reibungsflächen und vor allem auf die Reinigung des Königreiches von schädlichen und schmählichen Häresiebeschuldigungen. Bereits im Jahre 1408 übte der König Druck auf Erzbischof Zbyněk aus, so dass dieser eine außerordentliche Synode berief und dort erklärte, er könne in der Diözese keine ketzerischen Irrtümer bezüglich der Abendmahlslehre finden. Wenzels Position trat in den Jahren 1412–1413 klar hervor. Der König unterstützte zunächst die Ablassverkündung und wandte sich gegen die Proteste, die er als Störung der öffentlichen Ordnung ansah. Im folgenden Jahr verbannte er dagegen vier antihussitische Theologieprofessoren, die in seinen Augen die Aussöhnung verhinderten.[6]

Die Reformer konnten deshalb nur dann mit königlichem Beistand rechnen, wenn ihre Ziele mit der königlichen Politik übereinstimmten und ihre Aktionen nicht zu aufrührerisch erschienen. Darin stand Wenzel seinem Vater Karl IV. nahe. Dieser unterstützte zunächst die Reformprediger Konrad Waldhauser und Milíč von Kremsier. Sobald aber ihre Tätigkeit einen Häresieverdacht hervorgerufen hatte, zog sich der Kaiser sicherheitshalber zurück. Ebenso förderte Wenzel gelegentlich die Prager Reformzentren, wollte aber mit keinen theologischen oder politischen Exzessen in Verbindung gebracht werden. Ob er privat mit einigen Reformideen sympathisierte, lässt sich nur vermuten. Nach außen hin traten der König und Leute aus seiner Umgebung eher als Vertreter der traditionellen Frömmigkeitsformen hervor, wenn sie beispielsweise den päpstlichen Jubeljahrablass von 1393, das speziell für Böhmen galt und besondere Sündenvergebung beinhaltete, unterstützten.

Unter den königlichen Hofleuten fanden sich mit Sicherheit Sympathisanten der Kirchenreform. Viele hofnahe Adelige traten der Brüderschaft an der Neustädter Fronleichnamskapelle bei. Als sich 1403 die Brüderschaft entschloss, die Kapelle der böhmischen Universitätsnation zu übergeben, nahm sie namens der Universität Jan Hus entgegen. Wenzel erteilte 1406 seine Zustimmung, dass die böhmische Universitätsnation der Kapelle Einkommen in Höhe von 110 Schock Prager Groschen schenkte. Ein Jahr später schenkte er selbst den an der Bethlehemskapelle lebenden Studenten einen Zins von 12,5 Schock Prager Groschen. Das spiegelt eine gewisse Hinwendung eines Teiles des Königshofes zur Kirchenreform wider. Zugleich deuteten sich hier Wege an, auf denen sich der König der Universität (oder einer Universitätsfraktion) annähern konnte. Deren Dienste sollten dann dem Herrscher bei komplizierten diplomatischen und kirchenpolitischen Angelegenheiten des Schisma- und Konzilszeitalters zugute kommen, wie es die Ereignisse um das Pisaner Konzil und um das Kuttenberger Dekret zeigten.[7]

Der Ausbruch des *Großen Abendländischen Schismas* machte theologisches und kanonistisches Expertenwissen zu einem gefragten Gut in der politischen Debatte. Die eigentliche hohe Politik wurde zwar weiterhin von Königen und Kardinälen gemacht; sie waren aber immer öfter auf Universitätsgelehrte angewiesen, da diese die Argumente und Gutachten liefern konnten, die die politischen Entscheidungen legitimierten. Es waren letztendlich die Akademiker, die etwa im Konziliarismus einen Mechanismus zur Beseitigung des Schismas entworfen haben. Ihr Gewicht in den politischen Debatten wuchs beträchtlich. Im Zusammenhang mit den Konzilien und den Bemühungen um die Lösung des Schismas findet man nun zahlreiche Graduierte in diplomatischen Diensten. Zum Prager *Quodlibet* von 1409 trafen sich die Altstädter Schöffen sowie die brabantische Gesandtschaft, was der berühmten Rede des Hieronymus von Prag einen besonderen Rahmen verschaffte. Der Pariser Magisters Jacques de Nouvion, der im Sommer 1408 Prag besuchte, um mit Wenzel über eine Aufkündigung der Obödienz für die beiden Päpste zu verhandeln, wurde vom Rektor zu einem Gastmahl eingeladen. Sein Treffen mit den Prager Universitätskollegen entwickelte sich zu einer regelrechten Disputation über die wyclifistischen Thesen. Der englische Diplomat John Stokes wurde 1411 ebenso zu Mahlzeit und Gespräch eingeladen. Aus Angst vor der Ketzerei kam er nicht, womit er sich eine polemische Schrift aus der Feder von Jan Hus einhandelte.[8]

Man sieht an diesen Beispielen, dass die Bereitschaft der Universitätsmagister, sich zu Themen von öffentlichem Interesse zu äußern, in dieser Zeit zunehmend vorausgesetzt und erwartet wurde. Seit dem späten 14. Jahrhundert wurde das öffentliche Engagement zu einem wichtigen Anliegen der Intellektuellen. Die Universitätsgelehrten äußerten sich zu einer Reihe von Themen des öffentlichen sowie geistlichen Lebens: Simonie, Aberglaube, Häresie (besonders zu Wyclifismus und Hussitismus), Wucherei, Erbrecht, Kirchenreform, Konziliarismus oder zum Auftreten der Jeanne d'Arc. Sie nutzten dabei verstärkt die Form des kurzen pointierten Traktates. Ein Meister des knappen, gewandten und viel beachteten Traktates war der Pariser Theologe Jean Gerson.

Persönlichkeiten wie John Wyclif, Hieronymus von Prag und Jan Hus standen ihm aber nicht nach und griffen mit ihren Schriften in die gesellschaftliche Debatte ein.[9]

Mehrmals mischte sich Magister Jan Hus in solchen Fällen ein, die er aus der Sicht des öffentlichen Interesses für wichtig hielt. Sein Brief an Erzbischof Zbyněk von 1408 wurde bereits erwähnt. Hus denunzierte beim Oberhaupt der böhmischen Geistlichkeit die öffentlichen Missstände der Kleriker unter Berufung darauf, er sei damit von Erzbischof Zbyněk einst beauftragt worden. Am 30. Juni 1408 wurde ein Kleriker namens Nikolaus von Velmovice, genannt Abraham, vor dem erzbischöflichen Gericht verhört, weil er ohne offizielle Erlaubnis predigte. Seine Auffassung, er habe eine direkte Predigtbefugnis von Gott erhalten, entsprach ganz dem hussitischen Standpunkt. Wegen seines Zögerns, einen Eid abzulegen, erweckte Abraham den Verdacht, er hänge der waldensischen Häresie an, und wurde der Inquisition übergeben. Zu seinem Verhör vor den Inquisitoren erschien Jan Hus und verteidigte den Angeklagten.[10] Offenbar fühlte sich Hus zum Eingreifen veranlasst, weil er in diesem Fall die Gerechtigkeit, das Gemeinwohl und besonders sein Reformanliegen gefährdet sah. Hus war immer bereit und wach, für kirchenpolitisch brisante Fragen einzutreten. Sein Auftreten in der Ablassaffäre von 1412 entsprach ganz seiner Haltung eines selbstbewussten Führers der Reformbewegung, der Verantwortung im vollen Ausmaß übernimmt.

Einen bemerkenswerten Ausdruck politischen Beistandes für Hus stellen die Briefe dar, mit welchen verschiedene Absender seinen Prozess an der römischen Kurie zu beeinflussen suchten. Sie reagierten auf den Besuch Antonios von Montecatino, Legat des neuen Papstes Johannes XXIII., im September 1410, sowie auf die Vorladung Hus' durch Odo Colonna, die in Prag im Oktober desselben Jahres bekannt wurde. Sieben der 23 Briefe wurden mit dem Namen des Königs Wenzels unterschrieben, sieben mit dem Namen der Königin Sofie. Der Rest wurde namens der Prager Städte, einiger böhmischer Adeliger und des Rektors der Universität unterschrieben. Eine kritische Untersuchung der Briefsammlung ergab, dass sie nicht in den Kanzleien der jeweils Unterzeichneten ausgefertigt wurden. Ihren Ursprung muss man an der Universität suchen, im Umkreis der Hus-Anhänger, die sie verfassten und den Absendern zur Besiegelung vorlegten. Einige der nur in Abschrift überlieferten Schreiben wurden vielleicht überhaupt niemals abgesandt, bei den meisten darf man es jedoch annehmen. Die Bereitschaft des königlichen Ehepaares und einiger Herren, sich an der Petitionsaktion zu beteiligen, zeigt deutlich, welcher Gunst sich Hus bei den Mächtigen seiner Zeit erfreute. Der Einfluss der wyclifistischen Magister der böhmischen Nation am königlichen Hof zeigte sich auch an dem Erfolg, mit dem Hieronymus und Hus zusammen mit einigen Adeligen Wenzel dazu bewegen konnten, die deutschen Schöffen im Rat der Prager Altstadt 1408 durch Tschechen zu ersetzen.[11]

Die königliche Beschlagnahmung der Kirchengüter im Frühjahr 1411 war also eine logische Konsequenz der Politik Wenzels. Der König wollte den Erzbischof zur Beilegung des Konfliktes zwingen, um die immer ernsteren Häresiebeschuldigungen zu beseitigen. Das Interdikt erklärte er für ungültig. Die Ruhe im Lande lag Wenzel genauso am Herzen wie der Ruf seines Königreiches. Am 5. Juni erließen die Herren im Landesgericht einen Beschluss, dem zufolge niemand in einer Angelegenheit des Landes vor einem Kirchengericht zur Rechenschaft gezogen werden dürfte. Den Gerichtsherren zufolge sei diese Regelung auf Wunsch des Königs eingeführt worden. Wenzel arbeitete inzwischen an einer Lösung des Streites mit dem Erzbischof. Anfang Juli stimmten Zbyněk und die Universität zu, sich der Entscheidung einer vom König ernannten Kommission zu unterwerfen. Wie zu erwarten war, bedeutete die Entscheidung eine bittere Niederlage für den Erzbischof. Nicht nur, dass er sich dem König unterwerfen sollte, er musste darüber hinaus dem Papst schreiben, »dass er sich keiner Irrtümer in diesem Lande bewusst ist und dass er nur einen Streit mit einigen Universitätsmagistern hatte«. Der Erzbischof sollte den Kirchenbann aufheben, beziehungsweise sich um die Aufhebung beim Papst einsetzen. Zbyněk nahm zwar das Interdikt zurück, verließ aber danach Prag, um bei Bischof Johann von Leitomischl und dem ungarischen König Sigismund von Luxemburg, Rat zu suchen. Unterwegs ereilte ihn jedoch der Tod; es war der Sankt Wenzelstag, der 28. September 1411.[12]

Hasenburgs überraschender Tod brachte eine neue Situation, was die königliche Unterstützung der wyclifistischen Gruppe anbelangte. Den Prager Erzbischofsstuhl nahm kurzfristig Wenzels Leibarzt Albík von Mährisch Neustadt ein und dann sein Hofmann Konrad von Vechta. Wenn Hus bisher aus der Spannung zwischen dem Königshof und dem Erzbistum profitieren konnte, so musste er nun mit einer stillen Koalition zwischen dem Herrscher und den königsnahen Erzbischöfen rechnen. Zwar verlor er Wenzels Unterstützung nicht ganz, aber eine offene Unterstützung wie in den Jahren 1410–1411 war nicht mehr zu erwarten. Das zeichnete sich schon im Ablassstreit von 1412 klar ab. Hus konnte aber inzwischen mit der Hilfe einer anderen einflussreichen Gruppe rechnen, nämlich der des böhmischen Adels. Die Namen der Herren, die für die Briefaktion von 1410 gewonnen werden konnten, zeigen, dass sich Hus und seine Freunde mit den bestehenden Kontakten zu Hofadeligen nicht zufrieden geben konnten, sondern dass sie darüber hinaus auch den Beistand des Landadels anstrebten.

Nachdem Hus Ende 1412 Prag verlassen hatte, boten ihm einige Adelige Zuflucht auf ihren Burgen an: Ctibor von Kozí auf der gleichnamigen Burg und Heinrich Lefl von Lažany auf dem Schloss Krakovec. Im Herbst 1412 und erneut vor seiner Abreise nach Konstanz wandte sich Hus mit seinem Anwalt Johannes von Jesenice an die Herren am Landgericht um Hilfe. Im Herbst 1414 bat er sie erneut, den Erzbischof dazu zu bewegen, eine Bescheinigung über Hus' Rechtsgläubigkeit auszustellen. In der Tat bestätigte Konrad von Vechta, dass Hus bei ihm keiner Häresie beschuldigt worden sei. Darüber hinaus merkte er an, dass Hus sich im päpstlichen Bann befinde und sich daher vor dem Papst zu verteidigen habe.

Die Herren Čeněk von Wartenberg, Boček von Kunštát und Wilhelm von Zvířetice informierten in diesem Sinne König Sigismund von Luxemburg und äußerten ihren Wunsch, Sigismund möge Hus öffentliches Gehör am Konstanzer Konzil verschaffen. Nach Konstanz wurde Magister Hus von einigen Adeligen begleitet. Ritter Johannes von Chlum leistete Hus bis zu dessen Verbrennung treuen Dienst. Als Hus beim Verhör vom 7. Juni 1415 unterstreichen wollte, dass er freiwillig zum Konzil gekommen sei, wies er auf die Unterstützung der Adeligen hin:

> »Es gibt so viele und so mächtige Herren im Königreich Böhmen, die mich lieben. Auf ihren Burgen hätte ich versteckt bleiben und mich verbergen können.«

Dazu bemerkte Herr von Chlum, er könnte Hus auf seiner Burg ein ganzes Jahr lang beschützen.[13]

Indessen wurde Jan Hus in Konstanz jeder wirksamen politischen Deckung beraubt. König Wenzel unternahm für die Rettung seines Untertanen nichts. Allerdings wurde damals schon Wenzels Bruder und Erbe Sigismund als entscheidender Akteur angesehen. Bereits vor dem Konzil hat ihn ein anonymer Autor brieflich aufgefordert, sich für die Ausrottung der wyclifistischen Häresie einzusetzen. Sigismund stellte für Hus bekanntlich einen Geleitbrief aus und hatte anfänglich offenbar vor, den Magister zu beschützen. Doch je weiter sich die *Causa* entwicklte, desto mehr neigte Sigismund dem Standpunkt zu, wegen des böhmischen Predigers keinen gravierenden Konflikt mit den Konzilsvätern zu riskieren. Ebenso wie Wenzel befand sich auch Sigismund in der Gefahr, der Verteidigung von Häresie beschuldigt zu werden. Während des Verhöres am 7. Juni 1415 sagte er zu Hus direkt:

> »Ich habe ihnen [den Konzilsvätern] gesagt, dass ich keinen Häretiker schützen will, ja wenn jemand in seiner Häresie verstockt sein wollte, dann wollte ich allein ihn anzünden und verbrennen. Aber ich würde dir raten, dich ganz dem Konzil auf Gnade zu überlassen.«

In einer solchen Situation überwogen bei jedem König politische Rücksichten.[14]

Ein verurteilter Ketzer wird von den Kirchenmännern den Vertretern der weltlichen Macht zur Bestrafung übergeben. Aus dem Processus consistorialis martyrii Io. Huss (1525)

So blieb Hus' Bemühung, sich politischer Unterstützung zu versichern, am Ende erfolglos. Er konnte zwar die Parteinahme eines wichtigen Teiles des böhmischen Adels und des städtischen Rates gewinnen, die entscheidenen Spieler auf der internationalen politischen Bühne opferten aber die Figur des Bethlehempredigers. So gesehen war seine Entscheidung, nach Konstanz zu gehen, ein taktischer Fehler. Als geschicktem Taktiker freilich, der sich auf die eigene Sicherheit und den eigenen Vorteil bedacht im richtigen Moment zurückzieht, würde man Jan Hus kaum gerecht werden. Im Gegenteil: er verteidigte seine Ideen und Ideale ganz offen auch dann, als er auf keinen Beistand der Mächtigen mehr hoffen konnte. Darin sah er seine Sendung als Priester und als Gelehrter. Die Rolle eines Intellektuellen erblickte er nicht darin, nur Vorteile aus dem Verkehr mit den politischen Spitzen zu ziehen, sondern vor allem Themen zur Sprache zu bringen, die vom Interesse für die ganze Gesellschaft waren. Das hatte Hus aber mit seinen Gegnern in Konstanz gemeinsam. Man muss hier nicht nur an Gerson denken; auch Stephan von Páleč behauptete, sein Zeugnis gegen Hus nicht aus Hass abgelegt zu haben, sondern aus der Verpflichtung, die ihm als Theologieprofessor auferlegt sei.[15] Gegensätzliche Ansichten bezüglich der Lösung der vorhandenen Probleme führten zum Zusammenstoß dieser Intellektuellen, wobei der (machtpolitisch) Schwächere unterliegen musste. In geradezu paradoxer Weise trug das Talent Hus' als politisch engagierten Magisters zu seiner Verurteilung bei. Als Figur des öffentlichen Lebens, die sich eine breite Anhängerschaft auch in höheren Kreisen geschaffen hatte, erschien er umso gefährlicher.

11 Anführer einer Protestbewegung – Die Prager Ablassunruhen 1412

Am Sonntag, dem 10. Juli 1412, bereiteten sich die Prediger einiger Prager Kirchen darauf vor, die Verdammung des Königs Ladislaus von Neapel und die Ausrufung eines päpstlichen Kreuzzug gegen ihn abermals kund zu tun. Dies forderte die Bulle Johannes' XXIII. vom September 1411, die seit einigen Wochen in Prag verkündet wurde. Die Prediger sollten die Menge der Gläubigen darauf aufmerksam machen, dass sie gegen einen finanziellen Beitrag zugunsten des italienischen Feldzuges einen Kreuzablass erwerben könnten, der ihnen die Vergebung aller gebeichteten Sünden garantierte. Im Veitsdom, in der Teynkirche und in Vyšehrad wurden Kästen für die Spenden aufgestellt. Diese mit Eisen beschlagenen und angeketteten Truhen waren offenbar auch außerhalb der Zeit der Ablasspredigt zugänglich. Im Veitsdom wurde am 20. Juni 1412 im Spendenkasten ein Flugblatt gefunden, das mit zahlreichen lateinischen Zitaten die päpstlichen Ablässe, Kriege und generellen Betrügereien auf dem Stuhl Petri angriff.

> »Dies habe ich in aller Gottesfurcht und Liebeseifer für das Heil der Nächsten zusammengestellt. Man soll dem die Wahrheit aussprechenden Magister Hus mehr glauben als einem Prälaten und einer betrügerischen Schar, oder den Konkubinenbeischläfern und Simonisten,«

heißt es dort zum Schluss. Der alttschechische Annalist berichtet auch, Jan Hus habe in fast jeder seiner Bethlehempredigten die Leute davon abgehalten, Geld für die Ablässe auszugeben.

Der Widerstand des Magisters Hus gegen die Ablassbulle verbreitete sich offenbar schnell unter dem Prager Volk. Die statt silbernen Groschen in die Truhen eingeworfene Flugschriften waren nur der Anfang. Einige Anhänger der Reform erhoben ihre Stimme öffentlich gegen die Ablassverkündung und unterbrachen die Kreuzprediger in ihren Reden. An besagtem Sonntag im Juli 1412 geschah dies in der Altstädter Kirche St. Jakob, in der Frauenkirche vor dem Teyn sowie in der Kathedrale auf der Prager Burg. Drei junge Laien verlangten dort lautstark, dass die Wahrheit gepredigt werde, und griffen die Ablässe als lügnerisch an. Dem nicht viel späteren Bericht des Kartäusers Stephan von Dolany zufolge (der dies jedoch kaum als Ohrenzeuge erlebt haben kann) sollen sie gesagt haben:

»Falsch sprichst du, Herr Priester! Denn unser Magister Hus lehrt anders und wahr, und er predigt, jene Ablässe seien falsch und ungerecht.« Alle drei jungen Männer – sie hießen Martin, Johann und Stašek (Stanislaus) – wurden verhaftet und im Altstädter Rathaus eingekerkert. Am Montag, dem 11. Juli wurde die Nachricht von der Verhaftung in Prag bekannt. Jan Hus, von einer Menge Studenten und Magistern begleitet, brach unverzüglich zum Rathaus auf. Zusammen mit einigen anderen Magistern wurde er eingelassen, während der Rest seines Gefolges – nach dem Chronisten mochten es 2000 Leute gewesen sein – auf dem Altstädter Ring warteten. Hus forderte Sicherheit für die jungen Männer und betonte, er selbst sei der Urheber des Widerstandes gegen die Ablasskampagne und wolle deshalb selbst die Folgen tragen. Die Schöffen versicherten ihm, es werde den Inhaftierten nichts Böses passieren.

Hus ging daraufhin in die Bethlehemskapelle zurück und die meisten Leute begleiteten ihn, einige blieben jedoch auf dem Altstädter Ring, um den Ausgang der Ereignisse abzuwarten. Noch am selben Tag brachen die Schöffen ihr Wort und lieferten die Gefangenen dem Henker aus. Wegen der Volksmenge konnten die Knappen die drei jungen Männer nicht zur Richtstätte außerhalb der Stadtmauer führen. Schon am Marktplatz bildeten sie einen Kreis um diese, und der Henker enthauptete sie eilig vor dem Haus *Zum Einhorn*, nahe der Einmündung der Celetná-Straße in den Altstädter Ring. Die Empörung der Leute war groß. Eine fromme Frau bedeckte die toten Körper mit Tüchern und Magister Johannes von Jičín ließ sie in die Bethlehemskapelle hinüber tragen, wobei er den Märtyrerhymnus *Diese sind heilig* intonierte. In der Bethlehemskapelle wurden sie auch begraben. Magister Jan Hus wohnte der Hinrichtung nicht bei. Als er davon erfuhr, war er zutiefst empört und erschüttert. Laut der späteren Konstanzer Anklage hat er am folgenden Tag eine Märtyrermesse für die Hingerichteten singen lassen. Die *Alttschechischen Annalen* hingegen schreiben, dass sich Hus erst zwei Wochen nach der Exekution zu diesem Ereignis geäußert habe. Am ersten Sonntag danach verlor er in der Predigt angeblich kein Wort über das schreckliche Ereignis, obwohl es das ungemein zahlreich erschienene Publikum erwartete. Erst am zweiten Sonntag, nachdem er vor adeligen Herren und ihren Knappen der Feigheit beschuldigt worden war, lobte Hus in seiner Predigt das vorbildliche Leben Martins, Johanns und Stašeks.

Hus' anfängliches Entsetzen ist insofern begreiflich, als er zu dieser Zeit eindeutig der Anführer der Protestierenden war. Die Verantwortung für die Unruhen hatte er im Gespräch mit den Schöffen ausdrücklich übernommen. Er hatte das Rathaus in der Überzeugung verlassen, das Leben der Gefangenen sei sicher. Die Nachricht über ihren Tod musste ihn schwer getroffen haben und er schwieg wohl eher aus Trauer als aus Angst. In der *Postilla adumbrata* findet man erst für den 24. Juli eine Andeutung, dass der Prediger über die ersten Märtyrer des Hussitismus gesprochen habe. Der Wortlaut seines Märtyrerlobes wird aber nicht überliefert. Ein Chronist informiert uns jedoch, Hus habe seine Achtung vor den drei Jünglingen zum Ausdruck gebracht und gesagt, sie seien ihm so viel Gold wert, wie ihre Körper wogen. Hus ermahnte seine Anhänger, sich durch keine Folter von der Wahrheit Gottes ablenken und abschrecken zu lassen. Leute, die sich nach der Hinrichtung vor dem Rathaus versammelten, sollen gerufen haben, sie wollten auch für die

Wahrheit sterben. Die Schöffen ließen daraufhin täglich ein Versammlungsverbot ausrufen, das aber die Empörung und Unruhe nicht eindämmen konnte. Einige Protestierer wurden zwar verhaftet, bald aber wieder freigelassen, weil der Stadtrat schärfere Unruhen befürchtete.[1]

Wie war es möglich, dass ein Krieg im fernen Italien die Ruhe und Ordnung in den Straßen und Marktplätzen des heimischen Prags so stören konnte? Seit je war die kuriale Politik mit den Verhältnissen in Italien eng verbunden. Als das *Abendländische Schisma* die Christenheit in zwei und zuletzt in drei Obödienzen teilte, schauten sich die rivalisierenden Päpste nach Verbündeten unter den weltlichen Machthabern um. Nicht nur der römische Papstthron war umstritten, auch im wichtigsten Staatsgebilde südlich von Rom, dem Königreich Neapel, herrschte Verwirrung. Der Streit um den neapolitanischen Thron führte zum Krieg. Papst Gregor XII., Pontifex der römischen Obödienz, bevorzugte Ladislaus von Durazzo, während Ladislaus' Gegner, Ludwig von Anjou, sich der Gunst der Pisaner Obödienz erfreute. Deren Papst Alexander V. krönte ihn zum König von Neapel, und sein Nachfolger Johannes XXIII. unterstützte ihn im darauffolgenden Krieg. Im Mai 1411 erlitt Ladislaus eine militärische Niederlage und Papst Johannes ließ sein Banner in Rom durch den Morast ziehen. Danach wendete sich aber das Kriegsglück Ludwigs von Anjou und er wurde gezwungen, sich aus Italien zurückzuziehen. Am 9. September reagierte Johannes XXIII. auf die militärische Situation mit der Ausrufung eines Kreuzzuges gegen Ladislaus. Am 2. Dezember ernannte er die Ablasskommissare für Österreich, Böhmen und Meißen: den Passauer Dekan Wenzel Thiem und den Bologneser Juristen Pace Fantuzzi. Anfang April 1412 trafen diese in Prag ein. Nach längerer Vorbereitung und Verhandlung begann wahrscheinlich am 22. Mai die Ablassverkündigung, die die Prager Reformisten so empörte.[2]

Der böhmische König Wenzel stand in dieser Zeit zusammen mit seinem Bruder Sigismund, dem König von Ungarn und römisch-deutschen König, an der Seite Johannes' XXIII. Sigismund hatte einen triftigen Grund, sich gegen Ladislaus zu stellen. Im Jahre 1403 hatte Ladislaus einen Versuch unternommen, nach der ungarischen Krone zu greifen, und bis 1409 hielt er einige Stützpunkte in Dalmatien. Beide Luxemburger unterstützten daher Papst Johannes in seinem Kampf gegen König Ladislaus und Papst Gregor. Deswegen stimmte Wenzel der Ablasskampagne in seinen Ländern zu. Auch die Aussicht auf eventuelle finanzielle Gewinne aus der Kampagne war für den König interessant. Nach dem Ausbruch der Unruhen wurden Wenzels Entscheidungen jedoch hauptsächlich vom Wunsch nach innerer Ruhe gelenkt. Er verbot jeden Widerstand gegen die Ablässe, der zur Störung der öffentlichen Ordnung hätte führen können.

Aus diesem Grund wurden auch die drei jungen Männer von den Altstädter Schöffen zum Tod verurteilt. Diese Interpretation betonten noch die Gegner von Hus in Konstanz. Der königsnahe Jurist und päpstliche Auditor Johannes Naso sagte während Hus' Verhör in Konstanz, er sei anwesend gewesen, als die Prager Schöffen den König um Rat baten, was mit den Hunderten von Demonstranten zu tun sei, die gegen die Hinrichtung ihrer drei Gefährten protestierten. »Und wenn es tausend solche wären, geschehe ihnen wie jenen,« soll der König entgegnet haben. In der Tat war die Situation ohne königliches Eingreifen schwer zu meistern. Wenzel lud die verfeindeten Parteien – die wyclifistischen Artistenmagister und die antihussitischen Theologieprofessoren – zwei Mal zu Verhandlungen in seine Sommerresidenz nach Žebrák ein. Die zweite Verhandlungsrunde fand am selben Tag statt wie die Festnahme der drei Ruhestörer. Die Entscheidung des Königs, die Verbreitung der Wyclif-Artikel sowie anderer kontroverser Meinungen zu unterbinden, sollte die Unruhen beenden. Die meisten Vertreter der Universität und der Geistlichkeit nahmen diese Entscheidung in der Versammlung im Altstädter Rathaus am 16. Juli 1412 an. Die wyclifistische Gruppe kündigte jedoch die weitere Verteidigung der richtigen Artikel an.[3]

Die Straßenumzüge unter der Führung Hieronymus' und Voksas, das laute Stören der Ablassprediger, die Hinrichtung, das wiederholte Zusammenrotten unzufriedenen Volkes und im Hintergrund all dessen die theoretische Begründung des Ungehorsams gegenüber den unrechtmäßigen Befehlen der Obrigkeit, all diese Ereignisse vom Sommer 1412 erweckten den Anschein, Prag stünde an der Schwelle zur Revolution. In Böhmen war das eine ziemlich neue Situation. Nur selten sind größere politisch motivierte Verstöße gegen die öffentliche Ordnung belegt. Die Patrizier hatten 1309 einige Mitglieder des Herrenstandes gefangen genommen; hohe Adeligen hatten dies zwei Mal mit König Wenzel IV. gemacht. In diesen Fällen wurden jedoch die Konflikte innerhalb der ständischen Gesellschaft ausgetragen, wohingegen das einfache Volk nicht beteiligt war. Doch mit der anstehenden Religionsfrage war das anders: die Volksprediger wollten die Leute direkt beeinflussen. Waldhauser und Milíč gewannen eine beachtliche Anhängerschaft, die mitunter auch in den Prager Straßen ihren Willen oder eher Unwillen äußern konnte, etwa gegenüber den Bettelorden. Schon damals spielte sich ein Kampf um den öffentlichen Raum ab. Hus hatte seine Zuhörer langfristig und mit gezielter Argumentation für die Themen der hussitischen Kirchenreform sensibilisiert. Im Konfliktfall hatten seine Anhänger das Potenzial, als eine geschlossene Interessengruppe hervorzutreten.[4]

Die abendländische Gesellschaft des Spätmittelalters war mit Volksaufständen ziemlich gut vertraut. Um nur einige der bekanntesten Beispiele zu nennen: vor der Mitte des 14. Jahrhunderts begeisterte Cola di Rienzo die Leute mit seinen quasi-republikanischen Idealen so erfolgreich, dass sie die Adeligen aus Rom vertrieben. Die aufständischen *ciompi*, Lohnarbeiter in der florentinischen Wollenindustrie, übernahmen 1378 zeitweise die Herrschaft über die Stadt. Frankreich wie England erlebten in der zweiten Hälfte des 14. Jahrhunderts große Bauernrevolten. Der Unterschied zum Hussitentum bestand hauptsächlich darin, dass diese Aufstände nicht religiös motiviert waren. Rienzo bediente sich einer aus dem antiken Rom abgeleiteten Rhetorik; die *ciompi* oder die englischen Rebellen von 1381 stellten politische, teilweise erstaunlich konkrete und radikale Forderungen. Auch in den zahlreichen städtischen Revolten des 14. Jahrhunderts ging es um soziale und kommunale Programme, die größtenteils von der städtischen Mittelschicht formuliert wurden. Die von der Kirche als ketzerisch dargestellten religiösen Widerstandbewegungen konnten nur unter besonderen Bedingungen auf breitere Resonanz stoßen. Die Möglichkeit, im öffentlichen Raum langfristig um Anhänger zu werben, war ihnen meistens verwehrt. Nur ausnahmsweise traten häretische Gruppen mit bewaffneten Aktionen hervor, wie 1307 die norditalienischen Anhänger des Fra Dolcino. Die von Predigern angeführten Volksbewegungen waren hauptsächlich auf die Schlichtung kommunaler Konflikte oder auf außergewöhnliche Bußforderungen ausgerichtet.[5]

Die signifikanteste Parallele zum Hussitentum war der englische Wyclifismus, das Lollardentum. John Wyclif selbst hatte an der Organisation der Bauernrevolte von 1381 keinen Anteil. Die Ähnlichkeit einiger Gedanken, besonders bezüglich der Enteignung der Kirche, ist jedoch kaum zu leugnen. Der Oxforder Magister reagierte auf den Aufstand unentschieden: Er billigte keineswegs die Gewalttaten, die auch die Hinrichtung des Erzbischofs Sudbury einschlossen. Andererseits war er der Meinung, das Verhalten des Klerus rechtfertige eine Revolte, welche freilich anders durchgeführt werden sollte. Wyclif stand eine Reform unter der Führung des weltlichen Herrscherstandes vor Augen, nicht als eine Initiative des Bauernstandes. Seine Anhänger, die Lollarden, versuchten später, sogar das Parlament dafür zu gewinnen. Inzwischen verstärkte sich jedoch die Verfolgung der Wyclifisten durch Erzbischof Arundel. Der uns schon bekannte Sir John Oldcastle wurde aufgrund seiner ketzerischen Ansichten verhaftet. Es gelang ihm, aus dem Londoner Tower zu fliehen, und er entschloss sich, eine Gegenaktion zu organisieren. Sein Aufstand von Januar 1414 wurde verraten und niedergeschlagen. Oldcastle floh abermals, schließlich starb er 1417 auf dem Scheiterhaufen.

Laut den Protokollen des Gerichtsverfahrens verfolgten die Aufständischen die Abschaffung der Geistlichkeit, eine weite Zerstörung der Kirchen und die Ermordung des Königs. Ob diese Vorwürfe richtig waren, lässt sich nicht mehr verifizieren. Ohne Zweifel wurde aber das Lollardentum seit Oldcastles Aufstand mit Aufruhr, Verrat und Rebellion gegen Kirche und König in Verbindung gebracht. Die Lollarden wurden schnell in die Illegalität gedrängt. Trotz einer ähnlichen Ausgangslage verlief das Schicksal der englischen Wyclifisten anders als das der böhmischen. Während sich die letzteren in ihrem Land auf Dauer behaupten konnten, wurden die ersteren als eine heimliche Sekte marginalisiert. Zu Wyclifs Lebzeiten und in der ersten Generation nach seinem Tod (1384) ähnelte jedoch die lollardische Bewegung der hussitischen. Wyclif entbehrte nicht der Unterstützung in höchsten Kreisen. Er verließ sich auf seine Oxforder Mitarbeiter, was die Verbreitung seiner Lehren anbelangte; die Außenwirkung unterschätzte er nicht. Trotzdem wurde er nicht zu einem Führer, der quer durch die gesellschaftlichen Schichten angenommen und respektiert wurde. Wahrscheinlich fehlte ihm das ineinandergreifende Potenzial der böhmischen Hauptstadt: Hus konnte in Prag gleichzeitig die Universität, den Königshof, die adelige Landesversammlung und die städtische Ratsschicht, und zuletzt auch breite Schichten der Bevölkerung erreichen. Jan Hus war trotz seiner akademischen Ansprüche ein wirklicher Anführer einer Volksbewegung, was Wyclif zu keinem Zeitpunkt seines Wirkens erreichte.

Zur Zeit von Hus war die Lage der englischen Wyclifisten noch keineswegs verloren. Ihre literarische Tätigkeit erlebte eine Blüte, nicht zuletzt dank der Verbindung zwischen der Oxforder Universität und dem lollardisch gesinnten Niederadel. Lollardische Ritter fand man auch am Königshof – eine weitere Analogie zu Böhmen. Die beiden Gruppen standen auch im gelegentlichen Briefverkehr. Wie wir gehört haben, schrieb Hus selbst an John Oldcastle, allerdings noch vor dessen erfolglosen Aufstand. Jan Hus, der sich stets für ein Zusammenwirken aller Stände einsetzte, hätte dieses Unternehmen kaum für gut befunden. Der Aufstand von 1414 war jedoch in Böhmen bekannt. Ein Bericht, der mit den Worten beginnt *Erstaunliche und schreckliche Neuigkeiten aus England*, ist in zwei Versionen überliefert: eine im Archiv in Wittingau (Třeboň), die andere von einem Olmützer Kanoniker abgeschrieben. Wahrscheinlich wurde der Text kurz nach dem Aufstand auf diplomatischem Wege von Heinrich V. von England an König Sigismund gesandt. Ob die Nachrichten auch die Prager Wyclifisten erreichten, ist nicht belegt, man darf dies aber in Anbetracht des gegenseitigen Interesses vermuten.[6]

Bestand die Möglichkeit eines bewaffneten Aufstandes auch in Prag? Einzelne Nachrichten über Gewaltdrohungen und Gewalttaten scheinen dies zunächst anzudeuten. Die von Johannes Protiva 1409 zusammengestellten Anklageartikel beschuldigten Jan Hus der Aufwiegelung des Volkes. Angeblich versetzte er die Zuhörer mit seiner Redekunst derart in Aufregung, dass sie nach der Predigt sogleich zur erzbischöflichen Kurie aufbrachen und dort mit großem Geschrei und aufrührerischen Worten die Ruhe störten. Ein polnischer Bote, der Wyclif und die Wyclifisten beschimpfte, wurde am 25. April 1410 in der Nähe des Altstädter Prangers verprügelt. Im Sommer 1410, nach der Bücherverbrennung und der Exkommunikation der Appellanten, drangen sechs Männer mit gezogenen Schwertern in die Neustädter Kirche St. Stephan ein und wollten den dortigen Prediger töten, weil er die Reformpartei schmähte. »Da packte alle Leutpriester die Angst,« berichtet darüber die so genannte *Chronik der Prager Universität*, »so dass sie fürderhin auf die im Gesetz Gottes nicht fundierte Exkommunikation verzichteten.« Jan Hus zufolge waren Martin, Johann und Stašek nicht die einzigen Opfer der Ablassunruhen von 1412. Andere Leute wurden von den Chorbuben an der Kathedralkirche »verdroschen, verprügelt und mit einer Keule geschlagen«, weitere wurden mit dem Bann belegt und eingekerkert. Nach der Verhängung der verschärften Exkommunikation über Hus im Herbst 1412 wurden einige Angehörige des Pfarrbezirkes St. Peter in Poříčí in der Prager Neustadt verhaftet. Es handelte sich wahrscheinlich um 13 Leute, die gegen die Bekanntmachung des Bannes durch den Pfarrer protestierten. Eine Frau soll Steine gegen das Haus des Pfarrers geworfen haben, vielleicht als Parodie auf die Rituale des Kirchenbannes.[7]

Die Gewaltandrohung als Mittel des religiösen Streites erwähnte auch Stephan Páleč, als er über die Versammlung der wyclifistischen Magister an der Universität am 16. Juli 1412 sprach. Er beschwerte sich, die Theologiedoktoren mussten fürchten, den Disputationsraum zu betreten, denn die Magister waren

> »fest umgeben von Männern, die den Degen umgeschnallt hatten, von Schustern, Schankwirten und anderen Laien, die in die Schule strömten; und wenn jemand den Magistern und ihren Reden opponierte, verließ die Disputation verwundet und mit dem Degen verletzt.«

Hieronymus von Prag wurde in Konstanz beschuldigt, er pflegte mit 100 oder 200 Bewaffneten durch die Prager Straßen zu ziehen und Aufruhr im Volk und Klerus zu provozieren. Er gab zu, manchmal von 70 Knappen begleitet worden zu sein, wenn er mit König Wenzel ritt, ansonsten bestritt er den Vorwurf. Konkreter war die Anklage, Hieronymus habe in die Ablassverkündung eingegriffen, und zwar im August 1412 in der südböhmischen Stadt Neuhaus (Jindřichův Hradec). Mit der Kreuzpredigt wurden dort die Priester Johannes von Hohenmauth (Vysoké Mýto) und Beneš, Altarist der Prager Kirche St. Michael in Opatovice beauftragt. Als Hieronymus dies erfuhr, erschien er plötzlich mit mehreren Bewaffneten in der Pfarrei, erschreckte die beiden Prediger und jagte sie »mit verärgertem Antlitz und wütend« zur Pfarrkirche und weiter aus der Stadt hinaus.[8]

Jan Hus war in diese Fälle von Gewaltanwendung kaum verwickelt. In dieser Hinsicht fiel eher der impulsive Hieronymus auf, der für das Austeilen von Ohrfeigen jederzeit zu haben war. Hus war gegen unmittelbare Gewaltanwendung und forderte auch nicht dazu auf. Zwar hielt er Töten unter gewissen Umständen für zulässig, besonders als Folge eines Gerichtsurteils. Doch er war sehr vorsichtig, wenn es zu Gewalt im Religionsstreit kam. Aufschlussreich ist sein Kommentar zum Gleichnis vom Festmahl, wo der einladende Herr befiehlt: »Nötige die Leute zu kommen« (Lukas 14, 23). Dies war eine klassische Stelle, die seit Augustinus zur Rechtfertigung physischer Gewalt gegen Ketzer benutzt wurde. Hus vertrat aber die wyclifistische Position: nur die rechtmäßigen weltlichen Herren dürfen jemanden zum geistigen Gastmahl, also zur richtigen religiösen Haltung, nötigen.

> »Ein König, Fürst, Herr ist Diener Gottes und er hat Herrschaft, Macht und Schwert zur Verteidigung der Guten und zum Zwingen der Bösen, seien sie weltlich oder geistlich.«

Die Kleriker sollten nach Hus' Ansicht von der Gerichtsbarkeit der Herren nicht ausgenommen sein, denn die Simonisten nutzen die kirchlichen Gerichte zur Deckung ihrer Sünden. Wie gegen die simonistischen Häretiker nach Hus' Meinung vorgegangen werden sollte, wurde schon oben geschildert: Neben den Herren kann die Initiative dazu im Extremfall auch vom Volk ausgehen. Hus sagte an dieser Stelle jedoch ausdrücklich: »Ich will nicht dazu raten, jemanden zu töten; denn unter Umständen würde man vielleicht auch einen Unschuldigen töten.«

Keineswegs riet Hus also zu einem Aufstand und keineswegs befürwortete er spontane Gewaltausbrüche. Zum Ungehorsam gegenüber einem verdorbenen Kirchensystem ermunterte Hus jedoch intensiv und unermüdlich. In den *Büchlein über die Simonie* verriet er nebenbei, er habe viele Kleriker ermahnt, kein Geld für die Bestätigung ihrer Pfründen auszugeben. Aktives Agieren mit Rat und Tat erschien erforderlich, wollte man der Reformbewegung die Anhängerschaft sichern. Dies war umso wichtiger, als die Unterstützung des Königs zu diesem Zeitpunkt ausblieb. Wie wir gesehen haben, bemühte sich Hus, diese durch den adeligen Beistand einigermaßen zu ersetzen. Wie sich jedoch im Frühjahr und Sommer 1412 zeigte, stützte sich die Bewegung vor allem auf die Gunst des Volkes, die durch Predigt, Inszenierungen und Demonstrationen gewonnen wurde. Die Ausbildung eines Gemeinschaftsgefühls bei den Protestierern wurde umso bedeutsamer, je mehr die Reformer sich über die kirchlichen und dann auch weltlichen Legalität hinaus bewegten. Die Teilnehmer an den verbotenen Straßenkrawallen folgten ihren universitären Anführer in den Ungehorsam.[9]

Hus' Kampagne gegen die Ablasspredigt von 1412 hatte die Züge einer Rebellion, was den Inhalt sowie die äußeren Umstände anbelangt. Bereits in seinen früheren Predigten äußerte sich Hus skeptisch über die trügerischen Ablässe. Seit dem Beginn der Kreuzpredigt im Frühjahr 1412 klang das Thema über zwei Monate hinweg immer wieder in seinen Kanzelreden an. Noch vor dem Start der Ablasskampagne versuchte er mit einer kurzen schriftlichen Stellungnahme, den König von ihrer Bewilligung abzubringen, allerdings vergeblich. Zwei weitere kurzgefasste Gutachten bzw. Flugschriften folgten. Zum 17. Juli kündigte Hus schließlich eine Disputation an, in welcher er die Ablassbulle Johannes' XXIII. einer theologischen Untersuchung unterziehen wollte. Die Frage hatte sich jedoch inzwischen zu einem Politikum entwickelt, an dem sich die Geister schieden. Besonders die Theologen waren sich der Konsequenzen des Protestes von Hus bewusst. Er wandte sich ja nicht nur gegen den Willen des Königs, sondern auch gegen eine konkrete Anordnung der kirchlichen Obrigkeit. Aus seinen Gedanken konnte leicht eine grundsätzliche Infragestellung der kirchlichen Autorität und somit der kirchlichen Ordnung insgesamt abgeleitet werden. Einige Mitglieder der wyclifistischen Gruppe distanzierten sich in dieser Frage von Hus. Es waren dies keine unbedeutenden Parteigänger, sondern die Magister Stanislaus von Znaim und Stephan Páleč. Trotz ihrer eigenen Vorbehalte gegen die Bulle wandten sie sich entschieden gegen jeden Zweifel an der päpstlichen Autorität. Von diesem Zeitpunkt an sollten sie zu den erbittertsten Gegnern von Jan Hus zählen.[10]

Zufällig war Páleč gerade damals Dekan der Theologischen Fakultät. In dieser Eigenschaft verbot er allen Bakkalaurei der Theologie, zu welchen auch Hus gehörte, an der Disputation teilzunehmen. Hus und seine Freunde ließen sich dadurch nicht beirren. Die umfangreiche *Quaestio*, die Hus vortrug, markierte einen vorläufigen Höhepunkt im Verlauf der Protestaktionen, die dann drei Wochen später mit der Hinrichtung der drei jungen Männer endeten. Hus' Beweisführung konzentrierte sich auf die konkreten Aspekte der päpstlichen Ablassbulle gegen König Ladislaus. Konkret formulierte er die Frage, ob die Kreuzzugsbulle zur Ehre Gottes, zum Heil des Volkes und zum Nutzen des Königreichs gereiche, und man kann erraten, dass die Antwort negativ ausfiel. Lehnte Hus damit den Kreuzzug und Ablässe grundsätzlich ab, oder kritisierte er nur die Missstände im vorliegenden Fall? Seine Behauptung, er wolle sich der Macht des römischen Pontifex nicht widersetzen, sondern nur gegen die aktuelle Unordnung vorgehen, darf eher als rhetorische Floskel angesehen werden. Ein Kreuzzug war seiner Ansicht nach nur dann legitim, wenn er zur Verteidigung der Christenheit diente. Im italienischen Krieg zwischen Ladislaus und Ludwig von Anjou war das allerdings kaum der Fall: Hus demaskierte eindeutig die gewinnsüchtigen Motive des Ablassverkaufes sowie die rein machtpolitischen Beweggründe des Papstes in seinem Kampf gegen den Neapolitanerkönig, der ja nicht einmal einer Häresie überführt war.

Komplizierter war es mit dem Ablass. Hus betonte, er wolle die Befugnis der Priester zur Sündenvergebung keinesfalls in Frage stellen. Der Ablass war jedoch ein Nachlass bzw. eine Vergebung der auferlegten Buße außerhalb des üblichen sakramentalen Verfahrens: die Teilnahme am Kreuzzug oder eine finanzielle Spende zu diesem Zweck wurde als ausreichend angesehen, um als Ersatzbußleistung zu gelten. Hus dagegen meinte, der päpstliche Ablassbrief sei ein Betrug und der darin versprochene Sündenerlass eine Lüge. Denn die Vergebung konnte letztlich nur Gott erteilen. Wie könne aber der Papst wissen, wem Gott vergeben habe? Und wie konnte er die Sünden gegen eine Spende vergeben, die *nota bene* für einen Krieg benutzt wurde, dessen Legitimation äußerst fraglich war? Dass die Gnade von Gott erteilt werde und dass dazu Reue erforderlich sei, bezweifelte freilich auch die Ablasstheorie nicht. Obwohl Hus in seiner Streitschrift lange Textpartien von Wyclif übernahm, wich er eben jener Passage aus, in der Wyclif den theologischen Mechanismus des Ablasses angriff. Hus' Hinweis darauf, dass bei genauer Beachtung aller Regeln der Sündenvergebung die Ablässe überflüssig seien, deutet jedoch an, dass er diese nicht nur für unnötig, sondern auch für schädlich hielt.[11]

Warum ist die kirchenkritische Bewegung in Böhmen gerade durch die Ablasskampagne Wenzel Thiems so beschleunigt worden? Wir müssen davon ausgehen, dass Ablässe und deren Gewinnung beinahe zum religiösen Alltag in Prag gehörten. Während des Jubeljahres 1393 hatte Hus selbst einen Ablass gekauft, wie er sich später bedauernd erinnerte. Eine laufende Kampagne konkurrierte sogar mit dem Unternehmen von Thiem und Fantuzzi. Papst Alexander V. erteilte nämlich am 30. Juli 1409 dem Ritterorden der Johanniter das Recht, fünf Jahre lang die Mittel für ihr karitatives Wirken und für den Türkenkrieg durch einen Ablassverkauf zu erwirtschaften. Die Johanniter entfachten daraufhin eine europaweite Kampagne. Gelegentlich rief dies Konflikte hervor: der Dominikanerinquisitor Johannes Falkenberg hat im November 1411 in Magdeburg den Ablasskommissar der Johanniter des Predigens von Irrlehren beschuldigt.

In Prag sorgte die Konkurrenz der zwei Ablasskampagnen für Reibungen. Obwohl Johannes XXIII. den Johanniterablass am 1. April 1412 aussetzte, gaben die Spitalritter nicht nach. Thiem erhielt vom Papst sogar die Befugnis, die Johanniter dafür mit Kerker zu bestrafen. Ein Ordensritter, Lizenziat des kanonischen Rechtes, namens Johannes trug in der Teynkirche in der Prager Altstadt eine Verteidigung der Ordensablässe vor. Jan Hus wies in einem seiner Pamphlete auf das 5-jährige Privilegium Alexanders V. hin und betonte, die päpstlichen Ablassbullen würden sich gegenseitig ausschließen. Wahrscheinlich war es das streitbare, gegen alle potenziellen Kritiker und Konkurrenten ausgerichtete Auftreten Thiems und der von ihm beauftragten Prediger, das die kritische Reaktion und öffentliche Empörung hervorrief. Obwohl die Prager an die Verkündigungen von Ablässen gewöhnt waren, deuten die Berichte darüber an, dass in diesem Fall der merkantile Aspekt des Bußverfahrens allzu sehr in den Vordergrund getreten ist. Die Helfer Thiems waren zum Teil als Besitzer mehreren Pfründen bekannt, und die Ablassverkündung wurde ihnen bezirksweise verpachtet. Hus kritisierte sie als ungebildet, geizig und von allzu lockeren Sitten.[12]

Für Hus war der Kampf gegen die Kreuzzugsbulle vor allem von symbolischer Bedeutung: er konnte nun zeigen, dass er seine Kanzellehren ernst meinte. Wie sehr er auch das Vorgehen der Ablasskommissare verabscheute, es ging ihm diesmal nicht in erster Linie um die Simonie. Schwerwiegender war, dass die Bulle Unerlaubtes anordnete, nämlich das Töten von Christen und einen Missbrauch der Bußbereitschaft für eigennützige politische und wirtschaftliche Zwecke. Hier galt es für Hus, seine Lehre über den Gehorsam mit Taten zu bekräftigen. Gegen Ende seiner *Quaestio* rief er seine Anhänger zum Widerstand auf, ganz im Sinne der für ihn so charakteristischen Auffassung der Überlegenheit des göttlichen Gesetzes:

>»Ein Lehrling Christi muss also über päpstliche Bullen nachdenken. Wenn sie mit dem Gesetz Christi übereinstimmen, darf er ihnen keineswegs widersprechen. Wenn er aber in ihnen etwas dem Gesetz Christi Widerstreitendes entdeckt, muss er sich mit demselben Christus dagegen wirksam einsetzten.«

Hus ging dabei mit gutem Vorbild voran. Nicht nur missachtete er das Disputationsverbot, er veranstaltete darüber hinaus, wohl im August 1412, eine zweite Verteidigung Wyclifs. Diesmal wurden nicht Bücher, sondern bestimmte Lehren verteidigt. Hus wählte sich einige Artikel von besonderer Sprengkraft aus: über die Predigtautorität, die Beschlagnahme von Kirchengütern, über unrechtmäßige Herrschaft und über die Spendung der Sakramente.[13]

Wie bereits im Fall der Bücherverbrennung und des Predigtverbotes, stellte sich Hus erneut gegen den Befehl des kirchlichen Oberhauptes. Nur waren diesmal, zwei Jahre später, seine Anhänger auf den Protest anders vorbereitet. Die Agitation, die sich 1410 erstmals voll entfaltete, hatte zur Folge, dass sich nun sofort wieder eine kampfbereite Schar von Sympathisanten einfand. Die neuen Auseinandersetzungen führten zu ersten Todesopfern. Stellten damit die Ereignisse von 1412 einen schicksalhaften Wendepunkt in der *Causa* Hus dar? Aus der Sicht des Reformers gewiss. Im Vergleich etwa zu den Jahren 1410 und 1411 fehlte die königliche Unterstützung merklich. Aus der Sicht Wenzels war es kein Wechsel seines politischen Kurses, jedoch war die Situation eine andere als im Vorjahr. Es handelte sich nun nicht mehr um einen Streit mit dem Erzbischof von Prag, sondern es ging um Widerstand gegen den Papst, der sich zudem der luxemburgischen Unterstützung erfreute. Solcher Streit versprach dem König weder außen- noch innenpolitischen Gewinn. Dass Hus ungeachtet der Einstellung des Königs die Leute für seine Wahrheit begeistern konnte, zeigte das Potenzial seiner Bewegung.

Noch im Konstanzer Kerker meinte Hus, sein Widerstand gegen die päpstliche Ablassbulle stellte einen der wenigen Sachverhalte dar, die ihm das Konzil zur Last legen könnte. Die Frage tauchte tatsächlich in den Anschuldigungen auf, obwohl sie aus dogmatischer Sicht keine Schlüsselrolle spielte. In unserem Zusammenhang muss eher auf eine andere Beschuldigung hingewiesen werden. Im Verhör vom 7. Juni 1415 wurde Jan Hus vorgeworfen, er ermuntere seine Zuhörer, ihre Gegner mit dem Schwert zu erschlagen. Dieser Vorwurf war offenbar ungerechtfertigt, denn Hus riet nie zum physischen Kampf. Die Anklage stützte sich auf eine Auslegung, die Hus über das 6. Kapitel des Epheserbriefs vorgetragen hatte, worin er auf die geistigen Waffen zu sprechen kam und dabei das Beispiel des Moses zitierte, der die Gottesfeinde mit dem Schwert zu erschlagen befohlen habe. Hus entgegnete, dass er die Worte »Jeder lege sein Schwert an« (Exodus 32, 27) ausdrücklich im geistigen Sinne, als Schwert des Gotteswortes, ausgelegt habe.

Die Konzilsväter bezweifelten dieses exegetische Verfahren, obwohl jeder von ihnen zweifellos in ähnlicher Weise kriegerische Aussagen der Bibel im übertragenen oder geistigen Sinn ausgelegt haben dürfte. Hus gab zudem an, er wisse nichts von Flugblättern, die in Prag angeschlagen worden seien und die dazu aufforderten, die Feinde zu töten.[14] Obwohl ungerecht, ist diese Anschuldigung dennoch aufschlussreich, zeigt sie doch, was die Konstanzer Richter für gefährlich hielten. Hus war kein primitiver Hetzer. Sicher bewegte er sich an einer Grenze, aber er stachelte nicht zur Gewalt an, auch wenn er zugespitzte Metaphern benutzte, um seine Zuhörer zu überzeugen. Seine Lehren freilich führten dazu, dass die Zuhörer die Obrigkeiten nach der Rechtmäßigkeit ihres Tuns befragten, und öffneten somit in gewisser Weise dem Aufruhr die Tür. Die Konzilsväter waren sich bewusst, dass ein solcher Prediger viel gefährlicher war als ein vereinzelter ketzerischer Heißsporn. Aus der Sicht der verantwortlichen Kirchenmänner blieb nichts anderes übrig, als ihn von der Gesellschaft zu isolieren.

12 Der Prozess – Die Appellation an Christus 1412

Kurz vor der turnusmäßigen Synode im Oktober 1412 wurde jene Urkunde nach Prag überbracht, mit welcher der vom Papst beauftragte Kardinal Pietro degli Stephaneschi den über Hus bereits verhängten Kirchenbann verschärfte. Während die »kleine« Exkommunikation den Betroffenen von den Sakramenten ausschloss, schloss die verschärfte, »große« Exkommunikation auch das Verbot ein, mit dem Verbannten zu kommunizieren, ihm Speise und Trank zu geben oder ihm Unterkunft und Nachtlager anzubieten. Die Lukas-Synode vom 18. Oktober 1412 bot die passende Gelegenheit, die Entscheidung des Kardinals bekannt zu geben. Am selben Tag schritt Jan Hus demonstrativ zum Gegenangriff: Er appellierte gegen seine Exkommunikation an Jesus Christus. Nach dem Zeugnis seines Gegners und Briefpartners Stephan von Dolany soll Hus von der Bethlehemskanzel aus seinen Zuhörern mit lauter Stimme zugerufen haben: »Seht, liebste Söhne und Töchter, ich erkläre heute vor euch, dass ich gegen diesen bösen Papst, der sich ein Papst nur nennt, an Christus appelliere.« Den vollen Text seiner Berufung schlug er am Tor des Kleinseiter Brückenturmes an. Alle Teilnehmer der Synode, die sich aus der Altstadt oder überhaupt von Osten her in den erzbischöflichen Hof begaben, konnten also seine Deklaration lesen.

Hus rekapitulierte in seiner Berufung die Gründe, warum er den Bann für ungültig und nichtig hielt. Er führte aus, dass die Exkommunikation, die von seinem Gegner Michael de Causis erwirkt worden war und die Kardinal Peter in Vertretung von Papst Johannes XXIII. ausgesprochen hatte, nur »vorgetäuscht« gewesen sei. Hus meinte, die

Schlichtung seines Konfliktes mit dem Erzbischof Zbyněk, die im Sommer 1411 unter Vermittlung des königlichen Rates erreicht wurde, habe seinen Prozess formell beendigt. Der Papst habe sich zwei Jahre lang geweigert, die Vertreter von Hus zu hören. Da die Richter und Zeugen seine persönlichen Feinde seien, hätte keine Gewähr für seinen sicheren Zutritt zur Gerichtsverhandlung bestanden; sein Anwalt sei ja an der Kurie sogar eingekerkert worden. Deshalb habe er nicht persönlich vor dem päpstlichen Gericht erscheinen können. Weil Hus innerhalb des päpstlichen Gerichtswesens keine Chance mehr sah, Gerechtigkeit für sich zu erzielen, vertraute er seinen Rechtsstreit dem allerhöchsten Richter, Jesus Christus, an.

Der Papst sei die höchste Gerichtsinstanz in der Kirche und niemand könne ihn richten, so steht es in der mittelalterlichen Kirchenrechtssammlung, dem *Decretum Gratiani*. Nun war Hus nicht der erste, der gegen seine Verurteilung durch den Papst Widerspruch einlegte. Bezeichnenderweise erfolgten solche Appellationen in besonders eskalierten Konfliktssituationen. Schon Friedrich II. appellierte 1245 gegen seine Absetzung durch Innozenz IV. an den künftigen Papst und an ein allgemeines Konzil. Appellationen an Gott sprachen Verurteilte oft vor der Exekution aus, wie der Hochmeister des aufgelösten Templerordens Jacques de Molay im Jahr 1314. Mit dem Ausbruch des *Großen Schismas* und der Ausbreitung des Konziliarismus gewann die Frage der Appellation an ein Konzil gegen ein päpstliches Urteil erhöhte Aktualität. Die Theoretiker des Konziliarismus, darunter auch die Konstanzer Richter des Jan Hus Jean Gerson und Pierre d'Ailly, erarbeiteten entsprechende rechtliche und theologische Begründungen. Während des Konzils von Pisa appellierte die Gesandschaft König Ruprechts an Christus und an ein künftiges Konzil. Die »Pisaner« Kardinäle appellierten bereits 1408 gegen den römischen Papst Gregor XII. an Jesus Christus, ein Generalkonzil und einen künftigen Papst. Einer dieser Appellanten, Odo Colonna, wird später als Papst Martin V. jede Konzilsappellation verbieten.

Hus' Appellation an Christus ragt aus den bekannten Appellationen in zweierlei Hinsicht heraus. Erstens legte er seinen Einspruch allein bei Jesus Christus ein, während sich die meisten vorangegangenen Appellationen an die göttliche Instanz zugleich auch an eine weltliche Instanz richteten. Zweitens protestierte Hus gegen eine im Gerichtsverfahren getroffene Entscheidung, während sich die meisten anderen Berufungen gegen administrative oder autoritative Maßnahmen richteten. Von einem streng rechtlichen Gesichtspunkt aus war ein solcher Akt natürlich unzulässig und unwirksam, weil das kanonische Prozessrecht Gott als Gerichtsinstanz nicht kannte. Hus' Rechtsanwalt Johannes von Jesenice wusste das natürlich gut. Zur Zeit der Herbstsynode von 1412 weilte er außerhalb Prags und konnte seinem Klienten und Freund nicht mit Rat behilflich sein. In seiner für Konstanz vorbereiteten Zusammenfassung des bisherigen Prozessverlaufes versuchte er dann, die Berufung an Christus eben als eine Appellation an ein zukünftiges Konzil zu tarnen. In Hus's eigenem Rechtverständnis stand jedoch die göttliche Gerechtigkeit über allen gerichtlichen Instanzen und Prozessregeln.

In seiner Berufung nannte Hus drei Vorbilder für sein Vorgehen: den griechischen Theologen Johannes Chrysostomus aus dem 4. Jahrhundert, den Prager Bischof Andreas und den Lincolner Bischof Robert Grosseteste, beide aus dem 13. Jahrhundert. Die Historizität aller dieser angeblichen Appellationen an Gott ist äußerst zweifelhaft, obwohl Hus von der Relevanz dieser Fälle offensichtlich überzeugt war. Als entscheidendes Beispiel galt ihm aber ohnehin Jesus selbst: Als dieser von den Pharisäern und falschen Richtern in Bedrängnis gebracht wurde, wandte er sich an Gott, den Vater.[1] Die Berufung an Christus kann gewiss als ein Ausdruck von Hus' Auffassung von der Kirche verstanden werden, der zufolge nicht der Papst, sondern Christus das wahre Kirchenhaupt sei. Daher sei eine bei Christus eingelegte Appellation gegen den Papst durchaus vorstellbar. Aus der Sicht der praktischen Entwicklung seines Prozesses war aber die Berufung ein Ausdruck der Ausweglosigkeit: auf Erden stand ihm keine Appellationsinstanz mehr zu Verfügung. Wie war Hus in diese Sackgasse geraten? Welche Entwicklung hat sein Fall genommen und wie hat sich die rechtliche Stellung des Bethlehemspredigers verändert?

Das erste Verbot der wyclifistischen Lehren von 1403 hat sich auf die Stellung Hus' im rechtlichen Sinne nicht ausgewirkt. Es handelte sich um eine interne Angelegenheit der Universität und nicht um eine Anordnung einer kirchlichen Behörde, geschweige dann eines Tribunals. Obwohl die Sympathie von Hus für die Ideen Wyclifs weit bekannt war und er selbst dies nie geleugnet hat, richtete sich die erste offizielle Maßnahme gegen Hus auf andere Vorkommnisse. Im Jahre 1408 suspendierte Erzbischof Zbyněk Hus und seine Gefährten von ihren priesterlichen Funktionen wegen der Unterstützung der widerspenstigen Pisaner Kardinäle. Als sich Zbyněk Anfang September 1409 selbst gezwungen sah, die römische Obödienz aufzugeben, verlor die Suspendierung Hus' natürlich ihre Wirksamkeit. Inzwischen rückte aber der Wyclifismus in den Mittelpunkt der Auseinandersetzung. Nachdem Stanislaus von Znaim deshalb angeklagt wurde, brach er zusammen mit seinem Lieblingsschüler Stephan Páleč nach Italien auf. Im Herbst 1408 machten sich die beiden auf den Weg nach Rom. In Bologna wurden sie von Kardinal Cossa, einem Anhänger der Pisaner Obödienz, verhaftet und erst im Frühjahr des folgenden Jahres wieder freigelassen. Hus rief dieses Unrecht bei seiner Rechtfertigung, warum er selbst nicht vor einem päpstlichen Gericht in Rom erscheinen wolle, mehrmals in Erinnerung.[2]

Die nun auch im Ausland erhobenen Anklagen wegen Wyclifismus erregten die Aufmerksamkeit des Prager Erzbischofs. Er ordnete an, Wyclifs Bücher zur Überprüfung vorzulegen. Diejenigen, die dem Befehl nicht Folge leisteten, wurden exkommuniziert. Hus kam der Aufforderung schließlich nach und legte die Bücher vor. Am 15. Juni 1409 wiederholte die Diözesansynode die Anordnung noch einmal. Fünf Studenten appellierten gegen diesen Befehl Zbyněks an den in Pisa gewählten Papst Alexander. Nicht nur Stanislaus' Remanenzlehre, sondern nun auch die Schriften Wyclifs wurden zum Gegenstand eines Gerichtsverfahrens an der päpstlichen Kurie. Beide Parteien entsandten ihre Prokuratoren nach Rom; die Studenten wurden von Magister Markus von Königgrätz (Hradec) vertreten. Der beauftragte päpstliche Auditor Heinrich Krumhart von Westerholz lud aber Erzbischof Zbyněk persönlich zur Verhandlung der Sache vor. Doch bald sollten sich die Verhältnisse wieder ändern. Am 20. Dezember 1409 erließ Alexander V. die uns schon bekannte Bulle, in welcher er die Aushändigung der Wyclifschriften befahl und Predigten in Kapellen verbot. Hus und seine Freunde waren überzeugt, dass dieser Akt die Jurisdiktion des Auditors Krumhart beeinträchtigt habe. Der Papst übernahm den Fall selbst, hob alle Appellationen auf und beauftragte Erzbischof Zbyněk damit, weiter gegen häretische Bücher vorzugehen, also genau das zu tun, wofür Zbyněk unlängst noch selbst vorgeladen worden war. Es ist daher verständlich, dass die Prager Wyclifisten mit Hus an der Spitze den Verdacht hegten, die Bulle sei von ihren Prager Feinden mit Betrug und Bestechung erwirkt worden.

Das Vorgehen des Papstes war ungewöhnlich, aber rechtlich nicht angreifbar. Die Appellation der fünf Studenten wurde zurückgewiesen und der Streit zwischen dem Erzbischof und der Universität somit beendet. Als der Papst Zbyněk mit einem Inquisitionsverfahren gegen den Wyclifismus beauftragte, begann er damit eigentlich einen neuen Prozess. Zbyněk hatte schon früher die Inquisitionsermittlung aufgrund seiner bischöflichen Vollmacht geführt. Wohl im September 1409 war Jan Hus vom Inquisitor Mauritius Rvačka verhört worden. Nun erhielt Zbyněk den päpstlichen Auftrag hierzu. Eine Voraussetzung für ein solches Verfahren war der allgemein verbreitete Verdacht, der »Geruch von Häresie«. Nur so konnte ein Inquisitionsprozess von Amts wegen geführt werden, ohne einen konkreten Ankläger. Das war sehr wichtig, denn in einem Anklageprozess musste sich der Kläger verpflichten, selbst die Strafe zu übernehmen, wenn seine Anklage fehl schlug. Verständlicherweise fanden sich unter solchen Umständen nicht viele Ankläger. Hus' Partei bemühte sich daher, die Existenz eines Häresiegerüchtes zu widerlegen. So ist die Briefaktion vom Herbst 1410 zustande gekommen, als eine Anzahl von Persönlichkeiten Briefe zur Unterstützung von Hus nach Rom sandten. Die Absender bestätigten allesamt, dass sie Hus als rechtgläubigen Mann kannten.[3]

Hus war nämlich inzwischen ins Zentrum des Geschehens gerückt. In den bisherigen Gerichtsverfahren war sein Name nicht aufgetaucht. Auch Alexanders Bulle nannte keine Namen, weder Hus, noch die Bethlehemskapelle. Nachdem sie aber Zbyněk auf der Synode von Juni 1410 publiziert hatte, trat Hus in den Vordergrund. Er und sieben seiner Gefährten legten gegen das Prager Synodalstatut, das die Bücherverbrennung und ein Predigtverbot anordnete, Berufung bei Papst Alexander V. ein, und als dieser gestorben war, erneut bei seinem Nachfolger Johannes XXIII., dem früheren Kardinal Cossa. So begann Hus' Prozess an der Kurie. Der Rechtskrieg sollte sich von nun an über die Alpen hinweg zwischen Prag und Italien abspielen. Ungeachtet der Appellation ließ Zbyněk am 16. Juli 1410 die Bücher verbrennen und zwei Tage später belegte er die Appellanten mit einem Kirchenbann. Das war jedoch unrechtmäßig, weil diese inzwischen Einspruch eingelegt hatten. An der Kurie wurde die Berufung der acht Prager Universitätsmitglieder an Kardinal Odo Colonna zur Verhandlung weitergeleitet. Colonna beauftragte Zbyněk mit der Fortsetzung des Verfahrens gegen Hus und lud letzteren vor sein Gericht.

Die Verhandlung konzentrierte sich nun auf die Frage des persönlichen Erscheinens Hus' vor dem Gericht in Rom, Bologna, oder wo auch immer sich die Kurie momentan befand. Hus hatte nicht die geringste Absicht, nach Italien zu gehen. Das machte er auch in seiner Appellation an Christus klar. Er ernannte drei Prokuratoren, die ihn an der Kurie vertreten sollten: Johannes von Jesenice, der etwa im Oktober 1410 nach Italien reiste, Markus von Königgrätz, der dort noch als Vertreter der ersten fünf Appellanten weilte, und Nikolaus von Stojčín, von dessen Wirken auf der Halbinsel nichts bekannt ist. Jesenic gelang es, von Bologneser Theologen ein Gutachten zu erwirken, dem zufolge der Prager Erzbischof Zbyněk kein Recht hatte, die Schriften Wyclifs zu verbrennen. Trotzdem wurde die Appellation gegen die Bücherverbrennung höchstwahrscheinlich von Colonna zurückgewiesen, da sie ab diesem Zeitpunkt aus den Quellen verschwand. Als sich Colonna weigerte, die von Hus' Prokuratoren vorgelegten Argumente für eine Aussetzung von der persönlichen Vorladung des Angeklagten zu prüfen, stellte Markus von Königgrätz gegen ihn einen Antrag wegen Befangenheit. Mit der Bearbeitung dieses Antrages wurde der päpstliche Auditor Giovanni Tomari aus Bologna beauftragt. Obwohl die Frist für eine Entscheidung über diesen Antrag noch lief (so schilderte es zumindest Jesenic), belegte Odo Colonna Hus im Februar 1411 mit dem Bann wegen Nichterscheinen.[4]

Hus' eigene Auffassung der Exkommunikation war theologischer Natur. Seinem Verständnis zufolge konnte ein Bischof oder Papst keinen Menschen wirksam exkommunizieren, der nicht zugleich von Gott exkommuniziert worden war. Diese Grundidee äußerte Hus mehrmals. Er hatte dabei sicher seine eigene Situation vor Augen. Für eine gerechte Sache, wie die Verteidigung der Predigtfreiheit oder der zum Studium nützlichen Bücher, konnte ja Gott und daher auch ein Prälat niemanden exkommunizieren. Man muss dazu bemerken, dass Hus gegen die über ihn verhängten Exkommunikationen auch rein rechtliche Einwände geltend machen konnte: Sowohl der erzbischöfliche als nun auch der päpstliche Bann waren verfahrensmäßig mangelhaft. Er konnte aber an ihrem faktischen Erlass nichts ändern. Erzbischof Zbyněk, der durch die ersten Erlasse des Kardinals Colonna gestärkt wurde, hatte seinen Bann gegen Hus bereits am 24. September 1410 verschärft und sammelte weitere Zeugenaussagen gegen ihn. Am 15. März 1411 veröffentlichte er dann in Prag die durch Colonna ausgesprochene päpstliche Exkommunikation. Die Reaktion des Königs und seiner Umgebung haben wir im Kapitel über die Beschlagnahme der kirchlichen Güter ausführlicher geschildert. Hier sei noch angefügt, dass Hus sich bereits gegen diesen ersten päpstlichen Bann entschieden verwahrte und seine Entschlossenheit erklärte, im Widerstand durchzuhalten. In einem Brief an Johannes Bradáček und an die Einwohner von Krummau (Český Krumlov) listete er mehrere Schrift- und Kirchenväterstellen auf, die alle auf die Maxime zurückgeführt werden konnten: »Man muss Gott mehr gehorchen als den Menschen« (Apostelgeschichte 5, 29). Am Ende fügte Hus hinzu: »Das habe ich aufgezeichnet, damit ihr den Teufelshunden standzuhalten wisst.«[5]

Der Zusammenstoß zwischen König Wenzel und Erzbischof Zbyněk endete bekanntlich im Sommer 1411 mit einem Schiedsurteil der königlichen Kommission. Hus hat sich darauf mehrmals berufen, so auch in seiner Appellation an Christus. Seine Beurteilung des Schiedsurteils war aus kirchenrechtlicher Sicht jedoch nicht ganz korrekt. Erstens war die Schlichtung nicht einwandfrei zustande gekommen, weil Zbyněk vor der Erfüllung des ihm aufgezwungenen Abkommens aus Prag floh. In seinem Brief an Wenzel vom 5. September 1411 schrieb der Erzbischof ausdrücklich:

»Und so ist dieses Abkommen nicht nur von mir kaum erfüllt, sondern gilt auch wegen der unten verzeichneten und auch vieler anderer Gründe meinerseits als gekündigt.«

Bischof Johann von Leitomischl beurteilte die Sachlage nach der Februarsynode von 1413 daher durchaus richtig. Seiner Meinung nach konnte ein Abkommen zwischen den hohen Repräsentanten des böhmischen Königreichs und der böhmischen Kirche den an der päpstlichen Kurie geführten Prozess keineswegs beeinflussen. Hus versuchte nichtsdestoweniger, sich von der persönlichen Vorladung zu befreien. Er schrieb an den Papst und an die Kardinäle und wies auf seine Versöhnung mit Zbyněk hin. Dies hatte indes keine positive Wirkung.[6]

In Rom entwickelte sich der Fall Hus langsam weiter. Gegen Ende des Jahres 1411 wurde die *Causa* einer vierköpfigen Kommission von Kardinälen anvertraut, der auch der angesehene Jurist Francesco Zabarella angehörte. Dieser zeigte sich den Argumenten von Hus' Anwälten gegenüber aufgeschlossen und neigte dazu, diesen von der Vorladung zu entbinden. Indessen wurde diese für Hus günstige Entwicklung bald wieder unterbrochen. Der Fall wurde erneut weitergeleitet, diesmal an den Kardinal Brancaccio, der die Aufhebung der Vorladung und Exkommunikation hinauszögerte. Inzwischen verschlechterte sich Hus' Situation. Sein Anwalt Johannes von Jesenice führte seit einiger Zeit in Rom einen Streit mit dem Anwalt der Prager Domherren, Michael von Deutschbrod (heute Havlíčkův Brod), genannt de Causis. Die Feindschaft der beiden führte zu gegenseitiger Anklage, die im März 1412 in Jesenic' Verhaftung mündete. Der Jurist floh aus dem Kerker und wurde in Abwesenheit als hartnäckiger Ketzer verurteilt.

Das bedeutete für Hus eine erhebliche Schwächung seiner Aussichten. Im Sommer 1412 wurde Pietro degli Stephaneschi als neuer Richter in der *Causa* Hus beauftragt. Dieser ignorierte die Argumente für die Aufhebung der Vorladung und verschärfte den Bann, den Colonna ausgesprochen hatte. In Prag wurde dies ernst genommen und auch Hus zog daraus

Verhör eines gefangen genommenen Häresieverdächtigen vor dem Richter, wohl einem Inquisitor. Aus dem Processus consistorialis martyrii Io. Huss (1525).

Konsequenzen. Es sei betont, dass Hus wegen seines Nichterscheinens verurteilt wurde, und nicht wegen der Häresieanklage, die von den päpstlichen Richtern noch überhaupt nicht verhandelt wurde. Nach dem Ablassstreit von 1412 erreichte den Papst eine weitere Anklage gegen Hus, die aber nicht mehr weiter verfolgt wurde.[7]

Die Verhandlung des Falls Jan Hus wurde mit dem verschärften Bann eingestellt. In einem Ketzerprozess war die Vertretung durch Prokuratoren ausgeschlossen. Solange der Angeklagte nicht persönlich erschien, konnte die Sache nicht weiter vorangetrieben werden. Hus war, rechtlich gesehen, auf der Flucht. Der päpstliche Auditor Konrad Konhofer aus Nürnberg ermächtigte den weltlichen Arm, gegen Hus als Ketzer vorzugehen. Das war aber illusorisch, denn in Böhmen fand sich kein einziger weltlicher Machthaber, der Hus nach Rom ausliefern wollte. Darüber hinaus war selbst die böhmische Inquisition, mit der traditionell königsnahe Personen betraut wurden, Hus gegenüber keineswegs feindlich eingestellt. Vor seiner Abreise nach Konstanz stellte ihm der päpstliche Inquisitor für Böhmen, der Dominikaner Nikolaus Venceslai, ein Zeugnis aus, worin er beteuerte, von Hus nichts Schlechtes oder Irriges gehört zu haben.

»Ich bin zu wiederholten Malen mit Magister Johannes Hus zusammen gewesen, habe mit ihm gegessen und getrunken, war öfter bei seinen Predigten dabei, habe mehrfach Gespräche über verschiedene Gebiete der Heiligen Schrift geführt, fand aber bei ihm niemals eine Irrlehre oder Häresie,«

versicherte Nikolaus, der königliche Beichtvater und Titularbischof von Nezero.[8]

Auf der internationalen Bühne entwickelte sich Hus' Sache nicht zum Besten. Am 10. Februar 1413 verurteilte ein von Papst Johannes XXIII. nach Rom berufenes Konzil Wyclifs Bücher, die noch am selben Tag vor der Peterskirche verbrannt wurden. Auf diese Verurteilung beriefen sich dann auch die Dekrete des Konstanzer Konzils. Erst dieses ging der Häresieanklage gegen Hus wirklich nach. Es wird berichtet, dass Michael de Causis am Tag nach der Ankunft von Hus in der Konzilsstadt Dokumente zu seiner *Causa* öffentlich anschlug und überall bekannt machte, dass Hus exkommuniziert und der Häresie verdächtig worden sei. Das war nicht nur Ausdruck einer persönlichen Feindschaft, sondern auch ein rechtlich relevanter Schritt. Dadurch sollte nämlich das für einen Inquisitionsprozess erforderliche Gerücht der Häresie bezeugt beziehungsweise in Umlauf gebracht werden. Hus dagegen forderte, dass seine Gegner offiziell Partei des Verfahrens sein sollten und folglich für falsche Anklagen auch bestraft werden konnten. Allerdings schenkte man ihm diesbezüglich kein Gehör. Die Konstanzer Konzilsväter begannen ihre Untersuchung dort, wo der römische Prozess gegen Hus aufgehört hatte. Sie stellten keine neue Vorladung aus, sondern gingen davon aus, dass Hus seit Jahren wegen Ketzerei angeschuldigt war und sich jetzt endlich vor Gericht eingefunden habe. Die Exkommunikation hat der Papst allerdings aufgehoben, denn sonst hätte man über Konstanz ein Interdikt verhängen und die Gottesdienste einstellen müssen.[9] Gegen Hus begann also ein Gerichtsverfahren, das auf früheren Verdikten beruhte. Mehrere Listen von Irrtümern, Zeugenaussagen gegen ihn, sein Ruf als notorischer Vertreter und Verteidiger der Lehren Wyclifs lagen vor, um ihn nun auch formal durch ein konziliares Gericht der Häresie zu überführen.

13 Unsichtbare Kirche und bedingter Gehorsam – Jan Hus' Buch »Über die Kirche« 1413

Der Streit um den Kreuzzugsablass von 1412 entwickelte sich rasch zu einer grundlegenden Debatte über das Wesen der Kirche. Die päpstliche Ablassbulle diente als Zündsatz eines äußerst explosiven Themas, das viele Fragen aufwarf. Sind es die eigennützigen Motive des jetzigen Papstes, die die Bulle ungültig machen, oder hat der Bischof von Rom gar keine Macht, die Menschen von der Sünde zu entbinden? Darf sich ein Gläubiger der päpstlichen Bulle, wenn sie ungerecht ist, widersetzen, oder muss er sich der Autorität der Kirche in jedem Fall unterwerfen? Und wo findet sich eigentlich die eine, heilige, katholische und apostolische Kirche? Rund um diese und andere Fragen drehte sich die Diskussion. Hus' Weggang aus Prag konnte zwar die Situation in der böhmischen Hauptstadt vorübergehend etwas beruhigen, es löste aber keineswegs die grundsätzlichen Streitfragen. König Wenzel unternahm einen weiteren Versuch, die verfeindeten Kleriker zu zwingen, ihren Streit beizulegen, und so das Königreich vom Ruf eines Ketzernestes zu befreien. Dem königlichen Wunsch und Befehl folgend, berief Konrad von Vechta, der nach Erzbischof Albíks Rücktritt mittlerweile als Administrator der Prager Kirchenprovinz amtierte, auf Anfang Februar eine außerplanmäßige Synode nach Böhmisch Brod (Český Brod) ein, die dann aber nach Prag verlegt wurde und am 6. Februar 1413 begann. Beide Parteien, die Doktoren der Theologie sowie Hus' Anhänger aus den Reihen der Artisten, reichten ihre Vorlagen ein. Diese offenbarten ganz klar, dass die ekklesiologische Problematik im Mittelpunkt des Interesses stand.

Das Gutachten der Doktoren behandelte im zweiten Punkt die Definition der Kirche und im dritten Punkt die

Frage des Gehorsams gegenüber den kirchlichen Vorgesetzen. Die Vorlage der Hus-Partei wurde geschickt so formuliert, um sich der Gunst des Hofes und der Adelsgemeinde zu versichern. Unter anderem schlugen die Hussiten vor, die Geistlichkeit mit einer außerordentlichen Steuer zu belegen, über deren Ertrag der König und die Herren verfügen sollten und die eine Gesandtschaft zur päpstlichen Kurie finanzieren sollte. Diejenigen, die in Böhmen und Mähren Häretiker aufspüren wollten, hätten sich dieser Gesandtschaft auf eigene Kosten anschließen sollen. Die Frage, ob die römische Kurie die Kontroverse überhaupt entscheiden konnte, blieb aber umstritten. Dies zeigte sich sogleich im weiteren Verlauf der Verhandlungen. Nachdem die Februarsynode keine Lösung brachte, sollte die Debatte vor einer vom König ernannten Kommission fortgesetzt werden. Nach seiner Abkehr von den Hussiten im Sommer 1412 schien Wenzel diesen gegenüber wieder freundlicher gesinnt zu sein. Die vierköpfige Kommission bestand aus zwei seiner Hofleute, Albík von Mährisch Neustadt und Jakob von Beraun sowie zwei hussitisch gesinnten Magistern, Zdeněk von Labouň und Christian von Prachatitz.

Zdeněk als Sprecher des Komitees bemühte sich eifrig, dem König eine Versöhnung vorzulegen. Er stellte beiden Parteien die Frage, ob sie bereit wären, sich der Entscheidung der Heiligen Römischen Kirche zu unterwerfen. Die vier der zu den Verhandlungen ausgesandten Vertreter der Theologischen Fakultät stimmten zu, unter der Voraussetzung, dass diejenige römische Kirche gemeint sei, deren Haupt der Papst und deren Leib die Kardinäle sind. Die drei hussitischen Vertreter erklärten sich bereit, sich einer römischen Kirche, deren Haupt Christus und dessen Stellvertreter der Papst sei, »in allen und jedem einzelnen Punkt zu unterwerfen, in welchem gläubige und fromme Christen ihr gehorchen müssen und sollen.« Der Schiedsspruch Magister Zdeněks kam offenbar der hussitischen Vorstellung entgegen. Zdeněk meldete dem König, beide Parteien verpflichteten sich unter Geldstrafe oder Verbannung aus dem Königreich, sich der Entscheidung der römischen Kirche zu fügen, »so wie ihr gläubige und fromme Christen gehorchen müssen und sollen«. Die Theologen protestierten am nächsten Tag gegen diesen Wortlaut, jedoch vergebens. Der König hat alle vier beteiligten Theologen – Stanislaus und Peter von Znaim, Stephan Páleč und Johannes Eliae – als Saboteure der religiösen Schlichtung verbannt.[1]

Die Polemik um den Kirchenbegriff begann bereits im Sommer 1412 im Zusammenhang mit den Ablassunruhen. Im Anschluss an die Verhandlungen mit der hussitischen Gruppe verfassten die beiden literarisch aktivsten Mitglieder der Theologischen Fakultät Schriften, in welchen sie ihr Kirchenverständnis darlegten: Stanislaus den Traktat *De Romana ecclesia* (»Von der römischen Kirche«) und Páleč *De equivocacione nominis ecclesia* (»Über die Mehrdeutigkeit des Wortes Kirche«). Beide haben auch öffentlich gelehrte Predigten gegen die Wyclif-Artikel gehalten. Während Hus mit der Abwehr der verschärften Exkommunikation und mit seinem Weggang von Prag beschäftigt war, verteidigte Jakoubek von Mies den hussitischen Standpunkt in seinem *Tractatus responsivus* (»Antwortender Traktat«). Nachdem Hus Prag verlassen hatte, begann er mit der Arbeit an einer systematischen Kirchenlehre, die er in seinem Buch *De ecclesia* (»Über die Kirche«) niederzulegen gedachte. Die Absicht, den Stoff in einem möglichst sachlichen, ruhigen Ton darzulegen, wurde durch Nachrichten aus Prag zunichte gemacht. Als Hus das Gutachten der Theologen zur Februarsynode zu Gesicht bekam, konnte er nicht mehr an sich halten und musste reagieren. Ab dem elften Kapitel des Traktats über die Kirche änderte sich der Ton seiner Abhandlung und entfachte eine Polemik gegen Stanislaus und Páleč, die Hus hinter dem Theologengutachten vermutete.[2]

Inzwischen setzte sich auch andernorts die theologische Auseinandersetzung fort, die besonders durch die außerordentliche Synode neue Impulse erhielt. Die schriftlichen Reaktionen der Hus-Partei auf die Vorschläge der Theologen provozierten neue Antworten: Andreas von Brod schrieb den Traktat *Contra obiectus Hussonitarum* (»Gegen die Einwände der Hussiten«), Stanislaus von Znaim äußerste sich mit der Schrift *Alma et venerabilis* (»Nährend und ehrwürdig«) und Stephan von Páleč brachte eine *Replicatio contra quidamistas* in Umlauf (»Replik gegen ›einige Leute‹«). Während die schmale Schrift Andreas' kein Echo hervorrief, bewogen die Arbeiten seiner ehemaligen Freunde Stanislaus und Stephan Jan Hus zu schriftlichen Entgegnungen. Mit der Abfassung von *De ecclesia* war er Ende Mai 1413 fertig. Er sandte das Werk nach Prag, wo es einer Gruppe von 80 Personen diktiert wurde (vgl. S. 108). Das Diktat wurde nach einem handschriftlichen Zeugnis am 8. Juni abgeschlossen. In dieser Zeit arbeitete Hus bereits an seinen Schriften *Gegen Stephan Páleč* und *Gegen Stanislaus von Znaim*. Die Polemik gegen Stanislaus erwähnte Hus in einem Brief an Johannes von Rejnštejn, der etwa von Mitte Juni stammt. Als den letzten Beitrag zur Diskussion seinerseits schrieb Hus eine Widerlegung des *Tractatus gloriosus* (»Ruhmreicher Traktat«), der von Páleč namens der Theologiedoktoren bereits zu den Žebráker Verhandlungen von Sommer 1412 vorgelegt worden war. Die Schrift mit dem Titel *Contra octo doctores* (»Gegen acht Doktoren«) vollendete Hus wohl Ende Juni 1413 während seines Aufenthaltes in Prag. Das letzte Wort in dieser Traktatenschlacht hatten seine Gegner, namentlich Stephan von Páleč. Er reagierte mit dem umfangreichen *Antihus*, den er am 10. April 1414 fertig stellte. Etwa um dieselbe Zeit bemühte er sich Hus' ekklesiologisches Hauptwerk *De ecclesia* mit einer umfangreichen Schrift gleichen Titels zu widerlegen.[3]

Die genaue Argumentation aller dieser Schriften kann hier nicht verfolgt werden. Beschränken wir uns daher auf eine knappe Skizze der von Jan Hus vertretenen Kirchenlehre.[4] Sein gesamtes ekklesiologisches Lehrgebäude beruht auf dem Begriff der Prädestination, den Hus von Wyclif übernahm. Schon in seiner ersten Synodalpredigt zeigte sich diese Auffassung: nach Hus' Verständnis ist die wahre Kirche eine unsichtbare Gemeinschaft der zum Heil Auserwählten. Von hier leiteten sich alle anderen Lehrsätze ab, von diesem Punkt aus ergaben sich alle Abweichungen von der damals gültigen Kirchenlehre. Diese »offiziellen« Standpunkte wurden allerdings erst im Zusammenhang mit dem Konziliarismus und nicht zuletzt in der Auseinandersetzung mit Wyclifismus und Hussitismus im Detail definiert. Zu den ersten dogmatischen Abhandlungen über die Kirchenlehre in der Theologiegeschichte zählen eben diejenigen von Wyclif und Hus. Umgekehrt haben Prager Theologen auch die Grundsteine zu einer »katholischen«, sprich antihussitischen Kirchenlehre gelegt; im weiteren Verlauf der Diskussion wurde die Frage nach dem Wesen der Kirche weiter differenziert. Mit den Verhandlungen auf dem Konzil zu Basel 1433 und mit dem dort verfassten Traktat *De ecclesia* des Johannes Stojković von Ragusa (Dubrovnik) rundete sich vorerst die Systematisierung der Ansichten über die Kirche ab.[5]

Was bedeutete also die Idee der Prädestination für das Kirchenverständnis? Dieses theologische Konzept beruht auf der These, dass Gott von Anfang an das Los aller Menschen vorherbestimmt hat und jede einzelne Seele entweder zur ewigen Glückseligkeit oder aber zur Verdammnis bestimmt ist. Dieser Schluss ergibt sich unter anderem auch aus der Vorstellung der Realisten über die ewigen Ideen in der göttlichen Vernunft. Im Anschluss an Augustinus' Unterscheidung zwischen dem Reich Gottes, der *Civitas Dei*, und dem Reich des Teufels vertraten Wyclif und Hus, dass es nur eine einzige heilige katholische Kirche gebe, die in der ewigen Gemeinschaft aller Vorbestimmten bestehe. Diese »ewige« Kirche schließt alle vergangenen, gegenwärtigen und zukünftigen Prädestinierten ein. Regiert wird sie von Jesus Christus selbst:

> »Christus ist Haupt der heiligen universalen Kirche und sie selbst sein Leib, jeder Erwählte sein Glied und damit Teil der Kirche, die Christi mystischer, das ist geheimnisvoller, Leib ist.«

Da bei Weitem nicht jeder Christ erlöst wird, führt die Linie zwischen der Kirche Christi und der antichristlichen Kirche der Bösen offenbar quer durch die Gemeinschaft derer, die sich zur Kirche bekennen. In der Tat betonte Hus, es sei nicht dasselbe, »in der Kirche« und »von der Kirche« zu sein. Denn man könne sich äußerlich in der Kirche befinden, dabei aber in Wirklichkeit kein echter Bestandteil von dieser sein. So befinde sich auch Kot im Körper, sei aber kein echtes Glied des Körpers, sondern müsse schließlich ausgeschieden werden.[6]

Das Problem, das sich mit Blick auf die Prädestination stellt, ist, dass nur Gott allein weiß, wer auserwählt ist und wer verdammt ist. Die Menschen können dies ohne besondere Offenbarung, mit der Hus aber nicht rechnet, nicht wissen. Die Sache wird umso komplizierter, als die aktuelle Gnade, derer sich ein Mensch zu einem bestimmten Zeitpunkt erfreut, im Vergleich mit der Vorbestimmung zum ewigen Leben nicht ins Gewicht fällt. Man könnte etwa eine bestimmte Zeit, ja theoretisch auch sein ganzes irdisches Leben hindurch nach gegenwärtigen Maßstäben ungerecht sein und widergöttlich leben, und dennoch die ganze Zeit vorbestimmt sein und so letzten Endes auch das Heil erlangen – und umgekehrt. So konnte Paulus vor seiner Bekehrung gegen die Kirche freveln, und doch war er in Ewigkeit ihr wahres Glied. »Einige sind Schafe nach der Vorausbestimmung, und reißende Wölfe nach der gegenwärtigen Ungerechtigkeit,« schrieb Hus. Das bekannteste Beispiel in der anderen Richtung, dass ein scheinbar Heiliger sein ewiges Ziel verfehlt, ist Judas Ischkariot, der nach Wyclif und Hus niemals, auch nicht als Jünger Christi, zur Kirche der Vorbestimmten gehörte.

Das Verwirrende und Beunruhigende bei diesem Kirchenbegriff liegt auf der Hand. Denn niemand kann weder von sich selbst, noch von seinen Mitmenschen wissen, ob sie zur wahren Kirche gehören, und es scheint in dieser Hinsicht sogar keine Rolle zu spielen, wie man dieses Leben führt! Hus empfahl jedoch den Gläubigen, sich darauf zu verlassen, dass ihr Glauben, das durch die Liebe bestimmte Leben und die geduldige Standhaftigkeit im Glauben und in der Tugend zum Heil ausreichen. Was die Bewertung der Mitmenschen anbelangt, so gelte das Wort Jesu: »An ihren Früchten werdet ihr sie erkennen«, und: »Glaubt den Werken« (Matthäus

7, 16; Johannes 10, 38). Das äußere Verhalten der Menschen gibt immerhin eine gewisse Richtung hinsichtlich des Heils an.[7] Es ist nicht zu leugnen, dass Hus Schwierigkeiten hatte, gerade diesen Punkt mit seiner eigenen Theorie in Einklang zu bringen. Denn trotz dem Hinweis, dass man die Menschen »an den Früchten« erkenne, gibt ihr Verhalten eben doch keine Auskunft über ihre Zugehörigkeit zur heiligen Kirche der Prädestinierten, sondern nur über ihre »gegenwärtige« Gerechtigkeit.

Diese Kirchenlehre hatte nun erhebliche Folgen für die kirchliche Hierarchie, denn auch bei den Prälaten war keineswegs von vornherein gegeben, dass sie Glieder der Kirche Christi sind. Hus zufolge wäre es anmaßend, wenn sich die verweltlichten Kleriker zu vornehmen Gliedern der Kirche erklärten. In dieser Kritik lag der eigentliche Zweck seiner Kirchentheorie: sie ermöglichte ihm, aus theologischer Warte den priesterlichen Lebenswandel erneut anzufechten. Hus schrieb:

»Und obwohl der Mensch in dieser Welt ohne Offenbarung einen wahren heiligen Hirt nicht klar erkennen kann, muss er trotzdem aufgrund seiner mit dem Gesetz Christi übereinstimmenden Werken vorausgesetzten, dass dieser in solcher ist. Wenn er aber sieht, dass dieser im Gegensatz zu Christus lebt, wie kann er dann umhin zu meinen, dass er Vikar des Antichrist ist?«

Die vorhandene Amtskirche, die hierarchisch organisierte Geistlichkeit, an welcher sich das kirchliche Leben der Zeit orientierte, war nach Hus nicht mit der wahren katholischen Kirche identisch. Die Kleriker konnten den Anspruch, die Gläubigen zu lenken, nur insofern erheben, wenn sie das wirkliche Kirchenhaupt, also Christus, in ihrer Lebensweise und in ihren Sitten nachahmten.

Logischerweise bezweifelte Hus auch die von den Prager Theologiedoktoren vertretene Gleichsetzung der katholischen Kirche mit der römischen Hierarchie.

»Weder ist der Papst das Haupt, noch sind die Kardinäle der ganze Leib der heiligen allgemeinen katholischen Kirche, denn

Christus ist das einzige Haupt dieser Kirche und einzelne Vor-
herbestimmte *(praedestinati)* sind zusammen der Leib und jeder
von ihnen ein Glied,«

schrieb dazu Hus. Die Lehre vom päpstlichen Primat stützte
sich auf die berühmten Worte Christi an Petrus: »Du bist Petrus und auf diesen Felsen werde ich meine Kirche bauen«
(Matthäus 16, 18). Hus interpretierte dies so, dass mit dem
Felsen nicht Petrus gemeint gewesen sei, sondern Christus –
der Felsen, zu dem sich Petrus bekannte, als er in Jesus den
Messias und Sohn des lebendigen Gottes erkannte. Der Papst
sei nur dann Stellvertreter Christi, wenn er im Einklang mit
Christus lebe. »Es ist bekannt,« meinte Hus, »dass jeder Papst,
der im Widerspruch zu Christus lebt, wie auch jeder andere
verkehrte Mensch, allgemein Antichrist genannt wird.« Es sei
hier bemerkt, dass Jakoubek von Mies im *Quodlibet* des vorangegangenen Jahres, also im Januar 1412, Aufsehen erregte,
als er Papst Johannes XXIII. ganz unverblümt als Antichrist
bezeichnete. Streng genommen sollte nach Hus derjenige Bischof »Papst« genannt werden, der am besten Christus vertritt
und repräsentiert. In seinen *Büchlein über die Simonie* äußerte
er sich sogar in dem Sinne, dass jeder Mensch, der heiliger ist
als der Papst, vor Gott ein größeres Recht besitze, Papst zu
sein.[8]
Solche Erwägungen stellten die ganze hierarchische Ver-
fassung der Kirche in Frage. In seiner Predigt *Ite et vos in vi-
neam meam* (»Geht auch ihr in meinen Weinberg«, Matthäus
20, 4), die er am 19. Januar 1410 an der Universität vortrug,
unterschied Hus die Kirche im weiten Sinne als Gemeinschaft aller Christen von der Kirche im engeren Sinne, die
nur aus den Vorherbestimmten bestehe; als dritte Möglichkeit bezeichnete er auch den Papst und die Kardinäle als Kirche. Wer jedoch aus dieser Predigt herausliest, dass Hus die
institutionelle Auffassung der Kirche teilweise zuließ, geht
am Kern der Sache vorbei. Sicher erkannte Hus die Existenz
der Amtskirche in seiner Zeit an: die Hierarchie »Kirche«
zu nennen war ein möglicher, da üblicher Wortgebrauch.
Mehrfache Begriffsbedeutungen auszumachen gehörte zur

Arbeitsmethode der Scholastik. Stephan Páleč unterschied sogar sechs Bedeutungen des Wortes »Kirche«. Entscheidend aber war, wo man die einzige wahre Kirche, die Kirche des Glaubensbekenntnisses, erblickte. Und da war Hus eindeutig: die einzige wahre Kirche war die unsichtbare, von Christus geleitete Kirche der Prädestinierten. Papst und Kardinäle sollen dieser dienen, nicht aber aus ihren Ämtern irgendwelche Ansprüche ableiten. Die Urkirche sei 300 Jahre lang ohne Kardinäle ausgekommen, meinte er. Gegen das Gutachten der Doktoren aus der Februarsynode vertrat er die Meinung, nicht nur die Kardinäle, sondern alle Bischöfe, die in ihren Sitten Christus nachfolgten, seien Nachfolger der Apostel. Und er ging noch weiter:

> »Der evangelischen Weisheit entspräche, dass alle Priester heilig wären und unmittelbar von einem Oberpriester regiert würden, nämlich vom Herrn Jesus Christus. [...] Gott kann seine Kirche zu ihrem Urzustand so zurückführen, dass er den Papst und die Kardinäle ihres Amtes als Vorsteher entkleidet.«[9]

Die hierarchische Kirche darf also nach Hus keineswegs um ihrer Amtsstruktur willen mit der wahren Kirche gleichgesetzt werden. Diese Einschränkung bezog sich nicht nur auf die Prälaten, sondern auch auf alle Priester, denn auch bei ihnen war nicht eindeutig zu entscheiden, ob sie zur unsichtbaren Kirche gehören. Wenn unsittliches Leben als äußeres Zeichen für eine Zugehörigkeit zur Kirche der Bösen galt, dann stellte sich die Frage nach der Rechtmäßigkeit eines schlechten Priesters und in der Folge auch nach der Gültigkeit der von ihm gespendeten Sakramente. Hier muss man klarstellen, dass Hus dies als zwei getrennte Fragen verstand, obwohl er auf beide scheinbar gleichlautende Antworten gab. Der Lebenswandel der Kleriker war für ihn ein grundlegendes Thema. Er war der Meinung, sündige Prälaten (genauso wie weltliche Herren) besaßen ihre Ämter in einer vor Gott ungerechter Weise. Sündhafte Priester spendeten die Sakramente unwürdig; Hus zögerte jedoch, solche Sakramente für ungültig zu erklären. Es ist bezeichnend, dass er in seiner Verteidigung der Wyclif-Artikel dem vierten Punkt, der den sündigen Priestern die sakramentale Macht absprach, verhältnismäßig geringen Raum widmete. Sein Standpunkt war, dass der eigentlich Tätige in der sakramentalen Handlung letztlich Gott selbst ist und der Priester nur die Vermittlerrolle spielt. Deshalb konnte Hus gegenüber der Anschuldigung Protivas betonen, er habe immer die Gültigkeit der Sakramente gepredigt, »denn die göttliche Macht wirkt durch gute wie auch durch böse Priester«.

Als in Konstanz die Lehrsätze aus seiner Schrift gegen Páleč behandelt wurden, fügte Hus zu den Artikeln hinzu:

> »Ich habe das alles in dem Sinne eingeschränkt und schränke es ein, dass solche [schlechten Priester] in Bezug auf das Verdienst und also in Wahrheit keine Päpste, Prälaten oder Hirten usw. vor Gott sind, aber in Bezug auf das Amt und die Anerkennung bei den Menschen sind sie Päpste, Hirten, Priester usw.«

Nun ist aber das Amt etwas anderes als das Sakrament. Gott wirkt durch Sakramente, auch wenn der zelebrierende Priester unwürdig ist, denn den Gläubigen kann auch dies Nutzen bringen. Selbst Páleč gab zu, dass ein böser Priester »unwürdig« spendet, bezweifelte aber die Gültigkeit des Sakramentes nicht. Wenn aber ein Amt unwürdig und ungerecht ausgeübt wird, würde das nicht bedeuten, dass es von der betreffenden Person nicht ausgeübt werden solle? Äußerlich behielt ein sündhafter Vorgesetzter seine Amtsfunktion bei, obwohl er sie in Gottes Augen »nur dem Namen nach«, ja »usurpatorisch« bekleidete. Ein weltlicher Herr konnte nach menschlichem Recht weiter regieren, solange er nicht ausgesprochen tyrannisch herrschte. Für einen Kleriker aber, der sich ganz auf göttliches Recht stützen sollte, entstand ein Legitimationsproblem. Folgerichtig müssten diese Priester ihre Ämter verlieren.[10]

In Konstanz betonte Hus diese Konsequenz vorsichtshalber nicht. Er nahm sie aber ernst, wie wir im Zusammenhang mit der Kirchenreform sehen konnten. Die Reformer der Schismazeit haben die Absetzung unwürdiger Kleriker in

der Theorie mehrfach behandelt. Die Pisaner Kardinäle und
auch die Konstanzer Konzilsväter haben in der Tat Päpste abgesetzt. Es kam aber sehr darauf an, wer die Absetzung voll-
zog. Die Konziliaristen sahen die Absetzung eines Papstes als
eine äußerste Maßnahme, deren Anwendung sie unbedingt
der Amtskirche vorbehalten wollten. Nur das Konzil, das laut
der konziliaristischen Theorie die allgemeine Kirche reprä-
sentierte, konnte einen Papst richten und verurteilen. Ganz
anders aber stellte sich Jan Hus die Grundlagen des kirchlichen Gehorsams vor. In seiner Universitätspredigt *Ite et vos*
warnte er zwar vor den Auswüchsen einer Rebellion, aber er
ließ die Tür für Revolte offen. Niemand solle sich nach Hus

> »mit dem Laster des Ungehorsams beflecken, sondern wir müssen
> davon ausgehen, dass unsere Vorgesetzten legitim sind, und wir
> ihnen *in allem Vernünftigen* demütig gehorchen«.

Bereits 1408 interpretierte Hus in diesem Sinne das Bibel-
wort »Ordnet euch in aller Ehrfurcht euren Herren unter,
auch den verwerflichen« (1. Petrusbrief 2, 18). Er akzeptierte
das generelle Gehorsamgebot, fügte jedoch hinzu:

> »Aber, um Gottes willen, die Untertanen sollen nicht den ver-
> werflichen, sondern den erlaubten Befehlen ihrer Herren und
> Prälaten, die zum Ruhm des allmächtigen Gottes beitragen, ge-
> horchen.«[11]

Damit können wir einige Rückschlüsse über Hus' Standpunkt hinsichtlich der Frage der Herrschaft und des Donatismus ziehen. Wie zentral auch immer die persönlichen Eigenschaften eines Amtsträgers in seinen Augen gewesen sein
mögen, so war dies im Einzelfall nicht das Entscheidende. Es
kam viel mehr auf das Wesen der konkreten Handlungen an.
Die Sakramente eines unwürdigen Priesters dürfe man empfangen, sie verlören dank Gottes innerem Wirken nichts an
ihrer Kraft. Die Befehle eines bösen Herrn müsse man erfül-
len, solange sie dem Wohl der Kirche dienten. Den Anordnungen, die nicht im Einklang mit dem göttlichen Willen
und Gesetz standen, müsse man sich widersetzen, ungeachtet

der moralischen Qualität des Herrn oder Prälaten. In *De ecclesia* hat sich Hus mit dem Thema des Gehorsams und Widerstandes ausführlich auseinandergesetzt. Zum Teil ging es ihm auch darum, sein eigenes Vorgehen zu rechtfertigen.

> »Erwägen soll also jeder gläubige Jünger Christi, auf welche Weise ein Gebot vom Papst ausgeht, ob es ausdrücklich ein Gebot eines Apostels oder des Gesetzes Christi ist oder seine Begründung in Christi Gesetz hat,«

schrieb Hus.

> »Wenn er aber wirklich erkennt, dass ein päpstliches Gebot dem Gebot oder Rat Christi widerspricht oder der Kirche zum Schaden gereicht, so soll er ihm kühn entgegentreten, auf dass er nicht durch Zustimmung Teilnehmer an einem Verbrechen wird.«

Deshalb hatte er gegen die Bulle Alexanders V. über das Predigtverbot und gegen die Ablassbulle von 1412 Widerstand geleistet. Der Aufruf zur Revolte am Ende seiner *Quaestio* gegen die Ablässe enthält bereits dieselben Gedanken, die dann auch in *De ecclesia* begegnen.[12]

Nicht einmal die Prager Theologieprofessoren haben einen absoluten Gehorsam von den Untertanen gefordert: nach ihnen sollte man dem Apostolischen Stuhl und den Prälaten in Allem gehorchen, »wo nicht rein Gutes verboten oder rein Böses befohlen wird«. Der Kern des Streites richtete sich auf die Beurteilung der so genannten »mittleren Werke«, bei denen nicht von vornherein klar ist, ob sie eindeutig gut oder schlecht sind. Den Theologen zufolge musste man sich, wie wir soeben gesehen haben, auf die Entscheidung der Kirche und ihrer Amtsträger verlassen. Stephan Páleč stimmte in seinem *Antihus* dem Prinzip zu, dass jegliche Anordnungen der Kirche oder der Bischöfe, die der Heiligen Schrift, dem Glauben oder den guten Sitten widersprächen, nicht eingehalten werden brauchen. Zugleich aber hielt er an der Ansicht fest, dass alles, was die Kirche den Menschen zu glauben und zu gehorchen vorlegt, vollkommen im Einklang mit der Heiligen Schrift sei. Ganz anders Hus. Nach ihm sollte jeder Mensch die Befehle seiner Vorgesetzten überprüfen. Wenn das Verhältnis dieser Gebote zur Heiligen Schrift nicht offensichtlich sei, müsse man die eigene Vernunft heranziehen und die Umstände berücksichtigen. Einen unsinnigen Befehl brauche man nicht befolgen: wenn der Papst beispielsweise Hus befehle, Flöte zu spielen oder Würste zu füllen, sei dieser kaum zum Gehorsam verpflichtet.[13]

Der Ungehorsam gegenüber einem unsinnigen Befehl war letztlich ein nebensächliches Thema, denn vor allem ging es um die Autorität in Glaubenssachen. Im Prinzip anerkannten alle christlichen Theologen des Mittelalters die Überlegenheit der Gebote Christi. Für Jean Gerson galt die Heilige Schrift als eine »ausreichende und unfehlbare Regel für die Verwaltung des ganzen kirchlichen Körpers«. Jan Hus hat seine eigene Auslegung über das für die Verwaltung der Kirche hinreichende Gesetz Christi mit nach Konstanz gebracht. Anders als Hus suchte aber Gerson die Autorität zur Schriftauslegung bei den kirchlichen Institutionen. Die Kirche interpretiere die Bibel gesetzlich verbindlich und ein Widerspruch zu ihrer Interpretation müsse bestraft werden. »So ist es aus nötiger Umsicht geregelt,« meinte Gerson, »denn viele argumentieren gegen die Wahrheit und streiten ohne Ende.« Die gleichen Worte wählte Gerson im Brief an den Prager Erzbischof Konrad, als er ihn 1414 vor der Ausbreitung wyclifistischer Häresie warnte. Anstatt dem eitlen Argumentieren zu unterliegen, forderte er zum energischen Eingriff »mit Feuer und Schwert« auf.[14]

Hus' ständige Rücksicht auf die Gebote Christi darf nicht so verstanden werden, als ob er ein evangelischer Fundamentalist gewesen wäre. Erstens verstand er unter Christi Gesetz nicht nur die Gebote, die Christus während seines irdischen Lebens erlassen hatte, sondern die ganze Bibel. Die Heilige Schrift als ewige göttliche Wahrheit, die außerhalb der Zeit existiert, schloss in sich alle Wahrheiten und damit auch alle Gesetze ein. Folglich verstand Hus auch kanonisches und bürgerliches Recht als Bestandteil des Gesetzes Christi. Die Wahrheit müsse nämlich nicht ausdrücklich in der Bibel stehen, sondern könne dort auch implizit enthalten sein. Es reiche aus, wenn sich ein Gesetz auf die Bibel stütze, das heißt mit ihrem Geist übereinstimme. Wenn dies jedoch nicht der Fall sei, verlöre das Gesetz seine Verbindlichkeit. Hus führte auch das Rechtsprinzip der Billigkeit (*epieikeia*) an, das besagt, dass das Gesetz den Bedürfnissen der Zeit angepasst werden kann. Hus meinte damit wohl vor allem eine vernünftige Einstellung zu Regeln und Gehorsam in Einzelfällen, und weniger die geschichtliche Bedingtheit der kirchlichen Gesetzgebung, welche seine Gegner betonten. Er anerkannte, dass einige Gebote des Alten Testaments ihre Verbindlichkeit verloren hatten, was aber größtenteils auf das irdische Wirken Christi zurückzuführen sei. Die Konzilien- und Papsterlässe nahm Hus nur insofern an, »als sie explizit oder implizit mit dem Gesetz Gottes übereinstimmen«. Die kirchlichen Institutionen sollten das Gesetz Gottes erklären, aber keineswegs einen rechtlichen Überbau über dieses errichten.

Wie kann man aber die implizite Übereinstimung einer Rechtsnorm mit dem Evangelium erkennen? Ein gutes Indiz war nach Hus ihre Nützlichkeit. Denn jedes gute, gerechte Gesetz »dient demjenigen, der sich danach richtet, sowie der gesamten Kirche zum Nutzen«, und als solches ist es im göttlichen Gesetzt verankert. Die Entscheidung, ob diese oder jene Anordnung nützlich sei, überließ Hus abermals dem einzelnen Gläubigen. Nicht nur sei »jedes Gesetz, das dem Gesetz Gottes widerspricht, zu verbieten«; darüber hinaus »muss sich alles dem Urteil des Gewissens unterwerfen«. Die individuelle Beurteilung von Anordnungen der kirchlichen Obrigkeit wurde so zu einer Gewissensfrage. Die kirchliche Tradition wurde ihrer dogmatischen Verbindlichkeit beraubt, die Kirche als Institution verlor ihre ausschließliche Zuständigkeit in Glaubenssachen, denn jeder Gläubiger sollte selbst nach seinem Gewissen die Übereinstimmung eines jeden Befehls mit den Geboten Christi beurteilen. »Der Mensch kann den [päpstlichen] Bullen nach seiner eigenen Meinung vertrauen,« heißt es im Buch *Über die Kirche*.

Es mag zutreffen, dass Hus vor allem sich selbst und seine eigenen Urteile über päpstliche Bullen im Sinn hatte und gar nicht vorgesehen hatte, dass sich nun alle Menschen zu theologischen und rechtlichen Fragen äußern sollen. Er formulierte jedoch allgemein. »Den niederen Klerikern, ja auch den Laien ist es erlaubt,« schrieb Hus weiter, »über die Werke ihrer Vorgesetzten zu urteilen.« Übrigens war eine solche Einstellung nur eine Folge seiner Ekklesiologie. In seiner für das Konstanzer Konzil vorbereiten *Quaestio De sufficiencia legis Christi* (»Über das hinreichende Gesetz Christi«) behauptete Hus nicht nur, dass Christi Gesetz allein zur Verwaltung der Kirche ausreiche und dass »man zu ihm nichts hinzufügen und von ihm nichts abnehmen darf«. Er bekannte sich auch offen zum prädestinationistischen Kirchenbegriff. Dem unbedingten Gehorsam gegenüber der sichtbaren Kirche stellte Hus die unsichtbare Kirche entgegen und machte den Gehorsam von der individuell bewerteten Rechtmäßigkeit der Befehle abhängig.[15]

Auf dem Konstanzer Konzil sollte Hus' Kirchenlehre eine zentrale Rolle spielen. Die Liste von 42 irrigen Lehrsätzen, die Stephan Páleč zusammenstellte und dem Konzil vorlegte, stammte mehrheitlich aus dem Traktat *De ecclesia*. Hus schrieb seine Antworten im Kerker nieder, vielleicht am 3. Januar 1415. Nachdem die 42 Artikel durch eine von Pierre d'Ailly geführte Kommission weiter beurteilt worden waren, blieben aus der Liste Pálečs nur elf Punkte übrig. Zu diesen wurden aber weitere irrige Lehrsätze aus den Schriften gegen Páleč und gegen Stanislaus hinzugefügt. Über die so entstandene Liste von 39 Artikeln wurde dann Hus am 8. Juni verhört. Schon daraus ist ersichtlich, welche Bedeutung den großen ekklesiologischen Traktaten in Konstanz zukam. Hus hielt seinen Freunden vor, dass sie dem Konzil seinen Traktat *Über die Kirche* und seine Schrift *Gegen heimlichen Gegner* zur Verfügung stellten. Er wollte, dass nur die Schriften *Gegen Stanislaus* und *Gegen Páleč* vorgelegt werden. In demselben Brief, geschrieben unmittelbar nach dem ersten öffentlichen Verhör am 5. Juni, äußerte er die Überzeugung, dass der augustinische Kirchenbegriff vom Konzil kaum angenommen werden würde. »Oh, wenn mir nur Gehör geliehen würde, damit ich ihren Argumenten entgegnen könnte,« seufzte Hus.[16]

Er täuschte sich in dieser Einschätzung nicht. Seine augustinisch-wyclifistische Ekklesiologie war für die Konzilsväter nicht akzeptabel. Seine Gegner vertraten die Meinung, der Hus'schen Vorstellung von Kirche als einer Gemeinschaft aller Prädestinierten könne schon deshalb keine doktrinäre Autorität zugesprochen werden, weil diese Kirche praktisch gar nicht zusammentreten könne, um eine Entscheidung zu treffen. Ein einzelner Gläubiger mit seinem Gewissen könne wiederum keinen Anspruch erheben, den mystischen Leib Christi darzustellen. In den Augen seiner Richter setzte Hus die Christenheit der Gefahr einer übermäßigen Subjektivität aus. Seine Ekklesiologie brachte die Fundamente der institutionellen Kirche zum Wanken. Dies spiegelte sich auch im Konstanzer Endurteil wider. Die ersten 13 der 30 verurteilten Artikel bezogen sich fast ausschließlich auf den Prädestinationsbegriff und auf die päpstliche Leitung der Kirche. Weitere Artikel behandelten Hus' Missachtung der amtskirchlichen Erlässe und seine Vorstellung einer dezentralisierten Kirchenverwaltung. Als Jan Hus den Scheiterhaufen besteigen musste, wurde das Urteil vor allem mit seiner Kirchenlehre begründet.

14 Das volkssprachliche Schrifttum und die Mission auf dem Land – Die tschechische Postille 1413

Am 27. Oktober 1413 vollendete Jan Hus das Werk, das viele Historiker für den Höhepunkt seines literarischen Schaffens halten: die tschechische *Postille*. Sie enthält in 59 Kapiteln Auslegungen der Sonntagsevangelien sowie Evangelien zu einigen weiteren Anlässen während des liturgischen Jahres. Dem Zyklus des liturgischen Jahres wurden zwei Kirchweihpredigten hinzugefügt. Predigten für Heiligenfeste kommen darin nicht vor, ebenso wurden keine Lesungen aus den neutestamentlichen Briefen oder aus dem Alten Testament berücksichtigt. Im Vorwort finden sich einige der wichtigen Themen wieder, die Hus sein gesamtes Wirken hindurch beschäftigten. Eindringlich stellte er das Beispiel der Predigt Jesu Christi vor Augen, der, von den Großen dieser Welt, besonders von den Prälaten verachtet und verworfen, bis zu seinem Tod vor dem einfachen Volk gepredigt habe. Auch heute, so Hus, bleibe noch viel Arbeit zu leisten, mehr noch als zu den Zeiten Christi, denn »zahlreich sind die Leute, die das Wort Gottes hören möchten«. Zahlreich seien auch die Priester, ja die Welt sei voll von ihnen. Die meisten vernachlässigten jedoch die Aufgabe, das Gotteswort zu predigen.

> »Es gibt wenig treue Prediger, die aus Liebe, zum Lobe Gottes und für das Heil der Menschen sowie für das eigene Heil mit dem Gottesvolk arbeiten.«

Um seinem Amt als Priester gerecht zu werden, habe er sich daher entschlossen, die Sonntagslesungen in volkstümlicher Sprache auszulegen: »Es ist meine Absicht,« schrieb Hus, »die Lesungen so auszulegen, dass sie so einfach wie möglich zu verstehen sind, allerdings nicht in der Weise, wie ich predige.«

Hus hat also die Texte der *Postille* wahrscheinlich nicht in der vorliegenden Form vor einem Publikum vorgetragen. Sie ist ein literarisches Werk, und als solches ist sie von anspruchsvoller Qualität. Lebhafter Stil, anschauliche Beispiele, wirksame polemische Passagen, persönliche Aussagen und Erwähnungen der dramatischen zeitgeschichtlichen Ereignisse – das alles macht dieses Werk zu einem der bedeutendsten Denkmäler der auf tschechisch verfassten mittelalterlichen Literatur. Das benutzte Material stellt aber doch eine Verbindung zu Hus' Predigten her. Wir haben im Kapitel über Hus als Prediger gesehen, dass die *Postille* eine Summe seiner Predigttätigkeit darstellt. Viele Zitate und rhetorisch-homiletische Figuren hat Hus aus seinen früheren Predigtwerken dafür übernommen. Dies kennzeichnet aber auch viele andere Werke Hus'. Die Wiederverwendung von bereits formuliertem Material war eine übliche Vorgehensweise der mittelalterlichen Autoren. Im Fall der tschechischen *Postille* gab es dafür aber einen guten Grund: dem Verfasser stand nämlich während des Schreibens nicht viel mehr an Büchern zur Verfügung als eben seine eigene Schriften.[1]

Wir wissen bereits, dass am 18. Oktober 1412 die verschärfte Exkommunikation über Hus ausgesprochen wurde. Weil über den Ort, in dem sich ein Gebannter aufhielt, ein Interdikt verhängt und damit die Gottesdienste und andere priesterliche Handlungen wie Taufen und Begräbnisse eingestellt werden mussten, entschloss sich Hus, dem Wunsch König Wenzels folgend, Prag zu verlassen. Wohl erst nach dem 27. November, dem ersten Adventsonntag und dem letzten Termin zur endgültigen Verhängung des Banns, verließ er die Hauptstadt. Dies gab ihm die Möglichkeit, das Kirchenjahr 1411–1412 noch in Prag zu beendigen und seine letzte lateinische Postille, die *Adumbrata*, seinen Anhängern fertiggestellt zu hinterlassen. Er begab sich daraufhin wahrscheinlich nach Saaz (Žatec), wo sein Aufenthalt durch einen Briefwechsel mit örtlichen Klerikern bezeugt ist. Hus hielt sich in der Stadt inkognito auf, trotzdem blieb seine Anwesenheit kein Geheimnis. Die Bürger tolerierten den Exkommunizierten. Sie selbst standen im Konflikt mit der Kirche, weil sie unlängst einige Priester verbrennen bzw. ertränken ließen; noch zwei Jahre später drohte ihnen der Papst deswegen mit dem Interdikt.

Gemäß dem Kirchenrecht hätte man an allen Orten, an denen sich Hus gerade aufhielt, sämtliche Gottesdienste aussetzen müssen; dies scheint aber nicht der Fall gewesen zu sein, vor allem wenn sich Hus dort der Predigt enthielt.

> »Sie wussten gut, dass ich in Prag von Weihnachten bis über Ostern war, und sie feierten Gottesdienste; allein als ich predigte, stellten sie die Gottesdienste sofort ein,«

schrieb Hus in der *Postille*. Anscheinend wechselte er seine Aufenthaltsorte oft und pendelte nach Bedarf zwischen Prag, Saaz und möglichen anderen Orten. Im Juni 1413 besuchte Hus abermals Prag, zog sich aber wegen des Interdiktes bald wieder aufs Land zurück. Er begab sich nach Südböhmen, wo er bei den Gebrüdern Johann und Ctibor von Kozí, einer Familie aus dem Niederadel, Zuflucht fand. Auf der Burg Kozí vollendete er am 27. November die *Postille*. Zur Ausstellung der berühmten Reliquien, der so genannten Heiltumsweisung, im April 1414 besuchte er nochmals Prag. Im Sommer 1414 weilte er kurz in der unweit von Kozí gelegenen Stadt Sezimovo Ústí, von wo er bald auf die Burg Krakovec bei Rakonitz wechselte.[2]

Hus litt offenbar darunter, dass er sein Bethlehem verlassen musste. Bei mehreren Gelegenheiten schickte er an seine Gemeinde eine kurze schriftliche Unterweisung. Trost fand er darin, dass er seine Verbannung und das erzwungene Herumziehen als Nachfolge Christi deutete.

> »Und da man schon den Herrn Jesus vertrieb und aus der Stadt Nazareth auswies, [...] was Wunder, wenn man auch mich, den Sündigen, aus einer Stadt oder einer Gegend vertreiben würde?«

stellte er in der *Postille* fest. Im Abschiedsschreiben an seine Prager Anhänger erklärte Hus seine Entschlossenheit, auf dem Lande überall zu predigen, wo er sich nur nützlich machen könnte, auch »auf den Feldern und in den Wäldern«. Das hat sich dann im südböhmischen Exil erfüllt.

> »Nun predige ich zwischen Zäunen nahe der Burg, die Kozí heißt, auf den Straßen des Landes und der Städte. Denn Christus sagt: ›Geh auf die Landstraßen und an die Zäune hinaus.‹ (Lukas 14, 23),«

schrieb Hus. Das Zitat stammt aus einem Kapitel der *Postille*, das für Hus eine spezielle Bedeutung haben mochte. Obwohl er die *Postille* nicht parallel zum Ablauf des Kirchenjahres schrieb, sondern die Abfassung schneller vorankam, kann man hypothetisch berechnen, dass er dieses Kapitel eben zu der Zeit schrieb, an welchem er über das Thema predigte, nämlich am zweiten Sonntag nach Dreifaltigkeit (2. Juli 1413). Damals dürfte er gerade nach Kozí gekommen sein und die Predigt »auf den Landstraßen« begonnen haben. Seine Predigt in der Nachfolge Christi nahm Hus so ernst, dass er Bedenken hatte, ob er zu seinen Zielorten fahren oder reiten dürfe, da ja Jesus als Wanderprediger zu Fuß gegangen sei. Nach dem Zeugnis der *Alten böhmischen Annalen* fuhr Hus von Kozí wie auch von Krakovec in die Märkte und Dörfer, um zu predigen, besonders wenn dort Kirchweih war oder eine Hochzeit stattfand.

Die alttschechischen *Versannalen* berichten, Hus habe in Kozí in einer Scheune gepredigt und dort sogar die Messe gefeiert. Priester Věnek habe dann angefangen, Kinder im Teich zu taufen und dabei Weihwasser sowie Salböl zu missachten. Aus der Zeit nach Hus' Tod stammt ein Bericht, der die liturgischen und anderen Neuerungen der Radikalen in der Gegend um Kozí und Sezimovo Ústí aufzeichnet. Es ist schwer zu entscheiden, ob diese Entwicklung des religiösen Radikalismus direkt mit der Tätigkeit von Hus zusammenhing. Es ist aber auffallend, dass seine Aufenthaltsorte in Süd- und Nordwestböhmen mit den etwas späteren Zentren des radikalen Hussitismus übereinstimmen. Genauso stimmen sie aber auch mit den traditionellen Gebieten der volkstümlichen Häresie überein, wo sich die Inquisition seit dem frühen 14. Jahrhundert intensiv betätigte. Hus hat sich seine Zufluchtsorte wahrscheinlich dort ausgesucht, wo bereits eine Aufbruchstimmung für Reformen herrschte, wo es eine gewisse nonkonformistische Tradition gab und wo er also auf gute Aufnahme hoffen konnte.[3]

Stephan von Páleč meinte in seinem *Antihus*, das Wanderdasein auf dem Lande habe Hus dazu geführt, dass er »das Wesen der wilden Tiere im Wald annahm«. Dies sei nicht ohne Auswirkungen auf seinen Scharfsinn geblieben, denn seine argumentative Logik ähnle der eines Nachtwächters. Diese übertriebene Polemik einer Streitschrift hatte keinen Anhaltspunkt in der Realität. Hus' intellektuelle Schärfe erfuhr im Exil kaum eine Beeinträchtigung. Im Gegenteil, denn gerade dort hat er seine wichtigsten Schriften verfasst. Das Buch *Über die Kirche* wurde vor dem 8. Juni 1413 vollendet und am genannten Tag in der Bethlehemskapelle vorgelesen. Damals weilte Hus wahrscheinlich gerade in Prag, aber er hatte an diesem Buch schon seit Ende 1412 im Exil geschrieben. Hus nutzte wohl die gut ausgestattete Pfarrbibliothek in Saaz, die in etwas den Rang einer »Kreisbibliothek« hatte. Gleichzeitig mit dem ersten, systematischen Teil von *De ecclesia* arbeitete Hus an den tschechischen *Büchlein über die Simonie*. Diese wurden am 2. Februar 1413 fertiggestellt, vielleicht während Hus' Aufenthalt in Prag, vor der außergewöhnlichen Synode. Als er dann das Memorandum der Doktoren zu dieser Synode erhielt, begann Hus den zweiten, polemischen Teil von *De ecclesia* zu schreiben, was die Vollendung dieses Werkes bis Mai/Juni verzögerte. Bereits seit Februar arbeitete Hus an der tschechischen *Postille,* parallel vor allem mit *De ecclesia*. In einem Brief äußerte er die Hoffnung, er werde im Juni die erste Hälfte der *Postille* fertig haben; bis Ende Oktober lag das ganze Werk fertig vor. Inzwischen hatte Hus die tschechische Fassung seines Traktat *Von den sechs Irrtümern* angefertigt. Sie wurde am 21. Juni 1413 in Bethlehem vollendet. Auf den 26. Juni 1414 ist die kleine Schrift *Über die Sünde* datiert, die Hus in Sezimovo Ústí verfasste. Danach begab er sich nach Krakovec, wo er die polemischen *Büchlein gegen den Priester – Küchenmeister* schrieb.[4]

Der Fleiß, den Hus als Schriftsteller entfachte, war bewundernswert, besonders in Anbetracht der äußeren Bedingungen, unter welchen der verbannte Hus arbeiten musste. Es sei daran erinnert, dass Hus bis Mitte 1413 gleichzeitig an den lateinischen kirchentheoretischen Polemiken arbeitete. Daneben und danach schrieb er seine unterschiedlich ausführlichen tschechischen Schriften. Hus hatte sich sich schon früher für das volkssprachliche Schrifttums eingesetzt; mit seiner Verbannung und dem direktem Kontakt zu den Menschen auf dem Land bekam diese Tätigkeit noch eine größere Bedeutung für ihn. Er war beseelt von der seelsorgerlichen Aufgabe, die einfachen Gläubigen zu unterweisen. Sogar in den stark polemischen *Büchlein über die Simonie* achtete Hus stets darauf, dem Laienpublikum den Sachverhalt anschaulich zu erklären. Zur Abfassung der *Büchlein gegen den Priester – Küchenmeister* wurde er durch eine Äußerung des im Titel genannten Gegners veranlasst, der behauptet hatte, Hus sei schlimmer als alle Teufel. Eine rein persönliche Polemik, würde man denken. Doch betonte Hus am Anfang, die Schrift solle nicht dem Gegner, sondern seinem Herrn gegeben werden, damit sie nicht abhanden komme. Den dann »wäre meine Mühe umsonst aufgewandt und die Wahrheit nicht offenbart worden,« fürchtete der Verfasser. Die »Wahrheit« auch allen der lateinischen Sprache Unkundigen zu verkünden war das Hauptanliegen der volkssprachlichen Schriften von Hus.

Die Gründe, die ihn zur Abfassung kurzer volkssprachiger Erbauungsschriften bewegten, formulierte Hus am Anfang seines kleinen Werks *Schnürchen von drei Fäden*:

»Da ich gesehen habe, dass die Menschen in Sünden nahe dem Ertrinken schwimmen, und da ich fürchtete, dass sie in den ewigen Abgrund fallen, [und wünschte,] dass sie aus den Sünden und aus dem Teufelsrachen heraus gezogen sind, möchte ich ein Schnürchen verkündigen, an dem sich die Menschen festhalten und so in die ewige Freude hinaufgezogen werden könnten. Und weil die Menschen ungern lange Reden hören und auch die Schreiber ungern auf Tschechisch schreiben – und wenn sie so schreiben, dann falsch – und weil ich auch keine große Muße habe, will ich das Schnürchen kurz aus drei Fäden flechten. Das Schnürchen ist das heilige Leben, das im Menschen durch den lebendigen Glauben, die Hoffnung und die Liebe bewahrt wird.«

Die Errettung der Menschen von der Sünde und aus der ihr folgenden Verdammnis stand im Mittelpunkt der meisten Erbauungsschriften aus der Feder von Hus. Der von ihm vorgeschlagene Weg erscheint konventionell: es ist ein ständiger geistiger Kampf gegen die Versuchungen dieser Welt. Der mittelalterlichen asketischen Tradition verpflichtet, bekannte sich Hus zur Weltabgewandtheit und legte diese auch seinen Lesern ans Herz. Übrigens schöpften seine tschechischen Schriften in nicht unbeträchtlicher Weise aus vorhandener Literatur – nicht nur aus den Kirchenvätern und Wyclif, sondern auch aus den hochmittelalterlichen christlichen Schriftstellern, so dass sie stellenweise wie Übertragungen aussehen. Sein Werk *Vom Erkennen des rechten Weges zum Heil,* nach der Anrede der imaginären Leserin zu Beginn jedes Kapitels auch *Töchterchen* genannt, steht in der Tradition von Anweisungen zum frommen Leben. Hus schrieb es wahrscheinlich für die Mitglieder der frommen Frauenkreise, die in Häusern in der Nähe der Bethlehemskapelle wohnten.

Zum Abschluss der Schrift fordert Hus die Leserin zum Kampf gegen die bekannte mittelalterliche Trias Teufel, Fleisch und Welt auf. Dieselbe Aussage findet sich am Ende der *Auslegungen.* Hus vollendete diese umfangreiche Schrift am 10. November 1412, kurz bevor er Prag verließ. Es handelt sich um eine detailierte Auslegung des Glaubensbekenntnisses, der Zehn Gebote und des Vaterunsers. Im letzten Absatz ruft Hus seine Leser zum geistigen Kampf gegen die drei Feinde auf und nennt sie »Ritter Jesu Christi«. Besonders bei der Auslegung der Gebote Gottes nutzte Hus die Gelegenheit, die zeitgenössischen Verhältnisse zu kritisieren, vor allem die schlecht lebenden Kleriker und Prälaten. Die bildliche Bezeichnung als Gottesstreiter gewann im Kontext von Reformagitation und Protestbewegung neue Bedeutung – es sei nur an den Abschluss der *Quaestio* über den Ablass erinnert. Man kann davon ausgehen, dass es dem Autor bei der Bearbeitung aktueller Themen wie z.B. der Simonie nicht lediglich um die Erziehung seiner Leser, sondern auch um ihre aktive Einbindung in die Bemühungen um eine Besserung der zeitgenössischen Lage ging.[5]

In dieser Verbindung von Reformbemühen und persönlichem Kampf liegt das Besondere an den tschechischen Werken von Hus. Er reagierte mit seinen volkssprachlichen Schriften auf die ihm eigene Weise auf die zeitgenössischen Entwicklungen in der Literatur. Viele spätmittelalterliche Theologen wandten sich von abstrakten, spekulativen Fragestellungen ab und widmeten sich bevorzugt der praktischen, moral- und pastoraltheologischen Problematik. Damit hing auch die Entstehung einer europaweiten Strömung sogenannter Frömmigkeitstheologie zusammen, welche auf die religiöse Erziehung der Laien zielte und sich nun vermehrt der Volkssprache bediente. Der in diesem Buch mit Jan Hus viel verglichene Jean Gerson hat über 100 volkssprachliche Werke verschiedenster Gattungen hinterlassen und wurde als »einer der Meister der französischen Sprache« bezeichnet. Das Interesse seitens gebildeter, des Lesens mächtiger Laien war eine Voraussetzung für den Erfolg solcher Literatur. Die jüngere Forschung zeigt verstärkt auf, dass für die Entstehung solchen volkssprachlichen Schrifttums zum einen spontane Initiative in den Gelehrtenkreisen und zum anderen vor allem das fürstliche und adelige Mäzenatentum ausschlaggebend waren. Ein gutes Beispiel stellt die so genannte *Wiener Schule* dar, nicht nur wegen des zeitlichen und räumlichen Zusammenhangs mit dem Hussitismus, sondern wegen ihrer Bedeutung für die frühe deutschsprachige frömmigkeitstheologische Literatur überhaupt.

Als *Wiener Schule* wird eine Gruppe von Theologen der Wiener Universität bezeichnet, die sich in enger Zusammenarbeit mit dem habsburgischen Hof der Popularisierung des Fachwissens widmeten. Unter den Autoren, die ihr zugerechnet werden, erscheinen Heinrich von Langenstein, der aus Paris nach Wien kam, und Nikolaus von Dinkelsbühl, der in Konstanz einen Teil der Auseinandersetzungen mit dem

Utraquismus übernahm. Der herzogliche Hof diente als Initiator und erster Rezipient der Werke der *Wiener Schule*; aber auch der Hof- und Landadel zählte zu den Auftraggebern. Die Gelehrten sollten den Seelsorgern katechetische Handbücher zur Unterweisung der Laien und für standesgemäße Anweisungen zum richtigen religiösen Leben an die Hand geben. Die Verfasser und Übersetzer suchten experimentell nach adäquaten Formen, durch welche sie ihr theologisches, aber auch medizinisches oder astronomisches Wissen popularisieren konnten. Das Ergebnis war eine Fülle von Gebetsauslegungen, Abhandlungen zu spirituellen und pastoralen Themen, Hausväterliteratur (also einer Art Ratgeber für Haus und Familie) und Ähnlichem. Insgesamt sollten die Werke der *Wiener Schule* dem »Nutzen« des Herzogtums und des dortigen Kirchenwesens dienen. Sie waren von Reformbestrebungen veranlasst, vom Respekt zur Hierarchie gekennzeichnet und auf die Abwehr von Aberglaube und Häresie, vor allem der hussitischen Häresie, ausgerichtet.

Ein umsichtiger Vergleich der böhmischen Reformschriften und volkssprachigen Adaptationen mit der literarischen Produktion der *Wiener Schule* und anderen frömmigkeitstheologischen Gruppierungen und Autoren wäre trotzdem (oder gerade deshalb) wünschenswert. Einiges kann man vorläufig festhalten. Ein mit den Wiener Verhältnissen vergleichbares Mäzenat des volkssprachlichen Schrifttums gab es in Böhmen nur unter Karl IV. Der Kaiser unterstützte die Universität sowie eine an das Dominikanerkloster angeschlossene Gruppe von Übersetzern, die die Bibel, die *Goldene Legende* von Jakob de Voragine und andere christliche Grundwerke ins Tschechische übertrugen. Diese Prager Strukturen, die auch für Wien als Vorbild dienten, lösten sich nach Karls Tod auf. Obwohl der bedeutendste Autor von Übersetzungen und Adaptationen der lateinischen Erbauungsschriften, Thomas von Štítné, ein niedriger Adeliger war, zeigte der Adel sonst kein Interesse, als sich Auftraggeber in diesem Bereich zu engagieren. Der intellektuelle Brennpunkt verlagerte sich an die Universität, doch ein der *Wiener Schule* ähnliches Zentrum der Frömmigkeitstheologie hatte sich nicht konstituiert. Die religiösen Debatten (vor allem über die häufige Kommunion der Laien) wurden nun auf der fachtheologischen Ebene und auf Lateinisch geführt.

Jan Hus begründete also eine neue Tradition, auch wenn er an Štítnýs umfangreiches volkssprachliches Werk gewissermaßen anknüpfen konnte. Er verlegte sich nicht auf methodische Anleitungen zur Meditation und zu geistigen Übungen wie die Literatur der *Devotio moderna*; er schrieb auch keine allzu praktisch orientierten Handbücher des frommen Lebens für Hausväter und andere Stände wie die Wiener oder auch Štítný. Sein volkssprachliches Werk war durch allgemeine ethische Imperative charakterisiert, die, obwohl sie an sich für jeden einzelnen Christen verbindlich waren, seiner Auffassung nach eine gesamtgesellschaftliche Anwendung finden sollten. Ein gutes Beispiel bietet das *Töchterchen*. Obwohl es ein sehr persönlich orientiertes Werk ist, formulierte es deutliche Gesellschaftskritik, vornehmlich eine Kritik an den Klerikern. Im Abschnitt über das Gewissen heißt es:

> »O, wie viel verfluchte Priester mit [allzu breitem] Gewissen gibt es, die ihre Unzucht, Habgier und Simonie für keine Sünde halten! Auch in anderen Ständen gibt es solche, die Buhlerei, Tänze, Torheiten, Scherze, Spiele, aufgeschnittenes Gewand und andere böse Sitten für keine Sünde halten und kein schlechtes Gewissen haben.«

Diese Belehrungen, die ursprünglich für eine fromme Leserin gedacht waren, spiegeln Hus' Vorstellung einer Kirche wieder, in der die einzelnen Laien direkt den Geboten Gottes, und nicht den oftmals verdorbenen Priestern untertan sind und die ihr eigenes Gewissen zum höchsten Richter machen.[6]

Es ist schwierig, das intendierte Publikum der tschechischen Schriften von Jan Hus zu bestimmen. Im Falle der kleinen katechetischen Werke dürften es die des Lesens kundigen Laien gewesen sein, die kein Latein konnten – die gleiche Gruppe also, an die sich auch die *Wiener Schule* richtete.

Umfangreichere und kompliziertere Werke waren eher für Kleriker bestimmt. Ein Werk wie die tschechische *Postille*, die in ihrer Anordnung dem universalen, »ewigen« Kirchenkalender folgt, erscheint durchaus als ein Nachschlagewerk für Prediger. Das schließt nicht aus, dass sie auch Laien zum erbaulichen Lesen (die so genannte »Predigt für den Lehnstuhl«) verwenden konnten. An erster Stelle hatte aber Jan Hus beim Schreiben der *Postille* (und vielleicht auch der *Auslegungen*) wohl die ländlichen Pfarrer im Sinn, die keinen Zugang zu lateinischen Traktaten und Handbüchern hatten. Auf den sensiblen Hus musste der Wechsel der Wirkungsstätte nach mehr als 20 Jahren in Prag tief eingewirkt haben.

> »Damit du, der du dies lesen wirst, meine tschechische Sprache verstehst, sollst du wissen, dass ich so geschrieben habe, wie ich gewöhnlich spreche; denn in einer Gegend sprechen die Tschechen so und in anderer anders,«

schrieb Hus im Vorwort seiner *Postille*. Offensichtlich machte er sich mehr als zuvor Gedanken über das volkssprachliche Schrifttum und über die tschechische Sprache sowie über die Voraussetzungen einer erfolgreichen Vermittlung des religiösen Wissens an einen möglichst breiten Kreis klerikaler Mitarbeiter, die dann einen noch breiteren Wirkungskreis entfalten konnten.

Auch die editorischen Fragen beschäftigten Hus. Er fertigte Sachregister zu seinen Schriften an sowie detaillierte Gebrauchsanweisungen zu diesen Registern. Auch um eine gut lesbare Rechtschreibung kümmerte er sich. Oben haben wir seinen Seufzer über die Kopisten gehört, die nur ungern tschechische Texte abschrieben. Hus entschloss sich schon bei seinen *Auslegungen* ein neues, diakritisches Rechtschreibsystem anzuwenden, und bat die Kopisten dies zu übernehmen. In der Vorbemerkung führte er darüber näher aus, er habe

> »nicht nach allgemeiner Gewohnheit geschrieben, die sich die Tschechen aneignet hatten, aber unrichtig, und zwar deswegen, weil sie die tschechische Sprache ausschließlich im lateinischen Alphabet schreiben wollen, was aber nicht geht«.

Hus' Lösung bestand in der Benutzung diakritischer Akzente, wodurch die spezifischen tschechischen Laute unterschieden werden sollten. Zum Beispiel hat er für den Zischlaut *tsch* statt des bisher üblichen Digraphs *cz* den mit diakritischem Zeichen versehenen Buchstaben *ċ* benutzt (im modernen Tschechisch als *č* wiedergegeben). Diese Versuche Hus' waren bahnbrechend für die moderne diakritische Orthographie. Es ist umstritten, ob er auch als Autor der theoretischen Abhandlung *Orthographia Bohemica* gelten darf. In diesem Fall dürfte man Hus sogar als Erfinder der neuen Orthographie bezeichnen. Hus' unermüdliche Bemühungen, den Pfarrklerus und interessierte Laien mit religiöser Literatur in der Muttersprache zu versorgen, galten natürlich vor allem auch der Bibel. In der *Postille* schrieb Hus jeweils die vollständigen Perikopen dazu, da die Leser »gewöhnlich keine auf Tschechisch geschriebene Sonntagslesungen zur Verfügung haben«. Er selbst konnte auf der Burg Kozí auf ein Evangelistar oder Lektionar zurückgreifen, das die Lesungen der zweiten Redaktion der tschechischen Bibel enthielt. Es bleibt aber äußerst fraglich, ob Hus selbst an der zweiten oder dritten Bibelübersetzung oder ihrer Revision Anteil hatte.[7]

Hus' Mission auf dem Lande und seine tschechischen Schriften zeigen, wie wichtig ihm die Seelsorge, sein Priesteramt und die Anwendung der Muttersprache war. In den *Auslegungen* tadelte er die Benutzung von Germanismen im Tschechischen. Jene Tschechen, die Worte wie *hantuch* (Hand- oder Tischtuch), *šorc* (Schürze), *mantlík* (kleiner Mantel), *marštale* (Marstall) oder *knedlík* (Knödel) benutzten, verdienten sogar eine Tracht Prügel! »Wenn ein wahrer Tscheche sie so sprechen hört, versteht er sie nicht,« beklagte sich Hus. Hinter diesem Sprachpurismus verbarg sich aber mehr, denn um den Begriff des »wahren Tschechen« herum hat die wyclifistische Gruppe der böhmischen Universitätsnation im Umfeld des Kuttenberger Dekrets bemerkenswerte nationale Konzepte entwickelt. Das ohnehin stark ausgeprägte mittelalterliche tschechische Nationalbewusstsein erhielt besonders von den Magistern Hieronymus von Prag und Johannes von

Jesenice bedeutende Impulse. Wir haben oben bereits darauf hingewiesen, dass Hieronymus an der genuinen Rechtgläubigkeit der »reinen Tschechen« festhielt. Traditionell wurden so Mitglieder der tschechischen Sprachgemeinschaft bezeichnet, deren beide Elternteile tschechisch waren. Jesenic ging in seiner Verteidigung des Kuttenberger Dekrets sogar so weit, dass er den »wahren Tschechen« aufgrund göttlichen wie auch natürlichen Gesetzes ein Vorrecht in ihrem Land einräumte.

Auch Hus hob die tschechische Rechtgläubigkeit hervor. »Gott sei Dank, dass ich keinen ketzerischen Tschechen je gesehen habe,« sagte er öffentlich in der Bethlehemskapelle. In seiner *Verteidigung des Buches von der Dreifaltigkeit* benutzte er in diesem Zusammenhang die bekannte Wortverbindung »wahrer Tscheche«. Offenbar teilte er die Auffassung der Nation als Blutsverwandtschaft, da er forderte, dass Kinder aus deutsch-tschechischen Ehen tschechisch sprechen und beide Sprachen nicht vermischen sollten. Häresieanklagen gegen die »wahren Tschechen« waren nach Hus und seinen Gefährten eine Beleidigung des ruhmreichen Königreichs Böhmen – ein Argument, mit dem sie die Unterstützung des Königs gewinnen wollten. Hus meinte jedenfalls, die deutschen, in Böhmen ansässigen Geschlechter sollten dem König und dem Land einen Treueid leisten. »Das geschieht aber erst, wenn sich die Schlange auf dem Eis aufwärmt,« bemerkte er. Überspannte nationalistische Äußerungen gehörten größtenteils der Zeit kurz vor dem Abgang der deutschen Magister aus Prag an. Drei Jahre später, als sich die tschechischen Theologen gegen das wyclifistische Reformprogramm stellten, trat der sprachliche Gesichtspunkt wieder in den Hintergrund. »Ich liebe einen guten Deutschen mehr als einen bösen Tschechen, auch wenn dieser mein leibliche Bruder wäre,« sagte Hus und fügte in den *Auslegungen* hinzu: »Gute englische Priester sind mir lieber als tschechische Priester und ein guter Deutsche lieber als ein böser Bruder.« Das Kriterium des Glaubens behielt die Priorität. Das machte Hus auch in einem Brief an seine Anhänger klar: er forderte sie auf, die

Sache Gottes stets als erstes zu berücksichtigen, dann eine Demütigung des Landes oder des Volkes zu rächen und erst dann ein privates Unrecht zu beheben.[8]

Hus nutzte die Zeit im böhmischen Exil zu produktiver Arbeit. Er nahm die Verbannung als Prüfung an, seine Sendung als Priester und Prediger nun unter veränderten Bedingungen weiter zu betreiben und sich noch mehr in der Nachfolge Christi zu bewähren. Die Situation hatte sich inzwischen so verschärft, dass Hus damit rechnen musste, diese Nachfolge mit dem Martyrium vollenden zu müssen. Als er im Sommer 1414 in Sezimovo Ústí seine Schrift *Über die Sünde* schrieb, waren die zu seiner Hinrichtung führenden Ereignisse schon im Gang. Bereits im Frühjahr sandte König Sigismund einige böhmische Adelige zu Hus, vornehmlich den Ritter Johann von Chlum, um ihn zum bevorstehenden Konzil nach Konstanz einzuladen. Papst Johannes XXIII., mit dem Sigismund die Einberufung des Konzils vereinbarte, steigerte seinerseits den Druck auf die Vertreter der geistlichen und weltlichen Macht in Böhmen. Bischof Johann von Leitomischl wurde mit einem resoluterem Vorgehen gegen Hus beauftragt und König Wenzel erhielt eine briefliche Drohung mit demselben Tenor. Das Mitglied des Kronrates, Heinrich Lefl von Lažany, wurde autorisiert, die Angelegenheit zu regeln. Zu diesem Zweck lud er Hus auf seine Burg Krakovec ein, wo der Prediger dann seine letzten Wochen in der Heimat verbringen sollte. Hus entschied sich schließlich, zum Konzil zu gehen. Dies teilte er brieflich dem böhmischen und dem römischen König mit. Er erklärte sich bereit, öffentlich verhört zu werden und wenn nötig, für das Gesetz Christi auch den Tod zu erleiden.[9] Im August und September 1414 bereitete er sich, von seinem Anwalt Jesenic unterstützt, auf die Reise vor. Am 11. Oktober brach er mit seinen Begleitern auf.

15 Das Konzil von Konstanz: Verurteilung und Hinrichtung (1414–1415)

Der Reiseweg nach Konstanz verlief reibungslos. Hus reiste in Begleitung der Herren Wenzel von Dubá, Johann und Heinrich Lacembok von Chlum und deren Diener. Unter diesen befand sich auch der Schreiber des Johann von Chlum, Bakkalaureus Peter von Mladoňovice. Peter schrieb alle Ereignisse, die ihm wichtig erschienen, auf und wurde so zum unschätzbaren Gewährsmann für die letzten neun Monate des Lebens von Magister Jan Hus. Auch ein Abgesandter der Prager Universität, Magister Johannes von Rejnštejn, war dabei. Insgesamt zählte die Reisegruppe zwei Wagen und etwa 30 Pferde. In seinem ersten Schreiben nach Hause, abgesandt am 20. Oktober 1414 aus Nürnberg, nannte Hus folgende Aufenthaltsorte jenseits der böhmischen Grenze: Bärnau, Neustadt an der Waldnaab, Weiden, Sulzbach, Hirschfeld (wohl irrtümlich für Hirschbach), Hersbruck und Lauf. Hus und sein Gefolge wurden überall freundlich empfangen. In Nürnberg erwartete sie schon eine neugierige Menschenschar. Nicht nur in der Reichsstadt an der Pegnitz, sondern auch in kleineren Orten auf dem Weg diskutierte Hus über religiöse Themen und stieß nie auf Unverständnis seiner Gesprächspartner. In Biberach verwickelte sich sogar Johann von Chlum in eine theologische Debatte und hat sich dadurch den Spitznamen »Doktor von Biberach« zugezogen. Hus heftete auch überall Anschläge an, die kundgaben, dass er sich nach Konstanz begebe:

> »Wenn ihm jemand eine Irrlehre oder eine Häresie zur Last legen will, dann soll er sich zum Konzil aufmachen, weil er, Magister Johannes, jedem beliebigen Gegner nur auf dem Konzil über seinen Glauben Rechenschaft zu geben bereit ist.«

Offenbar war Hus zu diesem Zeitpunkt davon überzeugt, dass ihm beim Konzil Gesprächspartner für eine freie Disputation gegenüber stehen würden.[1]

Am 3. November 1414 kam Hus in Konstanz an und fand im Haus der Witwe Fida Unterkunft, unweit der heutigen Gedenkstätte (Hus-Haus) in der Hussenstraße. Seine adeligen Begleiter meldeten seine Ankunft Papst Johannes XXIII. Nichts deutete zunächst auf Schwierigkeiten hin. Sogar der Papst soll sich geäußert haben, er garantiere für Hus' Sicherheit, selbst wenn Hus seinen, also des Papstes, eigenen Bruder getötet hätte. Nur öffentliches Predigen war unerwünscht. Als jemand – man wusste nicht, ob Freund oder Feind, wie es Johannes von Rejnštejn formulierte – die Nachricht verbreitete, Hus beabsichtige eine Sonntagspredigt zu halten, wurde er gebeten, dies zu unterlassen. Hus schrieb mehrmals nach Prag, berichtete über die Preise vor Ort und meinte, er werde nicht lange mit seinem Geld auskommen. Sonst scheint nicht viel passiert zu sein. Alle warteten auf König Sigismund, der aber erst zu Weihnachten in Konstanz eintraf. Hus beschäftigte sich mittlerweile mit einem Thema, das in Böhmen Aufsehen erregte. Sein Freund Jakoubek hatte begonnen, das Abendmahl den Laien unter beiderlei Gestalt zu spenden. Die Kelchkommunion (Utraquismus) sollte zum Hauptsymbol des Hussitentums werden. Hus verfasste in Konstanz eine kurze einschlägige *Quaestio*, in der er die wiederbelebte Praxis billigte. Zugleich riet er aber zur Umsicht und meinte, man sollte eine kirchliche Genehmigung erwirken.[2]

Drei kleinere Schriften hatte Hus schon vor seiner Abreise für seinen Auftritt in Konstanz vorbereitet. Ein glücklicherweise erhaltenes Blatt mit eigenhändigen Aufzeichnungen bezeugt, wie diese Werke im Herbst 1414 zustande kamen. Das Blatt enthält drei alternative Formulierungen der Hauptfrage für die *Quaestio Über das hinreichende Gesetz Christi*, einen Entwurf der *Rede vom Frieden* sowie Material zu Hus' *Glaubenserklärung*. Mit diesen drei Schriften wollte Hus die Konzilsväter ansprechen, diese wollte er als Einstieg in die Diskussion benutzen. Der *Sermo de pace* (»Rede vom Frieden«) ist eine regelrechte Konzilspredigt. Hus unterscheidet hier verschiedene Formen von Frieden und stellt den Frieden zwischen Mensch und Gott am höchsten. Würden die Geistlichen den Geboten Christi folgen und so den Laien ein gutes Beispiel geben, wäre der Frieden auf Erden gewährleistet. Da dies aber nicht der Fall sei, sei eine Klerusreform für das Wohl der Kirche unausweichlich. Die Kleruskritik bildete den Schwerpunkt der Predigt und verband so Hus' letzten Predigttext mit seinen zehn Jahre zurück liegenden Synodalpredigten, aber eigentlich mit seinem gesamten Predigertum. »Gegen Verbrechen des Klerus habe ich gepredigt und werde hoffentlich auch am Konzil predigen,« schrieb Hus kurz vor seiner Abreise.[3]

Besser als alles andere zeigt der *Sermo*, mit welch falschen Erwartungen Jan Hus zum Konstanzer Konzil kam. Dass Hus in seiner Konzilspredigt den Klerus einer strengen Sittenkritik unterziehen wollte, ist an sich noch nicht erstaunlich. Viele Konzilsteilnehmer haben das mit viel schärferen Worten getan. Die falsche Einschätzung der Umstände lag darin, dass Hus glaubte, man lasse ihn als Konzilsprediger zu, so dass er von der Kanzel einer Konstanzer Kirche sprechen könne. Noch am Tag seiner Verhaftung erklärte er wiederholt, er sei freiwillig zum Konzil gekommen und wolle die Versammlung in einer öffentlichen Sitzung mit seinen Lehren bekannt machen. Offenbar rechnete er mit einer quasi akademischen Disputation. Erst bei seiner Einkerkerung schien er zu begreifen, dass das Konzil ihn als widerspenstigen Ketzereiverdächtigen zu behandeln gedachte.

Die Verhaftung beraubte Hus zwar nicht aller Hoffnung, sie markierte aber eindeutig den Anfang des Endes. Hus wurde nie wieder freigelassen. Es ist im Rahmen dieser Biographie nicht möglich, den Konstanzer Geschehnissen in allen Details zu folgen, wie sie in Mladoňovic' Erzählung und in anderen Konzilsquellen berichtet werden. Stattdessen wollen wir uns auf die wichtigsten strittigen Themenbereiche und die historischen Hintergründe konzentrieren, bevor wir die eingangs gestellte Frage zu beantworten versuchen, warum Jan Hus verurteilt und verbrannt wurde.

Zu den umstrittenen Punkten zählt traditionell der königliche Geleitbrief. Bereits vor seiner Abreise versprach Sigismund Hus mündlich und durch Vermittler einen Geleitbrief. Am 18. Oktober 1414 wurde das Dokument ausgestellt. Hus erhielt es erst zwei Tage nach seiner Ankunft in Konstanz. Der Brief war an alle Untertanen des Römischen Reiches adressiert und gewährleistete Hus überall auf dem Reichsgebiet sichere Durchreise, Aufenthalt und Rückkehr. Das Problem seiner Interpretation bestand darin, dass das Konzil zwar auf Reichsgebiet tagte, selbst aber einen kirchlichen Rechtskörper darstellte, über den der römische König keine Autorität hatte. Theoretisch hätten sich die Reichsstadt Konstanz oder der Ortsbischof dem Konzil oder dem Papst unter dem Hinweis auf den königlichen Geleitbrief widersetzen können. Im Prinzip handelte es sich aber um zwei konkurrierende Gerichtsbarkeiten, eine Frage, die machtpolitisch ausgetragen werden musste. König Sigmund war über Hus' Verhaftung verärgert; in einem Brief an böhmische Adelige vom März 1416 gab er aber zu, dass er schließlich nachgegeben habe, weil er die Arbeit des Konzils nicht gefährden wollte. »Gott weiß, dass es uns leid tat, was ihm [d. h. Hus] passiert ist,« schrieb er, und es gibt keinen Grund, das nicht zu glauben. Aus macht politischen Rücksichten nahm Sigismund am 8. April 1415 alle seine für die Reise nach Konstanz ausgestellten Geleitbriefe zurück.

Offensichtlich wollte Sigismund die Beseitigung des päpstlichen Schismas durch das Konzil wegen Jan Hus keinesfalls verzögern. In diesem Sinn gehörte der Fall Hus beim Konzil unter die »Kleinigkeiten«, wie sich der König selbst einmal äußerte. Sicher konnte sich die Bedeutung der »böhmischen Frage« nicht mit der Wichtigkeit der Überwindung des Schismas und der Einheit der Kirche messen. Neben den Unionsbestrebungen gehörten aber auch Kirchenreform und Häresie zur großen Trias des konziliaren Vorhabens. Für das Konzil selbst war seine Funktion als Glaubensgericht von nicht geringer Bedeutung. Unter der Rubrik Häresie wurden verschiedenste zeitgenössische Konflikte verhandelt. Teilweise kam ihnen internationale politische Bedeutung zu, wie in dem

Fall des Jean Petit, der französisch-burgundische Interessen betraf, sowie im Fall des Johannes Falkenberg, der die Beziehungen zwischen dem Königreich Polen und dem Deutschen Orden betraf. Doch der Hus-Prozess und die Auseinandersetzung mit dem Hussitentum (die Verurteilung der Kelchkommunion und die Hinrichtung Hieronymus' von Prag inbegriffen) wurden zur größten *Causa* der am Konzil behandelten Glaubensangelegenheiten. Nicht zufällig erscheint Prager Wyclifismus an erster Stelle der *Capitula agendorum*, einer Liste von 26 Verhandlungspunkten für das Konstanzer Konzil. Die Klassifizierung der Sache durch Sigismund als »Kleinigkeit« muss man daher als relativ und situationsgebunden verstehen.

Für Sigismund als dem vorgesehenen Erben des Königreichs Böhmen war es wichtig, dass die Angelegenheit ohne großes Aufsehen gelöst wurde. Seinem Einfluss war es auch zu verdanken, dass Hus das von ihm so oft beschworene öffentliche Gehör gewährt wurde. Drei Tage lang wurde er in öffentlichen Sitzungen des Konzils verhört und konnte in beschränktem Ausmaß auf die Anschuldigungen antworten. An den beiden letzten Tagen war auch der König anwesend. Es handelte sich keineswegs um eine freie Disputation nach den Vorstellungen von Hus, überschritt aber bei Weitem alle Gewohnheiten mittelalterlicher Ketzerprozesse. Im ersten öffentlichen Verhör wollten die Konzilsväter Hus sofort verurteilen. Einer der Böhmen bemerkte, dass das Endurteil schon vorlag. Peter von Mladoňovice benachrichtigte sofort die Herren von Dubá und Chlum. Diese gaben wiederum Sigismund Bescheid, und der König sandte den Pfalzgrafen Ludwig und den Nürnberger Burggrafen Friedrich, um die Anhörung durchzusetzen. Der König hoffte wohl anfänglich, dass Hus sich erfolgreich verteidigen werde. Die Gewichtigkeit der Anklagen und die Unbeugsamkeit von Hus machte dies aber mehr und mehr illusorisch. Aus dieser Situation stammte die Erklärung von Sigismund, er würde unter einem hartnäckigen Häretiker selbst den Scheiterhaufen entzünden. Einen Schutz vor der Verurteilung durch ein kirchliches Gericht konnte er Hus nie versprechen. Höchstens konnte er – rein theoretisch – die Vollstreckung der Todesstrafe, die sowieso dem »weltlichen Arm« anvertraut wurde, verweigern und Hus mit dem Urteil zurück nach Böhmen schicken. Das hätte dem Versprechen des »sicheren Geleites« entsprochen, wie es Hus aufgrund der mündlichen Mitteilung von Heinrich Lefl verstand. Es war aber unter den gegebenen Umständen kaum durchführbar.[4]

Die Könige – Sigismund und noch weniger Wenzel – leisteten also Hus im kritischen Moment keine Hilfe. Hus hatte zwar immer noch mächtige Unterstützer im böhmischen und mährischen Adel, die Herren konnten aber kaum mehr tun als Proklamationen zu veröffentlichen und brieflichen Druck auf das Konzil und auf Sigismund auszuüben. Am 13. Mai verlas Peter von Mladoňovice in einer Versammlung der Konzilsnationen einen Protest der in Konstanz anwesenden böhmischen und polnischen Adeligen gegen die Gefangenschaft von Hus. Die Eingabe bewirkte eine ausführliche Debatte, in die sich auch Johann von Leitomischl einschaltete. Am 31. Mai reichten die Herren eine neue Klage ein. Dieser fügten sie die ganze von Hus mitgebrachte Dokumentation seiner Unschuld, die Erklärung aus der Einleitung seiner *Quaestio De sufficiencia* sowie eine briefliche Fürsprache des mährischen Adels vom Januar 1415 bei. Bald wurden weitere Protestschreiben der mährischen sowie böhmischen Herren nach Konstanz zugesandt. Im Juni wurde am Konzil ein Brief mit 250 Siegeln böhmischer Adeligen verlesen.[5]

Hus hatte aber in den Reihen seiner Landsleute auch Feinde. In Konstanz spielten in dieser Hinsicht Michael de Causis und Stephan von Páleč eine besondere Rolle. Páleč, ehemals ein Freund von Hus, war eine der bemerkenswertesten Personen im Drama der letzten drei Jahren im Leben des böhmischen Reformers. Man darf zwar vermuten, dass es ursprünglich nicht seine Absicht war, Hus in den Tod zu schicken. Vielmehr wünschte er, wie die meisten Beteiligten, den Widerruf seiner Lehren. Denn das hätte bestätigt, dass Páleč im Recht war, als er sich 1412 vom Wyclifismus lossagte, und dass er in allen seitdem eifrig geführten Polemiken die richtige Meinung vertrat. Als Hus dennoch verbrannt wurde, bemühte sich Páleč, seine eigene Haltung noch im Rückblick zu rechtfertigen. In seiner Konzilspredigt vom 5. Juli 1416, also am Vorabend des ersten Jahrestages von Hus' Flammentod, sprach er unter anderem über Häresie. Er meinte, gegen Ketzer müsse man ohne Rücksicht auf Einzelne vorgehen: »In dieser Sache gilt es niemanden zu schonen.« Sicher dachte hier Stephan an seinen ehemaligen Freund Hus: »Ich konnte nicht anders«, liest man zwischen den Zeilen die Selbstrechtfertigung des Páleč. Sein Zutun im Hus-Prozess war nicht gering. Mehrmals hat er während der Verhöre gegen Hus ausgesagt und aus eigener Initiative stellte er eine Liste von 42 häretischen Artikeln aus der Schrift *De ecclesia* zusammen, die er dem Konzil überreichte.[6]

Hus wurde während seiner Haft und in den öffentlichen Verhören mit mehreren Anklagen konfrontiert. Die erste Zusammenfassung der bis dato gegen Hus unternommenen Prozessschritte wurde vermutlich von Michael de Causis verfasst und diente nur der Unterrichtung der ersten ernannten Kommission. Diese legte dann Hus die berühmten 45 Wyclif-Artikel vor, zu welchen der Angeklagte schriftlich Stellung nahm. Umfangreiche Erläuterungen machte er Anfang Januar 1415 auch zu den von Páleč entnommenen Artikeln. Inzwischen sammelte und überprüfte die Kommission weitere Zeugenaussagen gegen Hus. Als Grundlage dienten die früheren Anklagen, die man an die Kurie gesandt hatte. Die Kommissare befragten einige Zeugen, die aus Prag nach Konstanz angereist waren, weitere ließen sie in Prag verhören. Aus den Konstanzer Verhören resultierten 40 Anklageartikel, 16 weitere stammten aus den aus Prag zugestellten Unterlagen. Die Flucht des Papstes aus Konstanz führte nicht nur zur Verlegung Hus' in einen anderen Kerker, sondern auch zur Ernennung einer neuen Untersuchungskommission. Im April 1415 erarbeitete die Kommission d'Aillys eine genauere Liste von 39 Irrtümern aus Hus' Büchern. Am 5., 7. und 8. Juni wurde Jan Hus in einer öffentlichen Sitzung des Konzils verhört. Die Richter konfrontierten ihn mit den Zeugenaussagen und am letzten Tag zusätzlich noch mit den 39 Artikeln aus seinen Schriften. Gegen Ende des dritten Verhörs versprach Francesco Zabarella dem Magister eine neue Version der Irrtümerliste. Diese wurde ihm am 18. Juni in der Form von 30 Punkten vorgelegt; sie bildet auch das Fundament des Endurteiles.[7]

Wir können an dieser Stelle die Anklagen gegen Hus nur summarisch behandeln; die wichtigsten Tendenzen treten dabei dennoch hervor. Erstens zeigt sich, dass es den Kon-

Jan Hus wird von zwei Bischöfen entweiht und unter Hut des Pfalzgrafen Ludwigs zur Hinrichtung geführt. Aus dem Erstdruck der Chronik Ulrich Richentals (1483).

zilsvätern um einen möglichst genauen und sachlich angemessenen Wortlaut der Anklage ging. Die wiederholten Verhöre der Zeugen und von Hus selbst sowie seine schriftlichen Stellungnahmen führten zu einer Präzisierung der Vorwürfe. Von den ursprünglichen 56 Punkten der Zeugenaussagen blieben am Ende nur 16 übrig. Allerdings wurden sie während des Konstanzer Prozesses durch die direkt aus Hus' Schriften entnommenen Irrtümer allmählich in den Hintergrund verdrängt. Das war gegenüber den früheren Prozessphasen ein Novum. Auch die aus den Werken erstellte Liste von Irrtümern erfuhr eine Präzisierung: viele Artikel wurden wieder fallengelassen, weil sie zu ungenau waren oder doktrinell harmlos erschienen. Insgesamt gab Hus bei mehr als der Hälfte der Anklagen zu, dass er die jeweilige These vertreten hatte, oder erklärte, in welchem Sinn sie zu verstehen sei. Nur etwa ein Viertel lehnte er ganz ab. Während des Konstanzer Prozesses wuchs die Zahl der Artikel an, deren Richtigkeit Hus bestätigte. Bezeichnenderweise enthalten seine Anmerkungen zu den endgültigen 30 Artikeln nur noch Sinnerklärungen, keine Opposition gegen die ihm fälschlicherweise zugeschriebenen Lehrsätze mehr.

In den seit 1408 gegen Hus erhobenen Klagen ist auch eine gewisse thematische Entwicklung zu beobachten. Die Prager Anschuldigungen konzentrierten sich auf seine öffentlich gemachten Aussagen. Ein Viertel der Artikel betraf seine angeblichen Hetzpredigten; ein weiteres Viertel befasste sich mit seinen vermutlich remanentistischen und donatistischen Aussagen, die teilweise privat, teilweise aber ebenfalls in der Predigt gemacht wurden. In Konstanz verschwanden diese Themen zwar nicht ganz, sie verloren aber stark an Bedeutung. Im Endurteil kam die Remanenzthese, gegen welche sich Hus so oft, das letzte Mal noch auf dem Weg zum Scheiterhaufen, wehrte, nicht mehr vor. Mit den Páleč-Artikeln tauchte aber ein neues Themenfeld auf: die Kirchenlehre. Nicht einmal in den 45 Wyclif-Artikeln hatte die Ekklesiologie eine quantitativ bedeutsame Rolle gespielt. In der Liste Palečs bilden dagegen die Artikel über das prädestinationistische Kirchenverständnis und über das Papsttum die Hälfte, in derjenigen d'Aillys drei Viertel der Einträge. Dazu kommen weitere ekklesiologisch gefärbte Irrtümer. Unter den endgültig verurteilten Artikeln stellen diejenigen über die Wirksamkeit der gegen Gottes Willen ausgeübten priesterlichen Handlungen ein Fünftel dar, diejenigen über den auf Prädestination beruhenden Kirchenbegriff ein Viertel und diejenigen über den Papst sogar ein Drittel. Dies mag ironisch erscheinen, denn die Richter des Konzils hatten kurz zuvor einen Papst für notorisch sündhaft und häretisch befunden und deshalb abgesetzt.

Es darf aber nicht übersehen werden, dass die häretischen Artikel vor allem eine bestimmte formale Rolle im Gerichtsverfahren hatten. Es kam nicht so sehr darauf an, zu wie vielen sich Hus bekannte und wie viele er ablehnte. Seine Richter wollten, dass er schlicht der ganzen Liste abschwört. Dass die Liste mehrmals überarbeitet und dem Angeklagten am Ende ein ziemlich reduziertes Register an Glaubensirrtümern vorgelegt wurde, war ein Zugeständnis, zu dem die Konzilsväter nicht verpflichtet waren. Eine für Hus schicksalhafte Entscheidung war bereits gefallen, als das Konzil am 4. Mai 1415 die Lehren und die Person Wyclifs endgültig verurteilte. Nunmehr konnte niemand mehr die wyclifschen Lehrsätze verteidigen, ohne automatisch der Ketzerei zu verfallen. Man ging nun vom gelehrten Disput unter Akademikern den Schritt zu einem Inquisitionsverfahren, man beurteilte jetzt nicht mehr die einzelnen Aussagen, sondern stand vor der Aufgabe festzustellen, ob Hus als Person Ketzer sei oder nicht. Hus musste also nur dem bereits verurteilten Wyclif entsagen, ungeachtet dessen, ob er diese oder jene These je vertreten hatte oder nicht.

Es kann nicht bestritten werden, dass Hus viele Artikel falsch zugeschrieben wurden und dass die meisten Zeugnisse gegen ihn verdreht oder erlogen waren. Das ist insofern begreiflich, weil man nur seine Gegner verhörte: es sollten ja Irrtümer aufgespürt werden, keine getreue Zusammenfassung von Hus' Lehre erarbeitet werden. Einiges haben die

Konstanzer Richter während des Beweisverfahrens eliminiert. Nach den Prozessregeln musste sich aber das Gericht nach den Aussagen glaubwürdiger Zeugen richten, und Kardinal Zabarella betonte während des Verhöres am 7. Juni die Ehrwürdigkeit und beträchtliche Anzahl der Zeugen. »Wir können nicht nach deinem Gewissen urteilen,« meinte Pierre d'Ailly, »sondern danach, was hier gegen dich bewiesen und hergeleitet wurde, sowie nach einigem, wozu du dich bekannt hast.«[8] Das Hauptanliegen der Konstanzer Väter war aber nicht, genau auszumachen, ob Hus dies oder das in den letzten zehn Jahren in Prag tastsächlich gesagt hatte. Man zeigte ihm einen ganz einfachen Weg zur Entlastung auf: die Abschwörung der nun eindeutig als ketzerisch qualifizierten Lehren Wyclifs. Gerade das aber wollte Hus pauschal nicht leisten.

Obwohl die meisten Konzilsväter selbst eine Universitätsausbildung besaßen, wollten sie unter keinen Umständen eine akademische Debatte mit Hus eingehen. Ihr Beharren auf der gerichtlichen Verhandlung des Falls Hus hatte einen tieferen Hintergrund. Der Prozess gegen Hus fiel zeitlich mit dem Streit zwischen dem Konzil und Papst Johannes XXIII. zusammen. Die mehrheitliche Ansicht der Konzilsväter war, dass es der beste Weg zur kirchlichen Einheit wäre, wenn alle drei Päpste ihre Ämter niederlegten, damit die Versammlung dann einen unumstrittenen Papst wählen könnte. Johannes XXIII., der das Konzil selbst einberufen hatte, stimmte erst zu und erklärte sich bereit zurückzutreten, allerdings unter der Voraussetzung, dass es ihm die beiden anderen Päpste gleich tun würden. Dann aber änderte er seine Meinung und floh am 20. März aus der Konzilsstadt. Das Konzil proklamierte daraufhin mit dem Dekret *Haec sancta* seine Oberhoheit über den Papst und eröffnete gegen den inzwischen verhafteten und zurück nach Konstanz gebrachten Papst einen Ketzerprozess. Am 29. Mai wurde Johannes XXIII. abgesetzt. Da die Konstanzer die anderen zwei Päpste nicht anerkannten, regierten sie jetzt allein die führerlose Kirche. Die Ketzerprozesse schienen unter diesen Umständen eine geeignete Gelegenheit zu bieten, um die Autorität des Konzils zu demonstrieren. Mit dem Abschluss des Hus-Prozesses, der einst an der päpstlichen Kurie begonnen hatte, brachte das Konzil seinen Anspruch als Exekutivmacht und höchste Instanz in der Kirche ostentativ zum Ausdruck.[9]

Die Verbrennung von Jan Hus am 6. Juli 1415 war also auch eine Vorstellung des großen kirchenpolitischen Spieles jener Zeit für das Publikum. Der nach allen Regeln der Ketzerverfolgung geführte Prozess wurde zu Ende gebracht. Der Bischof von Lodi hielt eine Predigt, die Anklagen und Prozessakten wurden nochmals verlesen, und als sich Hus wiederum weigerte dem abzuschwören, was er nicht gelehrt hatte,

Jan Hus wird verbrannt und seine Asche in den Rhein gestreut. Aus dem Erstdruck der Chronik Ulrich Richentals (1483).

wurde ihm das Verdikt vorgelesen. Darauf hin wurde Hus seiner priesterlichen Würde enthoben und dem Reichsvikar Ludwig III. von der Pfalz als Vertreter der weltlichen Macht ausgeliefert. Das Todesurteil wurde zwischen den Garten- und Befestigungsanlagen der Konstanzer Vorstadt vollstreckt. Hus nahm sein Schicksal tapfer entgegen, gestärkt durch das Beispiel der christlichen Glaubensmärtyrer und des Leidens Jesu, in dessen Nachfolge er sich gegen Ende seiner irdischen Wanderung zunehmend sah. Seine Kleider und Schuhe folgten ihm in die Flammen, seine Bücher wurden schon vorher am Friedhof des Konstanzer Münsters verbrannt.

Als sich König Sigismund zwei Wochen nach Hus' Hinrichtung auf den Weg nach Narbonne machte, um die aragonesischen Anhänger Benedikts XIII. für das Konstanzer Konzil zu gewinnen, hielt der Kanzler der Universität Paris Jean Gerson eine Festrede. Diese bestätigt die Hintergründe der Hinrichtung von Jan Hus.

> »Das Generalkonzil kann und muss gegen alle Personen, welcher Würde oder Standes sie auch seien, ohne Gunst oder Angst oder persönliche Vorliebe die Gerichtsbarkeit in Sachen der Ketzerei ausüben,«

sagte Gerson. »Das wurde in der Ermittlung gegen Papst Johannes XXIII. und gegen Jan Hus praktiziert.«[10] Im Ketzergerichtsverfahren fand nach Gerson die Superiorität des Konzils ihren Ausdruck. Die Verquickung des Häresieprozesses mit kirchenpolitischen Machterwägungen, ja die Verwertung ihrer Resultate für die aktuellen Bedürfnisse ist kaum zu leugnen. Johannes XXIII. wurde als Ketzer verurteilt, weil es keine andere akzeptable Möglichkeit gab, einen Papst abzusetzen. Sogar der Vorwurf des Unglaubens wurde gegen ihn erhoben. Später wurde er aus dem Kerker entlassen und vom neuen Papst Martin V. begnadigt. Er starb, als Kardinal der römischen Kirche, 1419 in Florenz. Welche historische »Notwendigkeit« brachte Jan Hus in das Räderwerk der hohen Politik und Justiz, aus welcher er nicht mehr entkommen konnte?

Hus selbst meinte, er werde wegen seiner Kritik am sittenlosen Klerus verfolgt. In seinem Testament, das er Martin von Wolin vor der Abreise nach Konstanz hinterlassen hatte, schrieb Hus: »Du weißt, dass ich Habgier und unordentliches Leben der Kleriker verabscheute, weshalb ich aus Gottes Gnaden Verfolgung erfahre.« Bereits im Jahre 1413 äußerte Hus in Briefen an den Domprediger Beneš von Ostroměř und an den Magister Andreas von Brod, dass er wegen seiner Kleruskritik verfolgt werde. Die beiden Adressaten entgegneten, der wahre Grund sei, dass er die häretischen Lehren Wyclifs vertrete und verteidige.[11] Dass die Kleruskritik wirklich bei seiner Verfolgung den Anstoß gab, kann nicht ausgeschlossen werden. Die Gründe für die ersten Anklagen seitens der Prager Pfarrer und Domherren sind sicher darin zu suchen, dass diese sich als Stand öffentlich angegriffen fühlten. Doch es hieße, die Geschichte grob zu vereinfachen, wollte man Prozess und Verurteilung nur aus dieser einen Ursache ableiten. In Konstanz gab es genug Konzilsväter, die einen breiteren Horizont als die Prager Pfarrer hatten und die darüber hinaus selbst Anhänger der Klerusreform waren. Was sie nicht wollten, war ein Aufhetzen des Volkes.

In den vorangegangenen Kapiteln ist immer wieder gezeigt worden, was die Konzilsväter in ihrer Anklage bestimmt haben könnte. Die Reformpredigt an sich dürfte es wohl nicht gewesen sein; womöglich erachteten sie das Hinaustragen interner Angelegenheiten der Geistlichkeit an die Öffentlichkeit als das größere Problem. Der wyclifistisch-hussitische Weg zur Reform war nicht akzeptabel, weil ihm eine zersetzende Kirchenauffassung zugrunde lag, die mit den pastoralen Rücksichten der führenden Kirchenmänner unvereinbar erschien. Das Urteil beruhte weithin auf dem Verständnis von Kirche als der Gemeinschaft aller zum Heil prädestinierten, das als unvereinbar mit dem katholischen Glauben befunden wurde. Diese eher spekulative Häresie diente aber in großem Maße als Vorwand für das, was die Konzilsväter wirklich in Angst versetzte: der breite gesellschaftliche Widerhall der aufrührerischen Lehren. Dabei legte Hus keine umfassende soziale Theorie vor. Keinesfalls war er ein sozialer Revolutionär. Er wollte die bestehenden gesellschaftlichen Verhältnisse in Ordnung bringen und reformieren, und damit aufrechterhalten. Aber sein heterodoxer Kirchenbegriff drohte in seinen Auswirkungen in eine Rebellion zu münden, und die Kirchenväter als versierte Theologen mussten das erkennen.

Die theoretische Neubegründung der Kirche darf als Resultat dessen angesehen werden, dass Jan Hus sein Vertrauen in die zeitgenössischen kirchlichen Institutionen verloren hatte. Dies mag in der Erfahrung des *Großen Abendländischen Schismas* begründet gewesen sein. Das Schisma und der Konziliarismus, mit dem eine führende Theologenschaft auf die Kirchenspaltung reagierte, schufen jene besonderen Machtkonstellationen, die in erheblicher Weise für den Tod von Hus verantworlich waren. Hus hat sich nie nach Rom begeben, um sich dort einem Gericht des von ihm geringgeschätzten Papstes zu unterwerfen. Ungeachtet des Kirchenbanns hätte er weiterhin in Böhmen leben können, wenn er nicht nach Konstanz gekommen wäre – ähnlich wie Jesenic, Jakoubek und andere Exkommunizierten, die nach dem Konstanzer Konzil weiterhin aktiv die böhmischen Entwicklungen mitgestalteten. Aber Hus teilte die mit dem Konzil allgemein verbundenen Erwartungen. Alles schien für eine Reise nach Konstanz zu sprechen: der Geleitbrief Sigismunds; die Hoffnung auf ein Austragen aller Probleme der Christenheit durch die konziliare Debatte; die eventuelle Reform und mögliche Neuordnung der Kirche. Diese vorgesehene Neuordnung brachte aber auch Machtaspirationen und Kämpfe um das Kirchenregiment hervor. Die momentan siegreichen Konziliaristen konnten keinen »Meuterer« brauchen, der die von ihnen dominierte kirchliche Hierarchie wieder in Zweifel zog.

Vielleicht hätte die notwendige Auseinandersetzung zwischen Hussitismus und der katholischen Kirche doch auf einer akademischen Ebene geführt werden können, wenn das Problem nicht bereits die engen Grenzen der akademischen Sphäre überschritten gehabt und weitreichende Auswirkungen religiöser sowie sozialer Art nach sich gezogen hätte. Dass die Hinweise auf Hus' skandalöse Predigten aus den Konstanzer Anklagen allmählich verschwanden, darf uns nicht täuschen. Die kirchlichen Behörden und einzelne einflussreiche Theologen erblickten die größte Gefahr immer noch darin, dass Hus häretische Lehren im Volk verbreitete. Auch im Urteil stand, Hus habe »das Christenvolk, zumal im Königreich Böhmen, in seinen öffentlichen Predigten und in den von ihm zusammengestellten Schriften verführt«. Einen undisziplinierten Prediger konnten die Behörden tadeln; für eine Hinrichtung musste aber ein schwerwiegenderer Grund vorliegen. Diesen fand das Konzil in der wyclifistischen Häresie. Man verlangt von Hus, die Irrtumsliste pauschal abzuschwören, und bot ihm keine Möglichkeit, zu erklären, wie seine einzelnen Thesen mit der christlichen Lehre in Einklang gebracht werden können. Dies stimmte mit der Ansicht Jean Gersons überein, die Häresie müsse man vor allem »mit Rücksicht auf die Kleinen, das heißt auf die einfachen Christen« verurteilen. Eine skandalöse These, die die frommen Ohren des Volkes beleidigen könnte, müsse nach Gerson zu Recht verurteilt werden, auch wenn man ihr im akademischen Disput einen richtigen Sinn geben könnte. Eine Debatte so, wie sie Hus verlangte, war also nicht nur ausgeschlossen, sondern schlicht überflüssig.[12]

Das Problem der Volkspredigt tauchte auch im Verhör vom 8. Juni auf. Zu Hus' These, die Kardinäle müssen in der Nachfolge der Apostel leben, um Anspruch auf ihr Amt erheben zu können, bemerkte Pierre d'Ailly – derselbe d'Ailly, dessen Reformpredigt wir oben mit derjenigen von Hus verglichen haben:

> »Ihr habt in euren Predigten und Schriften nicht Maß gehalten. Eure Predigten müsstet ihr doch dem Erfordernis eurer Zuhörer anpassen. Wozu war es also nötig und nützlich, bei dem Predigen vor dem Volk gegen Kardinäle zu reden, so doch keiner von ihnen dort zugegen war, zumal solches eher vor ihnen selbst gesagt und gepredigt werden müsste und nicht zum Ärgernis vor Laien.«

Die Ansicht des Kardinals von Cambrai weist auf einen wichtigen Hintergrund des Konfliktes zwischen Hus und seinen Richtern hin, auf das Problem nämlich des Verhältnisses der Gelehrten zur Politik und zur außeruniversitären Sphäre überhaupt. Die Intellektuellen wandten sich im Spätmittelalter zunehmend der Welt zu, während sich in der Laiengesellschaft die Lesefähigkeit verbreitete. Diese Entwicklung, an der auch die unter Häresieverdacht stehende Strömungen partizipierten, führte zur Vermischung der bisher voneinander mehr oder weniger getrennten kommunikativen Räume.

In Böhmen war eine Reformtradition der kirchenkritischen Volkspredigt seit der zweiten Hälfte des 14. Jahrhunderts vorhanden. Die wyclifistischen Magister um Hus machten am Anfang des 15. Jahrhunderts den entscheidenden Schritt, indem sie diese Tradition mit der aus Wyclifs Schriften geschöpften Argumentation untermauerten, die einer akademischen Diskussion durchaus standhielten. Indes ermahnten die Konzilsväter Hus, dass er zwischen dem wissenschaftlichen und dem populären Diskurs nicht nach Belieben hin und her wechseln dürfe. Vielmehr sollte er sich der doktrinellen und rechtlichen Autorität der Kirche, und das hieß in jenen Jahren der des Konzils, unterwerfen. Die Konzilsväter schlossen die Fachdebatte aus den Verhandlung des Häresieprozesses aus, weil jene Häresie über die Grenzen des universitären Betriebs hinaus schritt. Dadurch wollten sie nicht nur einen renitenten Fachkollegen, sondern vor allem einen öffentlich tätigen Prediger disziplinieren.[13] In einen Satz zusammengefasst: Jan Hus wurde verbrannt, weil er die Lehren Wyclifs trotz ihrer Verurteilung verteidigt, aus ihnen der Kirche als allumfassender Institution gefährliche Folgerungen abgeleitet und diese Lehren mit Erfolg unter das Laienvolk verbreitet hatte.

Warum hat Hus seine Lehren nicht widerrufen, wenn er so sein Leben hätte retten können? Hus selbst gab immer wieder zwei Gründe dafür an: dass er zum einen nicht abschwören könne, was er nicht gelehrt habe, ohne Gott zu belügen, und zum anderen dass die Artikel, die er wirklich vertreten hatte, durch keinen Beweis aus der Heiligen Schrift als häretisch erwiesen worden seien. Jean Gerson hatte auf solche Bedenken eine Antwort. In der oben zitierten Predigt meinte er, das Konzil könne auch Behauptungen verurteilen, die allein mit biblischen Argumenten nicht widerlegt werden können. Darüber hinaus dürfe es Personen verdammen, selbst wenn ihre umstrittenen Thesen in einem rechtgläubigen Sinn ausgelegt werden können. Auf einzelne Artikel kam es also nicht an. Hus teilte diese Meinung nicht. Im Verhör vom 8. Juni kam es zu einer Auseinandersetzung um den Sinn des Wortes »abschwören«. Hus meinte, abzuschwören hieße, sich von zuvor vertretenen Irrtümern loszusagen. Er könne deshalb nichts abschwören, was er nicht vertreten habe. Die Konzilsväter sowie König Sigismund waren der Meinung, man könne sich sehr wohl von einem Irrtum distanzieren, ohne dass man ihn zuvor vertreten habe. »Ich jedenfalls will allen Irrtümern abschwören und schwöre ihnen ab«, sagte der König.[14]

Hus beharrte auf seinem Verständnis. Sicher war er aufrichtig davon überzeugt, mit einem falschen Widerruf seine Seele zu gefährden. Es drängt sich aber auch der Eindruck auf, dass sein wiederholtes Hervorheben, er könne den ihm fälschlicherweise zugeschriebenen Artikeln nicht abschwören, eine taktische Funktion hatte. Es lenkte die Aufmerksamkeit von den Punkten ab, die seiner Lehre getreu entnommen wurden und in denen seine Meinung mit der des Konzils kollidierte. Die letzte Abschwörungsformel, die die Kardinäle d'Ailly, Zabarella und andere Konzilsväter am 5. Juli Hus vorlegten, beseitigte das Problem der falschen Zuschreibungen völlig: Hus sollte nur den aus seinen Büchern entnommenen Artikeln abschwören und hinsichtlich die ihm seiner Meinung nach falsch zugeschriebenen erklären, er hätte sie nie gepredigt und werde es nie tun, weil sie irrig seien. Auch dies lehnte Hus jedoch ab. Offenbar hinderten ihn nicht die falsch zugeschriebenen, sondern die richtig aus seinen Werken entnommenen Artikel, den geforderten Widerruf zu leisten. Am Ende wurde Hus nicht aufgrund falscher Zeugnisse verurteilt, sondern wegen seiner Abweichungen von der Rechtgläubigkeit, wie sie das Konzil verstand. Die Autorität des Konzils erachtete Hus für nicht so überzeugend und verbindlich als diejenige, der er sich unterwarf, nämlich Gebote Christi und Heilige Schrift. Ein wichtiges Motiv für seine Standhaftigkeit nannte er in seinem Brief an einen ungenannten Konzilsvater, den Hus nur mit dem Wort *Pater* (Vater) ansprach und hinter dem man Francesco Zabarella vermutet. Um den 20. Juni versuchte dieser »Vater«, Hus von der Notwendigkeit des Widerrufs zu überzeugen. Hus nannte seine klassischen Gründe und fügte hinzu: »Dadurch würde ich eine sehr große Schar des Volkes Gottes entsetzen, das von mir in meinen Predigten das Gegenteil gehört hatte.« In seinen letzten Wochen war Hus bereits entschlossen, sein Leben aus Verantwortung für die Bewegung, die er hervorrief, zu opfern. Die Ermutigung schöpfte er aus dem Beispiel Christi. Seinen Willen zum Martyrium äußerte er mehrmals, besonders in den kritischen Jahren seit 1412. Bereits in seiner ein Jahrzehnt zurück liegenden Psalmenauslegung bat er um die Kraft, für Jesus den Tod zu erleiden. Seine Bemühung, Christi Leben und Geboten nachzueifern, sollte mit dem Martyrium enden.[15]

Hus' Entschlossenheit, seinen Prinzipien treu zu bleiben, entbehrt nicht einer gewissen Größe. Ein unnachgiebiges Festhalten an seiner Wahrheit muss man allerdings heute, in einer Zeit des radikalen Fanatismus aller Art, nicht unbedingt als einen nachahmenswerten Wert herausstellen. Will man das Positive an Hus' Persönlichkeit anerkennen, so darf dies nicht nur in der Verteidigung gewisser Prinzipien stehen bleiben, sondern sollte ebenso in diesen Prinzipien selbst begründet sein. Hus erfüllte gut die Rolle eines »öffentlichen Gewissens« in der Gesellschaft des frühen 15. Jahrhunderts. Er verstand, dem damaligen »Establishment« unangenehme Fragen zu stellen, wo dies nötig und nützlich war. In einer Zeit, da man den unerquicklichen Zustand der Kirche beklagte und einen Schuldigen dafür suchte, mahnte Hus, ein jeder (besonders jeder Kleriker) möge bei sich selbst anfangen und sein eigenes Verhalten kritisch prüfen. Seine Vorstellung von der Kirchenreform war in vieler Hinsicht idealistisch. Bei wörtlicher Auslegung drohte es in die Anarchie abzugleiten. Hus wollte aber die Gesellschaft keineswegs der Willkür ausliefern, sondern sie einem höheren moralischen Gesetz unterwerfen. Den kleinen Leuten sprach er das Recht zu, sich gegen irdische Autoritäten zu wehren, wenn der ungerechte Gang der amtlichen Maschinerie sie in Verzweiflung trieb. Statt einer autoritären Gesetzgebung bevorzugte er Diskussion und sachliche Beweisführung.

Sein berühmtes Zitat aus der Einleitung der *Verteidigung von Wyclifs Buch von der Dreifaltigkeit*, er sei seit seinen ersten Studientagen der Regel gefolgt, eine Ansicht aufzugeben, wenn er auf eine vernünftigere stoße, darf als Proklamation verstanden werden. Hus glaubte auch in Konstanz nicht, dass er wirklich überzeugt und überführt werden könne. Diese Überzeugung teilte er freilich mit seinen Richtern. Zumindest aber war er weit davon entfernt, seine Meinung rücksichtslos durchzusetzen, wie es die Konzilsväter taten. Hus zweifelte den zeitgenössischen Häresiebegriff nicht an, er stand aber dafür ein, körperliche Strafen sehr umsichtig anzuwenden und Hinrichtungen von Ketzern lieber zu vermeiden. In Konstanz rief diese Ansicht »Widerspruch und Unruhe« unter den Zuschauern hervor. Die Konzilsväter setzten schließlich ihre Lehrautorität mithilfe des weltlichen Armes durch. Wenn Gerson behauptete, Hus habe, obwohl er selbst von niedriger Abkunft war, viele mächtige Anhänger gehabt, so war das eine offensichtliche Übertreibung. Etwas zugespitzt gesagt, wurde Hus in jener Zeit von einem einzigen Herrn verteidigt, der sich selbst als »armer Ritter« bezeichnet hatte. Die wirklichen, königlichen Machthaber hatten sich zurückgezogen und von Hus distanziert. Der Beistand, den er in Böhmen genoss, sollte sich in vollem Ausmaß erst nach seinem Tod zeigen. Die Folge seiner Hinrichtung war eine solche, die die Konzilsväter am meisten fürchteten: Zwar gelang es ihnen, das abendländische Papstschisma zu beenden, jedoch entstand durch ihr Vorgehen gegen den Hussitismus eine neue Kirchenspaltung.[16]

16 Ausblick: Hussitismus und Reformation

Bevor über den bereits mit dem Kirchenbann belegten Martin Luther auch noch die Reichsacht verhängt wurde, sollte ihm ein Verhör zugestanden werden. Dies geschah im April 1521 im Rahmen des Reichstages zu Worms. Der Aufforderung, seine Lehren zu widerrufen, entgegnete er:

> »Wenn ich nicht durch Schriftzeugnisse oder einen klaren Vernunftgrund überzeugt werde (denn weder dem Papst noch den Konzilien allein glaube ich, da es feststeht, dass sie öfter geirrt und sich selbst widersprochen haben), so bin ich durch die von mir angeführten Schriftstellen bezwungen; und da mein Gewissen durch die Worte Gottes gefangen ist, kann und will ich nicht widerrufen, weil wider das Gewissen etwas zu tun weder sicher noch heilsam ist.«

Diese Worte sind berühmt geworden und werden manchmal sogar als Formulierung der modernen Gewissensfreiheit angesehen – allerdings etwas vorschnell, denn Luther spricht hier über die Bindung des Gewissens an die Bibel. Die Rolle des Gewissens wurde bereits in der mittelalterlichen Kanonistik betont. In unserem Zusammenhang darf jedoch auf eine andere Parallele hingewiesen werden. Ein ganzes Jahrhundert vor Luther hatte Jan Hus die Ansicht vertreten, dass die Päpste irren können und dies auch tun; und er weigerte sich, seine Lehren zu widerrufen, falls er nicht durch Schriftzeugnisse oder Vernunftgründe überzeugt werde.[1]

Die Ähnlichkeiten zwischen Luthers Verurteilung und dem Prozess mit Hus in Konstanz haben bereits die Zeitgenossen bemerkt. Der Trierer Offizial Johann von den Ecken reagierte auf die soeben zitierte Äußerung Luthers wie folgt:

»Aber du belebst das wieder, was das allgemeine Konstanzer Konzil, versammelt aus der ganzen deutschen Nation, verdammt hat, und willst durch Schriftstellen überzeugt werden. Da redest du heftig irr. Was bringt das nämlich, eine neue Disputation zu veranstalten über Dinge, die seit Jahrhunderten durch die Kirche und das Konzil verdammt sind?«

Ohne den Namen des böhmischen Predigers zu nennen, suggerierte hier der Reichssprecher eine grundsätzliche Übereinstimmung der Lehre von Hus und Luther. Letzterer hat in seinen Ansichten über den Hussitismus selbst eine Entwicklung durchgemacht. In seinen frühen Schriften hat er die jenseits der sächsischen Landesgrenze lebenden Hussiten als »unsere ketzerische Nachbarn« bezeichnet. Das Wort Nachbar ist wohl nicht nur als Hinweis auf die Nähe des Wohnsitzes zu verstehen, sondern auch im allgemeinen, christlichen Sinn. Luther hat jedenfalls schon damals einen gewissen Respekt gegenüber der hussitischen Lebensweise gehegt.

Bald nach dem Anschlag der Ablassthesen begann Luther, die hussitische Lehre in positiverem Licht zu sehen. Die entscheidende Wende kam in der Folge der Leipziger Disputation mit dem Theologen Johannes Eck im Sommer 1519. Eck erkannte gut, dass Luthers Thesen vom Ablasswesen letztlich zu einer radikalen Infragestellung von Papsttum und Kirchenrecht führten – genau wie es schon im Fall von Jan Hus gewesen war. Luther empfand diese Beweisführung als unangenehm, doch bekannte er sich schließlich zur hussitischen Leugnung des Primats der römischen Kirche. Kurz nach der Disputation erhielt er aus Böhmen ein Exemplar von Hus' *Traktat über die Kirche* zugesandt. Luther kam bei der Lektüre nicht mehr aus dem Staunen heraus, als er bei Hus »die offenkundigste evangelische Wahrheit« bereits ausgedrückt fand. »Ich habe bis jetzt nichtsahnend alle Lehren des Jan Hus gelehrt und vertreten, ebenso auch Johannes Staupitz.« schrieb er in einem Brief an Spalatin.

»Kurz, wir sind alle Hussiten, ohne es zu wissen. Schließlich sind Paulus und Augustin aufs Wort Hussiten. Siehe doch bitte, in welches Elend wir ohne den böhmischen Führer und Lehrer geraten sind.«[2]

Brach also die Reformation 105 Jahre früher aus als üblich angenommen, und zwar mit Hus', nicht mit Luthers Kampf gegen die päpstlichen Ablässe? Der Wittenberger Reformator selbst hat das bestritten. Er verteidigte weiterhin die in Konstanz verurteilten hussitischen Artikel, relativierte jedoch seine im Brief an Spalatin gemachte Äußerung:

> »Diejenigen tun nicht recht, die mich einen Hussiten nennen. Denn jener [Hus] glaubt nicht das selbe wie ich; wenn er aber ein Ketzer gewesen ist, dann bin ich zehnmal mehr ein Ketzer, weil er viel kleinere und geringere Dinge gesagt hat, so als ob er nur angefangen hätte, das Licht der Wahrheit bloß zu legen.«

Obwohl Luther in der deutschen Fassung um die Hälfte bescheidener war (»Ich hab funffmal mehr than«), bestand er auf der Kluft zwischen Hus' und seinem eigenen reformatorischen Ansatz. In einer seinen Tischreden betonte er, Hus hätte lediglich den Lebenswandel der Papstkirche kritisiert, während er selbst ihre Lehre angefochten habe. »Dies ist meine Berufung,« meinte Luther.[3] Hier war er Hus gegenüber nicht ganz gerecht. Indessen kommt nicht nur den Lehren der beiden Persönlichkeiten eine Bedeutung zu. Um die Frage nach dem Verhältnis vom Hussitismus und der Lutherschen Reformation beurteilen können, müssen wir uns die Entwicklung nach Hus' Tod vergegenwärtigen.

Mit Hus Verurteilung als Häretiker wurden alle seine Anhänger automatisch zu Ketzern. Sein Freund Hieronymus von Prag, der ihm am 30. Mai 1416 in Konstanz auf den Scheiterhaufen folgte, wurde bereits als Wyclifist und Hussit gerichtet. Infolge der Verurteilung der Kommunion unter beiderlei Gestalt wurde der Hussitismus aus Sicht der römischen Kirche eine illegale Bewegung. Doch von Konstanz aus sah die Situation etwas anders aus als im Königreich Böhmen. Die Verbrennung von Jan Hus führte zu keinem Abfall von dessen Lehren. Sie löste umgekehrt äußerste Empörung aus. Am 2. September 1415 versammelten sich in Prag böhmische Adelige, um dieser Empörung einen brieflichen Ausdruck zu verleihen. Es folgte eine Petitionskampagne, die etwa einen Monat andauerte. Es wurde ein Protestbrief in acht Pergamentausfertigungen mit insgesamt 452 Adelssiegeln nach Konstanz übersandt. Obwohl an dieser September-Aktion keineswegs der ganze böhmisch-mährische Adel beteiligt war, stellte das Protestschreiben gegen die Verbrennung von Jan Hus dennoch eine bis dato unerreichte Manifestation der Unterstützung für die hussitische Sache dar.[4]

Die Einheit des Hussitismus sollte jedoch nicht lange andauern. Die Kelchkommunion der Laien, der so genannte Utraquismus, blieb allen Hussiten gemeinsam, in vielen Einzelfragen gingen jedoch die hussitischen Gruppierungen bald auseinander. Radikale Prediger, meistens ehemalige Schüler von Hus und Jakoubek, verbreiteten besonders auf dem Lande Lehren und führten Praktiken ein, mit welchen sich die konservativeren Hussiten nicht mehr identifizieren konnten. Als sich 1418 eine Synode gegen die allzu radikalen Lehren einzugreifen gezwungen sah, listete sie in ihrem Beschluss unter anderem folgende Artikel auf: die Einführung der Kommunion von Kleinkindern, die Leugnung von Fegefeuer, Andachtsmessen, Heiligenfürbitten, Eid und Todesstrafe, die Infragestellung der Beichte und Buße, die Vereinfachung des Gottesdienstes und des liturgischen Geräts sowie die Eucharistiespendung durch Laien.[5] Die meisten Prager Universitätsmagister und der größte Teil des hussitischen Adels vertraten gemäßigtere Anschauungen. Das Spaltungspotential der Bewegung konnte selbst die Universität, die für sich die Lehrautorität innerhalb des Hussitismus beanspruchte, kaum überwinden.

Wenn die Unterzeichner des Protestbriefes gemeint hatten, beim künftigen einzigen, unumstrittenen Papst Gerechtigkeit zu erlangen, wurden sie bitter enttäuscht. Am 11. November 1417 wählte das Konstanzer Konklave Martin V. zum neuen Papst. Er war niemand anders als Kardinal Odo Colonna, der seinerzeit negativ in Hus' römischen Prozess eingegriffen hatte. Noch vor dem Schluss des Konzils im Februar 1418 bestätigte Martin die früheren Urteile über Wyclif, Hus und Hieronymus. Zugleich erließ er eine neue antihussitische Bulle, mit welcher er gegen die Wyclifisten und Hussiten formell die Inquisition einführte. Im Frühjahr 1420 rief er schließlich gegen die böhmischen Häretiker einen Kreuzzug aus. Der Widerstand einiger bömischen Adeligen sowie städtischen und religiösen Gemeinden, die nun selbst Truppen aufstellten, führte zum Beginn der Hussitenkriege. Zu diesem Zeitpunkt war König Wenzel bereits verstorben. Er hatte versucht, zwischen einer gewissen Sympathie zu den Hussiten und dem Druck des Konzils zu lavieren. Den Ausbruch der Rebellion in Folge einer gewaltsamen Beseitigung des von ihm selbst eingesetzten antihussitischen Stadtrates der Prager Neustadt im Sommer 1419 hat der König nicht lange überlebt. Sein Bruder und Erbe Sigismund, von den Hussiten als König abgelehnt, bemühte sich, mittels des Kreuzzugs der Situation im Lande Herr zu werden. Dies gelang ihm jedoch nicht: sowohl der erste als auch eine Reihe von nachfolgenden Feldzügen nach Böhmen wurden von den hussitischen Heeren erfolgreich abgewehrt.[6]

In Notsituationen vermochten die Hussiten stets zusammen zu halten und Invasionen zurück zu schlagen. Als gemeinsame Grundlage und Präsentation ihrer Forderungen nach außen dienten ihnen die so genannten *Vier Artikel*. Die einzelnen Punkte dieses hussitischen Programms forderten die Predigtfreiheit, die Kommunion in beiderlei Gestalt, die Abschaffung des kirchlichen Eigentums und die Bestrafung von öffentlichen Sünden. Mit der Ausnahme des Laienkelches, dem er jedoch auch zugestimmt hat, waren das die wichtigsten Punkte in Hus' Lehre. Auf die *Vier Artikel* einigten weitgehend alle hussitischen Parteien. Doch kann man nicht übersehen, dass jeder einzelne dieser Artikel in einem gemäßigten oder in einem radikalen Sinn verstanden werden konnte, etwa im Spannungsfeld von »erlaubt« zu »heilsnotwendig«. Die Interpretationsunterschiede bildeten den Gegenstand von endlosen Debatten zwischen den beiden theologischen Hauptgruppen, den gemäßigten Pragern und der radikalen Gemeinde von Tabor.

Welche Stellung hätte Jan Hus innerhalb dieser Strömungen eingenommen? Das ist natürlich eine rein spekulative Frage, doch nicht ohne Reiz. Vermutlich hätte er einen mittleren Weg gewählt. Den radikalen Forderungen (beispielsweise den Innovationen im Bereich der Eucharistielehre und Liturgie) konnte er kaum zustimmen, zugleich aber hätte er vor einer Wiederannäherung an die katholische Kirche gewarnt, wie sie einige Magister im Verlauf der Zeit zunehmend vertraten. Das Beispiel des Jakoubek von Mies, dem Nachfolger von Hus an der Bethlehemskapelle, ist diesbezüglich erhellend. Einerseits trieb Jakoubek die hussitische Theologie voran, was man etwa an der Rolle sieht, die er bei der Einführung der Kommunion für Kleinkindern spielte, die jedoch keine allgemeine Zustimmung im hussitischen Klerus fand. Andererseits führte er erbitterte theologische Kämpfe mit den Taboriten und erwies sich als einer der Hauptgegner der radikal chiliastischen Schwärmerei und des eucharistischen Pikardentums, das selbst von der taboritischen Kommune abgelehnt wurde. Es ist nicht zu übersehen, dass er über eine Autorität verfügte, mit der er sich zwar über die Parteien hinweg Respekt verschaffen konnte, die aber auch Einsamkeit mit sich brachte.[7]

Als die Hussiten, ihre militärische Überlegenheit nutzend, die benachbarten wie auch weiter entfernte Länder mit ihren Feldzügen zu bedrohen begannen, entschieden sich 1431 die Basler Konzilsväter, einen friedlichen Weg zur Beseitigung des Konfliktes einzuschlagen. Die Einladung von verurteilten Ketzern zu einer Diskussion über die kontroversen Glaubensansichten war in der Kirchengeschichte beispiellos. Es dauerte fünf Jahre, bis die Verhandlungen zwischen den Böhmen und dem Konzil zum Abschluss gebracht werden konnten. Im Sommer 1436 wurde das Abkommen unter Teilnahme Kaiser Sigismunds in Iglau (Jihlava) besiegelt. Die so genannten *Kompaktaten* haben die Hussitenkriege einstweilen abgeschlossen und Sigismund endlich die tatsächliche

Thronübernahme ermöglicht. In eingeschränkter Form wurden die *Vier Artikel* seitens des Konzils für das Königreich Böhmen und die Markgrafschaft Mähren bewilligt. Die Hussiten wurden formell wieder in die Kirche aufgenommen; jeder Erwachsene durfte frei entscheiden, ob er das Abendmahl in einer katholischen Kirche unter einer Gestalt oder in einer utraquistischen Kirche auch aus dem Kelch empfangen wollte.[8]

Jan Hus konnte sich über diesen Erfolg seiner Anhänger nicht mehr freuen. Im Gedächtnis der Hussiten lebte er jedoch weiter. Neben dem Laienkelch war die Verehrung des »heiligen« Jan Hus eines der Hauptmerkmale der utraquistischen Kirche. Kurz nach Hus' und Hieronymus' Hinrichtung hielt Jakoubek von Mies in der Bethlehemskapelle eine Predigt »in Erinnerung auf die neuen Märtyrer«. In der Tafelmalerei des späteren 15. Jahrhunderts wurde Jan Hus als Märtyrer und Patron der böhmischen (utraquistischen) Kirche dargestellt. Die Altarflügel aus dem nordböhmischem Dorf Roudníky aus der Zeit vor 1486 (heute im Hussitenmuseum in Tabor) zeigen Hus auf dem Scheiterhaufen sowie die urchristlichen Märtyrer Jakob, Sebastian und Laurentius. Der Auferstehungsaltar aus der Friedhofskirche in Chrudim (heute im dortigen Regionalmuseum) stammt aus dem frühen 16. Jahrhundert. Auf seiner Predella sind die heiligen Jan Hus und Hieronymus von Prag neben den böhmischen Landespatronen Wenzel und Prokop abgebildet. Nach seinem Märtyrertod diente Hus seinen Anhängern als eine die hussitischen Lager übergreifende Identifikationsfigur. Seine Schriften wurden weiterhin abgeschrieben und seit dem frühen 16. Jahrhundert auch gedruckt. Doch viel mehr als der Denker und Autor lebte Jan Hus in der hussitischen oder utraquistischen Kirche als ein Symbol fort.[9]

Das Abkommen der Hussiten mit dem Basler Konzil und die so genannten kaiserlichen *Kompaktaten* mit Kaiser Sigismund von 1435–1436 schufen eine Grundlage für die legale Existenz der utraquistischen Kirche in Böhmen und Mähren. Formal sollte sie einen durch die Liturgie abweichenden

Bestandteil der römischen Kirche darstellen – so mindestens die Vorstellung der Konzilsväter. Auch die Hussiten haben sich stets als einen Teil der einen, allgemeinen Kirche gesehen. Praktisch manifestierte sich dies jedoch nur in ihrer Anerkennung der auf der apostolischen Sukzession beruhenden Priesterweihe. Die Hussiten ließen ihre Priester von katholischen Bischöfen weihen. Erst die Brüdergemeinde entschloss sich Ende der 1460er Jahre, die Erfordernisse der Weihe zu missachten und ihre Priester einfach durch das Los zu wählen. Die utraquistische Mehrheitskirche bestand auf der Priesterweihe durch einen Bischof. Doch ihr 1435 erwählter eigener Bischof, Johannes Rokycana, wurde nie von der römischen Kurie anerkannt. Das spiegelte getreu die reale Situation der utraquistischen Kirche: in der Praxis funktionierte sie als ein von Rom abgespaltenes, unabhängiges Kirchengebilde. In Böhmen gab es von den *Kompaktaten* bis ins 17. Jahrhundert hinein zwei parallele kirchliche Verwaltungsapparate: die Utraquisten, die durch das »Untere Konsistorium« an der Altstädter Teynkirche verwaltet wurden, und die Katholiken, die durch das »Obere Konsistorium« hoch oben auf der Prager Burg betreut wurden. An die päpstlichen Erlasse und die Jurisdiktion der römischen Kirche generell hielten sich die Hussiten nicht. Obwohl die *Kompaktaten* 1462 vom Papst für aufgehoben erklärt wurden, sah man sie in Böhmen weiterhin als Landesgesetz an. Aus dem Landrecht wurden sie erst 1567 unter veränderten konfessionellen Umständen herausgenommen.

Geht man von der Formulierung aus, »das Reformatorische« sei »im Hinblick auf die mittelalterliche Kirche […] systemsprengend«, dann muss man dem böhmischen Hussitismus den Charakter einer Reformation zuerkennen. Das Hussitentum befand sich tatsächlich außerhalb der »kirchlich tolerierten Reformmodelle«. Dem Bemühen der Basler Konziliaristen zum Trotz hat die katholische Kirche die Hussiten nicht integriert, sondern am Ende ausgeschieden. Die Hussiten führten bewusst und mit Absicht eine von Rom praktisch unabhängige Existenz. Sie betrachteten sich zwar als einen Teil der katholischen Kirche, doch als den momentan einzigen rechten Teil. *De facto* traten die Utraquisten als eine reformierte Landeskirche auf. Die theologische Grundlage ihrer Abspaltung von Rom war nicht die Rechtfertigungslehre, auch nicht die Abschaffung der kirchlich-sakramentlichen Gnadenvermittlung wie in der Theologie Martin Luthers. Bei den Hussiten spielte die entscheidende Rolle, dass sie das Lehramt der institutionellen Kirche anzweifelten. Indem sie theoretisch jedem Gläubigen das Recht einräumten, Erlasse der kirchlichen Obrigkeit auf ihre Übereinstimmung mit dem Gottesgesetz zu untersuchen, liquidierten sie in der Folge auch die Zuständigkeit der vom Papst geführten institutionellen Kirche in Sachen des Seelenheils.[10]

Diese weitreichende theologische Position vertrat und verkörperte bereits Jan Hus. Wenn man den Anfang der hussitischen Reformation symbolisch datieren wollte, dann käme Hus' Appellation an Christus vom 18. Oktober 1412 in Frage. Damals zog er in einer einzigen Aktion die ganze kirchliche Jurisdiktion in Zweifel und betonte die Überlegenheit der göttlichen Gerechtigkeit gegenüber dem irdischen Kirchenrecht. Es hat jedoch keinen Sinn, im Fall von solchen historischen Phänomenen wie der Reformation mit Tagesdaten zu operieren. Wichtiger ist die dauerhafte und historische Auswirkung des jeweiligen Reformansatzes. Für das Hussitentum war ausschlaggebend, dass es sich militärisch und politisch behaupten konnte. Die reformgesinnten Laien, niederer sowie höherer Adel und städtische Schichten, verschafften der hussitischen Bewegung die notwendige Unterstützung. Es waren die nichtkatholischen Stände, unter deren Obhut sich die utraquistische Kirche entfalten konnte. Daher konnte der Hussitismus dem Schicksal der früheren mittelalterlichen Ketzerbewegungen entgehen und wurde nicht in den Untergrund gedrängt. Im Gegenteil, die Hussiten konnten die öffentliche Ausübung ihrer Religion behaupten und entwickelten ihre Version der Kirchenreform letztendlich zu einer eigenständigen Konfession.[11]

Wie ist der Anteil von Jan Hus am Erfolg seiner Bewegung zu bewerten? An erster Stelle ist hier zu nennen, dass er die gelehrte Häresie mit einer populären Bewegung in Verbindung brachte. Dieser wesentliche Aspekt hob das Hussitentum unter den Reform- und nonkonformistischen Strömungen seiner Zeit heraus. Mit seiner Lehre hat Hus die Kirche und ihre Autorität alternativ begründet. Der wyclifsche Kirchenbegriff und Hus' Betonung der Wahrheit der Heiligen Schrift gegenüber der institutionellen Normenbildung stellten eine Herausforderung für die damalige Kirche dar. Nicht minder wichtig war jedoch Hus' öffentliche Tätigkeit als Prediger und Intellektueller. Dank dieser gewann er Nachfolger und Nachahmer, die die Bewegung auch nach dem Tod ihres Magisters weiter tragen konnten. Dadurch konnte sich die böhmische Reform theologisch behaupten und zugleich gesellschaftlich, machtpolitisch und zuletzt auch militärisch absichern. Ohne Hus' Talent, die explosiven theologischen Lehrsätze einem nicht-akademischen Publikum zu vermitteln und dieses für sie zu begeistern, hätte die hussitische Reform ihre Popularität in der Laienbevölkerung kaum erzielen können.

Mit dem reformatorischen Ausgang seiner Bewegung wäre Hus wahrscheinlich nicht zufrieden gewesen. Wie die meisten Reformatoren, zielte auch er auf die Erneuerung der gesamten Kirche, und nicht primär auf eine Kirchenspaltung. Die unter dem avignonesischen Papsttum gesteigerte fiskal-materielle Orientierung der Geistlichkeit, der Ämter- und Sakramentenkauf sowie das seit 1378 währende päpstliche Schisma fanden nicht nur Jan Hus, sondern auch viele bedeutenden Theologen und Kirchenmänner seiner Zeit unwürdig und unhaltbar. Hus schlug jedoch einen Reformweg ein, dem die meisten Reformer nicht zustimmen konnten. Konfrontiert mit dem Unverständnis der kirchlichen Behörden dafür, was ihm als offensichtliche evangelische Wahrheit erschien, verlor Hus das Vertrauen in die Institution Kirche. Der wachsende Konflikt mit dem Gerichtsapparat des gespalteten Papsttums bestätigte nur seine Überzeugung, dass die

Hierarchie keineswegs die wahre Kirche darstellen könne. Dass das Schlussurteil über Hus auf demselben Reformkonzil fiel, das später das Schisma beseitigte, mag ironisch erscheinen. Angesichts Hus' Auffassung von Autorität war jedoch der Konflikt zwischen ihm und den Repräsentanten der kirchlichen Gewalt unvermeidlich.

17   Glossar

Artisten: Studenten und Lehrende der klassischen geisteswissenschaftlich-sprachlichen Fächer im Mittelalter, darunter der Rhetorik, Dialektik und Grammatik (Trivium) sowie Arithmetik, Geometrie, Musik und Astronomie (Quadrivium). Das Studium dieser *Sieben Freien Künste* war ein Grundlagenstudium; nach erfolgreichem Bestehen setzten manche Absolventen ihr Studieren mit Medizin, Theologie oder Rechtswissenschaften fort.

Chiliasmus: Erwartung, dass die Wiederkunft Christi (Parusie) und der Anbruch des 1000-jährigen Reiches unmittelbar bevorstehe, z. B. erwarteten die Taboriten die Wiederkunft Christi am Berg Tabor.

Devotio moderna: Laienbewegung des 15. Jahrhunderts, die ihren Ursprung in den Niederlanden hatten und u. a. als *Schwester und Brüder vom gemeinsamen Leben* Kommunitäten gründete. Thomas von Kempis mit seiner berühmten Werk *Nachfolge Christi* gehörte ebenfalls der *Devotio Moderna* an.

Donatismus: Schismatische Richtung der nordafrikanischen Kirche im 4. Jahrhundert, die hauptsächlich von Aurelius Augustinus bekämpft wurde. Der Hauptgedanke besteht in der Leugnung der Gültigkeit von Sakramenten, falls diese von einem sündigen Priester gespendet werden.

Eucharistie: Feier des Lebens und Sterbens Jesu Christi mit Brot und Wein gemäß den Einsetzungsworten im Neuen Testament, gesprochen anlässlich des »letzten Abendmahls«.

Großes abendländisches Schisma: Schisma der lateinischen Kirche von 1378–1417, als ein römischer Papst jeweils einem Gegenpast, der in Avignon residierte (und seit 1409 noch einem weiteren, durch das Konzil von Pisa legitimierten Papst), gegenüberstand. Das Konstanzer Konzil drängte alle Päpste zum Rücktritt und legitimierte Martin V. zum alleinigen römischen Papst.

Häresie (Ketzerei): Innerkirchlicher Abfall vom Glauben, verursacht durch Interpretation von Texten und Normen, die mit der als verbindlich geltenden Lehre einer Kirche (Glaubensrichtung) nicht übereinstimmt.

Jubeljahr: Alle 100 Jahre, später in kürzeren Abständen stattfindendes Festjahr, zu dessen Anlass besondere Ablässe galten. Das Jubeljahr wurde erstmals vom römischen Papst Bonifatius VIII. im Jahr 1300 eingeführt.

Basler *Kompaktaten* (1433–1436): Abkommen zwischen Hussiten und römischer Kirche, repräsentiert durch das Konzil von Basel, in dem den Hussiten die Kelchkommunion für Laien und die Freiheit zur Predigt für Ordinierte erlaubt wurde.

Konsubstiantation: Jesus Christus ist in gewandeltem Brot und Wein anwesend, aber die Substanz von Brot und Wein wird dabei nicht zerstört. Es wird also nicht die Realpräsenz (Anwesenheit) Christi verneint, sondern die Ersetzung von Brot und Wein durch Leib und Blut Christi.

Nominalismus: Auffassung, dass allgemeine Begriffe lediglich Konstruktionen des Verstandes sind, aber keine hinter der erfahrbaren Welt liegende Wirklichkeit ausdrücken. Im Universalienstreit Gegenposition zum -> Realismus.

Prädestination: Vorstellung, dass Gott schon vor Anbeginn der Welt jedem Menschen sein Schicksal zugewiesen hat, also ob er nach seinem Tod erlöst oder verdammt werde. Das eigene persönliche Handeln, ob gut oder schlecht, während des Lebens verändert diese Einteilung nicht bzw. ist ebenfalls vorherbestimmt.

Quaestio: Methode der wissenschaftlichen Auseinandersetzung in der Scholastik, nach der mit Frage und Gegenfrage Probleme diskutiert wurden. Eine der Grundformen wissenschaftlicher Textproduktion an mittelalterlichen Universitäten.

Realismus: Vom Platonismus herkommende Position, dass Allgemeinbegriffe (Universalien) eine eigenständige Existenz haben.

Remanenz: In der Wandlung der Messe bleiben Brot und Wein in der Substanz bestehen (lat. *remanere*), sie verwandeln sich also nicht der Substanz nach in Körper und Blut. Remanenz wurde von John Wyclif und einigen Hussiten vertreten.

Simonie: Kauf oder Verkauf eines geistlichen Amtes durch Geld oder Gefallen statt kirchlicher Wahl oder freier Bestellung. Benannt nach Simon Magus, der Aposteldienste gegen Geld verkaufte.

Transsubstantiation: (*Wesensverwandlung;* katholische Auffassung): Wandlung des in der Eucharistie verwendeten Brot und Weines in Fleisch und Blut Jesu Christi. Dabei verwandelt sich aber lediglich die Substanz des Brotes und des Weines, nicht die äußerliche Form, die natürlich Brot und Wein bleibt.

Utraquismus/Kalixtinismus: Kelchkommunion auch für Laien, d. h. Empfang der Kommunion unter beiden Gestalten (Brot und Wein). Nach dem Brauch der römischen Kirche wurde seit dem frühen 13. Jahrhundert die Kelchkommunion dem Priester vorbehalten.

18 Quellen und Literatur

18.1 Quellen

Abkürzungen für Quelleneditionen
ACC   Acta concilii Constanciensis
CCCM   Corpus christianorum. Continuatio mediaevalis
COD   Conciliorum oecumenicorum decreta
De eccl.   Mistr Jan Hus, Tractatus de ecclesia
Doc.   Documenta Mag. Joannis Hus vitam, doctrinam,
              causam illustrantia
FRB   Fontes rerum Bohemicarum
Friedberg   Corpus iuris canonici
H&M   Historia et monumenta
Hardt   Magnum oecumenicum Constantiense concilium
Höfler   Geschichtschreiber der husitischen Bewegung
Kor.   M. Jana Husi Korespondence a dokumenty
MIHOO   Magistri Iohannis Hus Opera omnia
MVB   Acta summorum pontificum
Pos.   Iohannes Hus, Positiones, recommendationes, sermones
Serm. Bethl. M. Io. Hus Sermones in Capella Bethlehem
SLČ   Staré letopisy české z Vratislavského rukopisu
SMJH   Spisy M. Jana Husi

Ausgaben der Werke Jan Hus'

Historia et monumenta (H&M)
Ioannis Hus et Hieronymi Pragensis confessorum Christi Historia et
    monumenta, 2 Bde., Nürnberg 1558

Spisy M. Jana Husi (SMJH)
1: Expositio Decalogi, ed. Václav Flajšhans, Praha 1903 (Sbírka pra-
    menů českého hnutí náboženského ve XIV. a XV. století 1)
2: De corpore Christi, ed. Václav Flajšhans, Praha 1903 (Sbírka 2)

3: De sanguine Christi, ed. Václav Flajšhans, Praha 1903 (Sbírka 3)
4–6: Super IV Sententiarum, ed. Václav Flajšhans, 3 Bde., Praha 1904, 1905, 1906 (Sbírka 4–6)
7–8: Sermones de sanctis, ed. Václav Flajšhans, Praha 1907 (Sbírka 7–8)
9: Korespondence a dokumenty, ed. Václav Novotný, Praha 1920 (Sbírka 14) [= Kor.]
10: Mistra Jana Husi Tractatus responsivus, ed. S. Harrison Thomson, Praha 1927 (Sbírka 15) [vielmehr ein Werk Jakoubeks von Mies]

Magistri Iohannis Hus Opera omnia (MIHOO)
1: Mistr Jan Hus, Výklady, [ed. Jiří Daňhelka], Praha 1975
2: Mistr Jan Hus, Česká nedělní postila. Vyložení svatých čtení nedělních, ed. Jiří Daňhelka, Praha 1992
3: Mistr Jan Hus, Česká sváteční kázání, ed. Jiří Daňhelka, Praha 1995
4: Mistr Jan Hus, Drobné spisy české, [ed. Jiří Daňhelka], Praha 1985
7: Magistri Iohannis Hus Sermones de tempore qui Collecta dicuntur, ed. Anežka Schmidtová, Praha 1959
8: Magistri Iohannis Hus Passio domini nostri Iesu Cristi, ed. Anežka Vidmanová-Schmidtová, Praha 1973
9: Magistri Iohannis Hus Leccionarium bipartitum. Pars hiemalis, ed. Anežka Vidmanová-Schmidtová, Praha 1988
13: Magistri Iohannis Hus Postilla adumbrata, [ed. Bohumil Ryba], Praha 1975
17: [siehe CCCM 253]
19a: [siehe CCCM 205]
20: [siehe CCCM 211]
22: Magistri Iohannis Hus Polemica, ed. Jaroslav Eršil, Praha 1966 [siehe auch CCCM 238]
26: [siehe CCCM 239]

Corpus christianorum. Continuatio mediaevalis (CCCM)
205: Magistri Iohannis Hus Questiones, ed. Jiří Kejř, Turnhout 2004 (MIHOO 19a)
211: Magistri Iohannis Hus Quodlibet, ed. Bohumil Ryba, 2. Aufl., Turnhout 2006 (MIHOO 20)
222: Magistri Hieronymi de Praga Quaestiones, polemica, epistulae, ed. František Šmahel und Gabriel Silagi, Turnhout 2010
238: Magistri Iohannis Hus Polemica, ed. Jaroslav Eršil, 2. Aufl., Turnhout 2010 (MIHOO 22)
239: Dicta de tempore magistro Iohanni Hus attributa, ed. Jana Zachová, 2 Bde., Turnhout 2011 (MIHOO 26)

253: Magistri Iohannis Hus Enarratio Psalmorum (Ps. 109–118), ed. Jana Nechutová et al., Turnhout 2013 (MIHOO 17)

Einzelne Ausgaben:
Betlemské texty, ed. Bohumil Ryba, Praha 1951
Documenta Mag. Joannis Hus vitam, doctrinam, causam illustrantia, ed. František Palacký, Praha 1869 [= Doc.]
Iohannes Hus, Positiones, recommendationes, sermones, ed. Anežka Schmidtová, Praha 1958 [= Pos.]
M. Io. Hus Sermones in Capella Bethlehem 1–6, ed. Václav Flajšhans, Věstník Královské české společnosti nauk 1938, 1939, 1940, 1941, 1943, 1945 [= Serm. Bethl.]
M. Jana Husi Korespondence a dokumenty, ed. Václav Novotný, Praha 1920 (SMJH 9) [= Kor.]
Mistr Jan Hus, Sermo de pace. Řeč o míru, ed. František M. Dobiáš und Amedeo Molnár, 2. Aufl., Praha 1995
Mistr Jan Hus, Tractatus de ecclesia, ed. S. Harrison Thomson, Praha 1958 [= De eccl.]

Sonstige Quellen

Acta concilii Constanciensis, ed. Heinrich Finke, Johannes Hollnsteiner und Hermann Heimpel, 4 Bde., Münster 1896, 1923, 1926, 1928 [= ACC]
Acta summorum pontificum res gestas Bohemicas aevi praehussitici et hussitici illustrantia, ed. Jaroslav Eršil, 2 Bde., Praha 1980 (Monumenta Vaticana res gestas Bohemicas illustrantia 6) [= MVB 6]
Bujnoch, Josef, Hus in Konstanz. Der Bericht des Peter von Mladoniowitz, Graz – Wien – Köln 1963
Conciliorum oecumenicorum decreta. Dekrete der ökumenischen Konzilien, ed. Giuseppe Alberigo und Josef Wohlmuth, Bd. 2, Paderborn 2000 [= COD]
Corpus iuris canonici, ed. Emil Friedberg, 2 Bde., Leipzig 1879 [= Friedberg]
D. Martin Luthers Werke. Kritische Gesamtausgabe. [Schriften], Bd. 7, Weimar 1897; Tischreden, Bd. 1, Weimar 1912; Briefwechsel, Bd. 2, Weimar 1931
Dobiáš, František M. – Molnár, Amedeo, Husova výzbroj do Kostnice, Praha 1965
Dobiáš, František M. – Molnár, Amedeo, Mistr Jan Hus: O církvi, Praha 1965

Fontes rerum Bohemicarum, Bd. 5, ed. Josef Emler, Jan Gebauer und Jaroslav Goll, Praha 1893; Bd. 8, ed. Václav Novotný, Praha 1932 [= FRB]

Gerardi Magni Sermo ad clerum Traiectensem de focaristis, ed. Rijcklof Hofman, Turnhout 2011 (CCCM 235)

Geschichtschreiber der husitischen Bewegung in Böhmen, ed. Konstantin Höfler, 3 Bde., Wien 1856, 1865, 1866 (Fontes rerum Austriacarum I/2, 6, 7) [= Höfler]

Magistri Hieronymi de Praga Quaestiones, polemica, epistulae, ed. František Šmahel und Gabriel Silagi, Turnhout 2010 (CCCM 222)

Husitské písně, ed. Jiří Daňhelka, Praha 1952

Iohannis (Stojković) de Ragusio Tractatus de ecclesia, ed. Franjo Šanjek, Zagreb 1983

Jacobi de Noviano, Mgri Parisiensis, Disputatio cum Hussitis, ed. Jan Sedlák, Brunae 1914

Jakoubek von Mies: siehe SMJH 10

Jean Gerson, Œuvres complètes, ed. Palémon Glorieux, 10 Bde., Paris 1960–1973

Joannis Gersonii Opera omnia, ed. Louis Ellies Du Pin, 5 Bde., Antwerpen 1706

John Wyclif, Tractatus de universalibus, ed. Ivan J. Müller, Oxford 1985

Kalivoda, Robert – Kolesnyk, Alexander, Das hussitische Denken im Lichte seiner Quellen, Berlin 1969

Magnum oecumenicum Constantiense concilium, ed. Hermann von der Hardt, 6 Bde., Frankfurt – Leipzig 1697–1700 [= Hardt]

Manualník M. Vácslava Korandy, ed. Josef Truhlář, Praha 1888

Monumenta conciliorum generalium seculi decimi quinti. Concilium Basileense. Scriptorum tomus I, ed. František Palacký und Ernst Birk, Wien 1857

Novotný, Václav, Hus v Kostnici a česká šlechta, Praha 1915

Palacký, František, Über Formelbücher, zunächst in Bezug auf böhmische Geschichte, 2 Bde., Praha 1842–1847

Petrus de Ailliaco, Tractatus et sermones, Strassburg 1490

Pražské synody a koncily předhusitské doby, ed. Jaroslav V. Polc und Zdeňka Hledíková, Praha 2002

Processus iudiciarius contra Jeronimum de Praga habitus Viennae a. 1410–1412, ed. Ladislav Klicman, Praha 1898

Quellen zur Kirchenreform im Zeitalter der großen Konzilien des 15. Jahrhunderts, ed. Jürgen Miethke und Lorenz Weinrich, 2 Bde., Darmstadt 1995–2002

Reliquiae tabularum terrae anno MDXLI igne consumptarum, ed.
   Josef Emler, 2 Bde., Praha 1870–1872
Sacrorum conciliorum nova et amplissima collectio, Bd. 27, ed.
   Giovanni Domenico Mansi, Venezia 1784
Ser Lapo Mazzei, Lettere di un notaro a un mercante del secolo
   XIV, Bd. 1, ed. Cesare Guasti, Firenze 1880
Soudní akta konsistoře pražské, 7 Bde., ed. Ferdinand Tadra, Praha
   1893–1901
Staré letopisy české z Vratislavského rukopisu, ed. František Šimek,
   Praha 1937 [= SLČ]
Teige, Josef, Základy starého místopisu pražského I/2, Praha 1915
Thesaurus anecdotorum novissimus, ed. Bernhard Pez, Bd. 4, Augs-
   burg – Graz 1723
Veršované skladby doby husitské, ed. František Svejkovský, Praha
   1963

18.2 Literatur

Aston, M. E., Lollardy and Sedition 1381–1431, Past & Present 17,
   1960, S. 1–44
d'Avray, David L., Printing, Mass Communication, and Religious
   Reformation: the Middle Ages and after, in: The Uses of Script
   and Print, 1300–1700, hg. Julia C. Crick und Alexandra Wals-
   ham, Cambridge 2004, S. 50–70
d'Avray, David L., Method in the Study of Medieval Sermons, in:
   Nicole Bériou – David L. d'Avray, Modern Questions about
   Medieval Sermons, Spoleto 1994, S. 3–30
Bartlová, Milena, Kdy Jan Hus zhubl a nechal si narůst plnovous?
   Vizuální komunikační média jako historiografický pramen, in:
   Zrození mýtu. Dva životy husitské epochy (FS Petr Čornej), hg.
   Robert Novotný und Petr Šámal, Praha 2011, S. 205–215
Bartlová, Milena, Prout lucide apparet in tabulis et picturis ipsorum.
   Komunikační úloha obrazů a textů v počátcích husitismu, Studia
   mediaevalia Bohemica 2, 2011, S. 249–274
Bartoš, F. M. – Spunar, Pavel, Soupis pramenů k literární činnosti
   M. Jana Husa a M. Jeronýma Pražského, Praha 1965
Bartoš, F. M., Čechy v době Husově 1378–1415, Praha 1947 (České
   dějiny II/6)
Bartoš, F. M., Demonstrativní spálení papežské buly proti Husovi Vok-
   sou z Valdštejna, Časopis Národního musea 98, 1924, S. 286–288

Bartoš, F. M., Hus jako student a profesor Karlovy university, Acta Universitatis Carolinae 1958, Phil. et hist. 2, S. 9–26

Bartoš, F. M., Husovo kněžství, Časopis Národního musea 93, 1924, S. 65–72

Bartoš, F. M., Literární činnost M. J. Husi, Praha 1948

Bartoš, F. M., M. J. Hussii tractatus responsivus, Časopis Národního musea 101, 1927, S. 23–35

Bartoš, F. M., Mužové z okolí M. Jana, Jihočeský sborník historický 11, 1938, S. 86–91

Bartoš, F. M., Problém Husových tzv. Betlemských kázání, in: Husův sborník, hg. Rudolf Říčan und Michal Flegl, Praha 1966, S. 42–47

Bartoš, F. M., První století Betléma, in: Betlémská kaple. O jejích dějinách a dochovaných zbytcích, Praha 1923, S. 9–21

Bataillon, Louis-Jacques, Sermons rédigés, sermons reportés (XIIIe siècle), Medioevo e rinascimento 3, 1989, S. 69–86

Bellitto, Christopher M., Reform Context of the Great Western Schism, in: A Companion to the Great Western Schism, s. 303–331

Bernhard Töpfer, Die Wertung der weltlich-staatlichen Ordnung durch John Wyclif und Jan Hus, in: Häresie und vorzeitige Reformation im Spätmittelalter, hg. František Šmahel, München 1998, S. 55–76

Boockmann, Hartmut, Zur Mentalität spätmittelalterlicher gelehrter Räte, Historische Zeitschrift 233, 1981, S. 295–316

Brandmüller, Walter, Das Konzil von Konstanz, 2 Bde., Paderborn 1999 und 1997

Cermanová, Pavlína, Kronikáři, učenci a literáti na dvoře Václava IV. a Zikmunda, in: Lucemburkové. Česká koruna uprostřed Evropy, hg. František Šmahel und Lenka Bobková, Praha 2012, S. 576–584

Chytil, Karel, Antikrist v naukách a umění středověku a husitské obrazné antithese, Praha 1918

Čornej, Petr, Velké dějiny zemí Koruny české, Bde. 5–6, Praha 2000–2007 (Bd. 6 mit Milena Bartlová)

Čornej, Petr, Idea národa v husitských Čechách, in: Jan Hus na přelomu tisíciletí, S. 379–393

A Companion to the Great Western Schism (1378–1417), hg. Joëlle Rollo-Koster und Thomas M. Izbicki, Leiden – Boston 2009

Coufal, Dušan, Einleitung, in: CCCM 253, S. IX–LXVIII

Coufal, Dušan, Neznámý postoj Jana Husa k mučednictví v jeho Enarratio Psalmorum (cca 1405–1407): Na cestě do kruhu zemských svatých, Časopis Matice moravské 129, 2010, S. 241–257

Courtenay, William J., Inquiry and Inquisition: Academic Freedom in Medieval Universities, Church History 58, 1989, S. 168–181

Cutolo, Alessandro, Re Ladislao d'Angiò Durazzo, Napoli 1969

Daňhelka, Jiří, Das Zeugnis des Stockholmer Autographs von Hus, Die Welt der Slawen 27, 1982, S. 225–233

De Vooght, Paul, Jacobellus de Stříbro († 1429), premier théologien du hussitisme, Louvain 1972

De Vooght, Paul, L'hérésie de Jean Huss, 2. Aufl, 2 Bde., Louvain 1975

Debby, Nirit Ben-Aryeh, Renaissance Florence in the Rhetoric of Two Popular Preachers: Giovanni Dominici (1356–1419) and Bernardino da Siena (1380–1444), Turnhout 2001

Dějiny Univerzity Karlovy 1 (1347/48–1622), hg. Michal Svatoš, Praha 1995

Eberhard, Winfried, Zur reformatorischen Qualität und Konfessionalisierung des nachrevolutionären Hussitismus, in: Häresie und vorzeitige Reformation im Spätmittelalter, hg. František Šmahel, München 1998, S. 213–238

Eršil, Jaroslav, K problematice vydávání Husových pramenů, in: Jan Hus na přelomu tisíciletí, S. 257–262

Esch, Arnold, Das Papsttum unter der Herrschaft der Neapolitaner. Die führende Gruppe Neapolitaner Familien an der Kurie während des Schismas 1378–1415, in: Festschrift für Hermann Heimpel, Bd. 2, Göttingen 1972, S. 713–800

Fudge, Thomas A., Jan Hus. Religious Reform and Social Revolution in Bohemia, London – New York 2010

Gerwing, Manfred, Malogranatum oder der dreifache Weg zur Vollkommenheit. Ein Beitrag zur Spiritualität des Spätmittelalters, München 1986

Ghosh, Kantik, Wyclif, Arundel, and the Long Fifteenth Century, in: After Arundel. Religious Writing in Fifteenth-Century England, ed. Vincent Gillespie und Kantik Ghosh, Turnhout 2012, S. 545–562

Graus, František, Ketzerbewegungen und soziale Unruhen im 14. Jahrhundert, Zeitschrift für historische Forschung 1, 1974, S. 3–21

Hamm, Berndt, Abschied vom Epochendenken in der Reformationsforschung. Ein Plädoyer, Zeitschrift für historische Forschung 39, 2012, S. 373–411

Hamm, Berndt, Von der spätmittelalterlichen reformatio zur Reformation: Der Prozeß normativer Zentrierung von Religion und Gesellschaft in Deutschland, Archiv für Reformationsgeschichte 84, 1993, S. 7–82

Helmrath, Johannes, Das Basler Konzil 1431–1449. Forschungsstand und Probleme, Köln – Wien 1987

Helmrath, Johannes, Reform als Thema der Konzilien des Spätmittelalters, in: Christian Unity. The Council of Ferrara-Florence 1438/39–1989, hg. Giuseppe Alberigo, Leuven 1991, S. 75–152

Hendrix, Scott H., »We Are All Hussites?« Hus and Luther Revisited, Archiv für Reformationsgeschichte 65, 1974, S. 134–161

Herold, Vilém, Pražská univerzita a Wyclif. Wyclifovo učení o ideách a geneze husitského revolučního myšlení, Praha 1985

Herold, Vilém, Wyclif's Ecclesiology and Its Prague Context, in: The Bohemian Reformation and Religious Practice, Bd. 4, hg. Zdeněk V. David und David R. Holeton, Praha 2002, S. 15–30

Herold, Vilém, Zum Prager philosophischen Wyclifismus, in: Häresie und vorzeitige Reformation im Spätmittelalter, hg. František Šmahel, München 1998, S. 133–146

Hesse, Christian, Amtsträger der Fürsten im spätmittelalterlichen Reich. Die Funktionseliten der lokalen Verwaltung in Bayern–Landshut, Hessen, Sachsen und Württemberg 1350–1515, Göttingen 2005

Hilsch, Peter, Johannes Hus. Prediger Gottes und Ketzer, Regensburg 1999

Hlaváček, Ivan, Das Urkunden- und Kanzleiwesen des böhmischen und römischen Königs Wenzel (IV.) 1376–1419. Ein Beitrag zur spätmittelalterlichen Diplomatik, Stuttgart 1970

Hlaváček, Ivan, Dvůr Václava IV., in: Lucemburkové. Česká koruna uprostřed Evropy, hg. František Šmahel und Lenka Bobková, Praha 2012, S. 300–307

Hledíková, Zdeňka, Hussens Gegner und Feinde, in: Jan Hus. Zwischen Zeiten, S. 91–102

Hledíková, Zdeňka, Der Weg der geistlichen Entwicklung und Reformbewegung in Böhmen, in: Kunst als Herrschaftsinstrument, hg. Jiří Fajt und Andrea Langer, München 2009, S. 354–363

Hledíková, Zdeňka, Úřad generálních vikářů pražského arcibiskupa v době předhusitské, Praha 1972

Hobbins, Daniel, Authorship and Publicity Before Print. Jean Gerson and the Transformation of Late Medieval Learning, Philadelphia 2009

Hoke, Rudolf, Der Prozeß des Jan Hus und das Geleit König Sigmunds, Annuarium historiae conciliorum 15, 1983, s. 172–193

Holeton, David R., »O felix Bohemia – O felix Constantia«: The Liturgical Commemoration of Saint Jan Hus, in: Jan Hus. Zwischen Zeiten, S. 385–403

Holeton, David R., Wyclif's Bohemian Fate. A Reflection on the Contextualization of Wyclif in Bohemia, Communio viatorum 32, 1989, S. 209–222

Horčička, Adalbert, Eine Handschrift des Klosters Ostrow, Mittheilungen des Vereines für Geschichte der Deutschen in Böhmen 37, 1899, S. 308–324

Hrdina, Jan, Wilsnack, Hus und die Luxemburger, in: Die Wilsnackfahrt, hg. Felix Escher und Hartmut Kühne, Frankfurt am Main 2006, S. 41–63

Hudson, Anne, From Oxford to Bohemia: reflections on the transmission of Wycliffite texts, Studia Mediaevalia Bohemica 2, 2010, S. 25–37

Hudson, Anne, From Oxford to Prague: The Writings of John Wyclif and His English Followers in Bohemia, The Slavonic and East European Review 75, 1997, S. 642–657

Hudson, Anne, Opera omnia: Collecting Wyclif's Works in England and Bohemia, in: Religious Controversy in Europe, 1378–1536. Textual Transmission and Networks of Readership, hg. Michael Van Dussen und Pavel Soukup, Turnhout 2013, S. 49–69

Hudson, Anne, The Premature Reformation. Wycliffite Texts and Lollard History, Oxford 1988

Hudson, Anne, The Survival of Wyclif's Works in England and Bohemia, in: Dies., Studies in the Transmission of Wyclif's Writings, Aldershot 2008, Nr. XVI, S. 1–43

Jan Hus na přelomu tisíciletí, hg. Miloš Drda, František J. Holeček und Zdeněk Vybíral, Tábor 2001

Jan Hus. Zwischen Zeiten, Völkern, Konfessionen, hg. Ferdinand Seibt, München 1997

The Jena Codex, ed. Marta Vaculínová, 2 Bde., Praha 2009

Kadlec, Jaroslav, Katoličtí exulanti čeští doby husitské, Praha 1990

Kadlec, Jaroslav, Leben und Schriften des Prager Magisters Adalbert Rankonis de Ericinio, Münster 1971

Kadlec, Jaroslav, Studien und Texte zum Leben und Wirken des Prager Magisters Andreas von Brod, Münster 1982

Kalivoda, Robert, Revolution und Ideologie. Der Hussitismus, Köln 1976

Kamínková, Eva, Husova Betlémská kázání a jejich dvě recense, Praha 1963

Kaminsky, Howard – Bilderback, Dean Loy – Boba, Imre – Rosenberg, Patricia N., Master Nicholas of Dresden: The Old Color and the New, Transactions of the American Philosophical Society, N.S. 55, 1965, Teil 1, S. 5–88

Kaminsky, Howard, A History of the Hussite Revolution, Berkeley – Los Angeles 1967

Kavka, František, Zur Frage der Statuten und der Studienordnung der Prager theologischen Fakultät in der vorhussitischen Zeit, Folia diplomatica 1, 1971, S. 129–143

Kejř, Jiří, Die Causa Johannes Hus und das Prozessrecht der Kirche, Regensburg 2005

Kejř, Jiří, Husitský právník M. Jan z Jesenice, Praha 1965

Kejř, Jiří, Husovo odvolání od soudu papežova k soudu Kristovu, Ústí nad Labem 1999

Kejř, Jiří, Jan Hus sám o sobě, in: Ders., Z počátků české reformace, Brno 2006, S. 12–48

Kejř, Jiří, Jan Hus známý i neznámý. Resumé knihy, která nebude napsána, Praha 2009

Kejř, Jiří, Johannes Hus als Rechtsdenker, in: Jan Hus. Zwischen Zeiten, S. 213–226

Kejř, Jiří, K Husovu procesu v Kostnici, Historia Universitatis Carolinae Pragensis 48, 2008, Heft 1, S. 11–19

Kejř, Jiří, Protihusovský traktát De ecclesia a jeho autor, in: Ders., Z počátků české reformace, Brno 2006, S. 182–186

Kejř, Jiří, Štěpán z Pálče a Husův proces, in: Ders., Z počátků české reformace, Brno 2006, S. 111–131

Kienzle, Beverly Mayne, Medieval Sermons and Their Performance: Theory and Record, in: Preacher, Sermon and Audience in the Middle Ages, hg. Carolyn Muessig, Leiden – Boston – Köln 2002, S. 89–124

Kopičková, Božena – Vidmanová, Anežka, Listy na Husovu obranu z let 1410–1412. Konec jedné legendy?, Praha 1999

Kotek, Vladislav T., Husův dopis v annaberské sbírce autografů, Listy filologické 107, 1984, S. 101–110

Krmíčková, Helena, Utraquism in 1414, in: The Bohemian Reformation and Religious Practice, Bd. 4, hg. Zdeněk V. David und David R. Holeton, Praha 2002, S. 99–105

Krzenck, Thomas, Johannes Hus. Theologe, Kirchenreformer, Märtyrer, Gleichen – Zürich 2011

Kybal, Vlastimil, M. Jan Hus. Život a učení, Teil 2: Učení, 3 Bde., Praha 1923, 1926, 1931

Kybal, Vlastimil, M. Matěj z Janova a M. Jakoubek ze Stříbra. Srovnávací kapitola o Antikristu, Český časopis historický 11, 1905, S. 22–37

Lauterer, Kassian, Matthäus von Königssaal († 1427). Lebenslauf und Schrifttum, Cistercienser Chronik 71, 1964, N.F. Nr. 69–70, S. 93–109

Levy, Ian Christopher, Holy Scripture and the quest for authority at the end of the Middle Ages, Notre Dame 2012

Levy, Ian Christopher, Was John Wyclif's Theology of the Eucharist Donatistic?, Scottish Journal of Theology 53, 2000, S. 137–153

Lohse, Bernhard, Luther und Huß, in: Ders., Evangelium in der Geschichte I, Göttingen 1988, S. 65–79

Loserth, Johann, Beiträge zur Geschichte der husitischen Bewegung 3–4, Archiv für österreichische Geschichte 59, 1880, S. 343–561; 75, 1889, S. 287–413

Loserth, Johann, Über die Beziehungen zwischen englischen und böhmischen Wiclifiten in den beiden ersten Jahrzehnten des 15. Jahrhunderts, Mitteilungen des Instituts für österreichische Geschichtsforschung 12, 1891, S. 254–269

Macek, Josef, Jan Hus, Praha 1961

Machilek, Franz, Einführung. Beweggründe, Inhalte und Probleme kirchlicher Reformen des 14./15. Jahrhunderts, in: Kirchliche Reformimpulse des 14./15. Jahrhunderts in Ostmitteleuropa, hg. Winfried Eberhard und Franz Machilek, Köln – Weimar – Wien 2006, S. 1–121

Machilek, Franz, Polemiky mezi přívrženci a odpůrci wyclifsko-husitského hnutí, in: Jan Hus na přelomu tisíciletí, S. 343–357

Marek, Jindřich, Jakoubek ze Stříbra a počátky utrakvistického kazatelství v českých zemích. Studie o Jakoubkově postile z let 1413–1414, Praha 2011

Marin, Olivier, L'archevêque, le maître et le dévot. Genèses du mouvement réformateur pragois. Années 1360–1419, Paris 2005

Marin, Olivier, Libri hereticorum sunt legendi: svoboda výuky na pražské univerzitě (1347–1412), Historia Universitatis Carolinae Pragensis 42, 2002, S. 33–58

Marin, Olivier, Orgueil et préjugé? Jean Gerson face à Jean Hus, in: Pater familias (FS Ivan Hlaváček), hg. Jan Hrdina, Praha 2002, S. 381–399

Mengel, David C., Emperor Charles IV (1346–1378) as the Architect of Local Religion in Prague, Austrian History Yearbook 41, 2010, S. 15–293

Menzel, Michael, Predigt und Predigtorganisation im Mittelalter, Historisches Jahrbuch 111, 1991, S. 337–384

Mezník, Jaroslav, Praha před husitskou revolucí, Praha 1990

Miethke, Jürgen, Die Prozesse in Konstanz gegen Jan Hus un Hieronymus von Prag – ein Konflikt unter Kirchenreformern?, in: Häresie und vorzeitige Reformation im Spätmittelalter, hg. von František Šmahel, München 1998, S. 147–167

Miethke, Jürgen, Gelehrte Ketzerei und kirchliche Disziplinierung. Die Verfahren gegen theologische Irrlehren im Zeitalter der scholastischen Wissenschaft, in: Ders., Studieren and mittelalterlichen Universitäten. Chancen und Risiken, Leiden – Boston 2004, S. 361–405

Molnár, Amedeo, Die Antworten von Johann Hus auf die fünfundvierzig Artikel, in: Das Konstanzer Konzil, hg. Remigius Bäumer, Darmstadt 1977, S. 275–283

Molnár, Amedeo, Husovo odvolání ke Kristu, in: Husův sborník, hg. Rudolf Říčan und Michal Flegl, Praha 1966, S. 73–83

Molnár, Amedeo, Pohled do Husovy literární dílny, Listy filologické 82, 1959, S. 239–246

Moraw, Peter, Beamtentum und Rat König Ruprechts, Zeitschrift für die Geschichte des Oberrheins 116, 1968, S. 59–126

Morée, Peter C. A., Preaching in Fourteenth-Century Bohemia. The life and ideas of Milicius de Chremsir (+1374) and his significance in the historiography of Bohemia, Heršpice 2000

Morée, Peter C. A., Similiter predicator. The Relation of the Postils of Milíč of Kroměříž to his Work and the Jerusalem Community, in: The Bohemian Reformation and Religious Practice, Bd. 7, hg. Zdeněk V. David und David R. Holeton, Praha 2009, S. 61–71

Moskal, Krzysztof, »Aby lud był jeden…« Eklezjologia Jana Husa w trakcie De ecclesia, Lublin 2003

Müller, Heribert, Die kirchliche Krise des Spätmittelalters. Schisma, Konziliarismus und Konzilien, München 2012

Mutlová, Petra, Communicating Texts through Images, in: Public Communication in European Reformation. Artistic and other Media in Central Europe 1380–1620, hg. Milena Bartlová und Michal Šroněk, Praha 2007, S. 29–37

Mutlová, Petra, Die Dresdner Schule in Prag: eine Waldensische »Connection«?, in: Friedrich Reiser und die »waldensisch-hussitische Internationale«, hg. Albert de Lange und Kathrin Utz Tremp, Heidelberg – Ubstadt-Weiher – Basel 2006, S. 261–276

Nechutová, Jana, K současné znalosti latinských textů české reformace (ca 1350–1450), Husitský Tábor 12, 1990, S. 23–31

Nodl, Martin, Auf dem Weg zum Kuttenberger Dekret: Von der Versöhnung der Nationen zum unversöhnlichen Nationalismus, Bohemia 49, 2009, S. 52–75

Nodl, Martin, Dekret kutnohorský, Praha 2010

Novotný, Robert, »Sloup království« v počátcích revoluce. Oldřich z Rožmberka 1417–1420, in: Zrození mýtu. Dva životy husitské epochy (FS Petr Čornej), hg. Robert Novotný und Petr Šámal, Praha 2011, S. 60–72

Novotný, Václav – Krofta, Kamil – Šusta, Josef – Friedrich, Gustav, Dekret Kutnohorský, Praha 1909

Novotný, Václav, M. Jan Hus. Život a učení, Teil 1: Život a dílo, 2 Bde., Praha 1919–1921

Oberman, Heiko A., Hus und Luther. Der Antichrist und die zweite reformatorische Entdeckung, in: Jan Hus. Zwischen Zeiten, S. 319–346

Odložilík, Otakar, The Chapel of Bethlehem in Prague, in: Studien zur älteren Geschichte Osteuropas I, hg. Günther Stökl, Graz – Köln 1956, S. 125–141

Ożóg, Krzysztof, Uczeni w monarchii Jadwigi Andegaweńskiej i Władysława Jagiełły (1384–1434), Kraków 2004

Pascoe, Louis B., Church and Reform. Bishops, Theologians, and Canon Lawyers in the Thought of Pierre d'Ailly (1351–1420), Leiden – Boston 2005

Patschovsky, Alexander, Ekklesiologie bei Johannes Hus, in: Lebenslehren und Weltentwürfe im Übergang vom Mittelalter zur Neuzeit, hg. Hartmut Boockmann, Bernd Moeller und Karl Stackmann, Göttingen 1989, S. 370–399

Patschovsky, Alexander, Pravda a poslušnost v Husově chápání církve, in: Jan Hus na přelomu, S. 155–167

Perett, Marcela K., Vernacular Songs as »Oral Pamphlets«: The Hussites and Their Propaganda Campaign, Viator 42, 2011, S. 371–392

Podlaha, Antonín, Paběrky z rukopisů knihovny metropol. kapitoly v Praze, Věstník České akademie 18, 1909, S. 328–335

Polecritti, Cynthia L., Preaching Peace in Renaissance Italy. Bernardino of Siena & His Audience, Washington 2000

Polívka, Miloslav, Hussens Adel – Hussens König, in: Jan Hus. Zwischen Zeiten, S. 81–89

Polívka, Miloslav, K šíření husitství v Praze. Bratrstvo a kaple Božího těla na Novém Městě pražském v předhusitské době, Folia Historica Bohemica 5, 1983, S. 95–118

Pořízka, Aleš, Listy na obranu Husovu ze 12. září až 2. října 1410. Konec druhé legendy?, Český časopis historický 99, 2001, S. 701–724

Pražák, Jiří, Zlomek korespondence žateckého sakristána Martina se zmínkou o Janu Husovi, Studie o rukopisech 4, 1965, S. 201–204

Provvidente, Sebastián, Clavis scientiae and clavis potestatis. Hus' causa among the ecclesiastical, university and council powers, Studia mediaevalia Bohemica 3, 2011, S. 69–93

Provvidente, Sebastián, Inquisitorial process and plenitudo potestatis at the Council of Constance (1414–1418), in: The Bohemian Reformation and Religious Practice, Bd. 8, hg. Zdeněk V. David und David R. Holeton, Praha 2011, S. 100–116

Ransdorf, Miloslav, Kapitoly z geneze husitské ideologie, Praha 1986

Ryba, Bohumil, K chronologii Husových Betlémských kázání, Listy filologické 88, 1965, S. 142–146

Rychterová, Pavlína, Die Verbrennung von Johannes Hus als europäisches Ereignis. Öffentlichkeit und Öffentlichkeiten am Vorabend der hussitischen Revolution, in: Politische Öffentlichkeit im Spätmittelalter, hg. Martin Kintzinger und Bernd Schneidmüller, Ostfildern 2011, S. 361–383

Rychterová, Pavlína, Konzepte der religiösen Erziehung der Laien im spätmittelalterlichen Böhmen. Einige Überlegungen zur Debatte über die sog. böhmische Devotio Moderna, in: Kirchliche Reformimpulse des 14./15. Jahrhunderts in Ostmitteleuropa, hg. Winfried Eberhard und Franz Machilek, Köln – Weimar – Wien 2006, S. 219–237

Rychterová, Pavlína, The Verancular Theology of Jan Hus, in: A Companion to Jan Hus, hg. František Šmahel, Leiden (im Druck)

Rychterová, Pavlína, Theology goes to the Vernaculars: Jan Hus, ›On simony‹ and the Practice of Translation in Fifteenth-Century Bohemia, in: Religious Controversy in Europe, 1378–1536. Textual Transmission and Networks of Readership, hg. Michael Van Dussen und Pavel Soukup, Turnhout 2013, S. 231–249

Sedlák, Jan, Husův pomocník v evangeliu I–IV, Studie a texty k náboženským dějinám českým 1, 1914, S. 362–428; 2, 1915, S. 302–350 und 446–477; 3, 1919, S. 24–74

Sedlák, Jan, Husův vývoj dle jeho postil, Studie a texty k náboženským dějinám českým 2, 1915, S. 394–414

Sedlák, Jan, K dějinám českého viklefovství r. 1411 a 1412, Studie a texty k náboženským dějinám českým 1, 1914, S. 33–74

Sedlák, Jan, M. Jan Hus, Praha 1915

Sedlák, Jan, Miscellanea husitica Ioannis Sedlák, hg. Jaroslav V. Polc und Stanislav Přibyl, Praha 1996

Sedlák, Jan, Proces Kostnický, Studie a texty k náboženským dějinám českým 2, 1915, S. 1–34

Sedlák, Jan, Učil Hus remanenci?, Studie a texty k náboženským dějinám českým 1, 1914, S. 450–506

Šmahel, František – Nodl, Martin, Kuttenberger Dekret nach 600 Jahren. Eine Bilanz der bisherigen Forschung, Historia Universitatis Carolinae Pragensis 49, 2009, Heft 2, S. 19–54

Šmahel, František, Basilejská kompaktáta. Příběh deseti listin, Praha 2011

Šmahel, František, Das Ideal einer gerechten Ordnung und sozialen Harmonie im Werk des Magisters Johannes Hus, in: Jan Hus. Zwischen Zeiten, S. 203–211

Šmahel, František, Das Lesen der unlesbaren Inschriften: Männer mit Zeigestäben, in: The development of literate mentalities in East Central Europe, hg. Anna Adamska und Marco Mostert, Turnhout 2004, S. 453–467

Šmahel, František, Dějiny Tábora I, 2 Bde., České Budějovice 1988–1989

Šmahel, František, Die Hussitische Revolution, 3 Bde., Hannover 2002

Šmahel, František, Die Tabule veteris et novi coloris als audiovisuelles Medium hussitischer Agitation, Studie o rukopisech 29, 1992, S. 95–105

Šmahel, František, Die vier Prager Artikel. Das Programm der Hussitischen Reformation, in: Kirchliche Reformimpulse des 14./15. Jahrhunderts in Ostmitteleuropa, hg. Winfried Eberhard und Franz Machilek, Köln – Weimar – Wien 2006, S. 329–339

Šmahel, František, Hus und Wyclif: Opinio media de universalibus in re, in: Ders., Die Prager Universität im Mittelalter, Leiden – Boston 2007, S. 515–524

Šmahel, František, Husitská revoluce, 4 Bde., 2. Aufl., Praha 1995–1996

Šmahel, František, Instead of Conclusion: A View into Hus' Literary Workshop, in: A Companion to Jan Hus, hg. František Šmahel, Leiden – Boston (im Druck)

Šmahel, František, Jan Hus a viklefské pojetí universálií, Historia Universitatis Carolinae Pragensis 21, 1981, Heft 2, S. 49–68

Šmahel, František, Reformatio und Receptio. Publikum, Massenmedien und Kommunikationshindernisse zu Beginn der hussitischen Reformbewegung, in: Das Publikum politischer Theorie im 14. Jahrhundert, hg. Jürgen Miethke, München 1992, S. 255–268

Šmahel, František, The Idea of the »Nation« in Hussite Bohemia, Historica 16, 1969, S. 143–247; 17, 1969, S. 93–197

Šmahel, František, The National Idea, Secular Power and Social Issues in the Political Theology of Jan Hus, in: A Companion to Jan Hus, hg. František Šmahel, Leiden – Boston (im Druck)

Šmahel, František, Wyclif's Fortune in Hussite Bohemia, in: Ders., Die Prager Universität im Mittelalter, Leiden – Boston 2007, S. 457–489

Šmahel, František, Život a dílo Jeronýma Pražského. Zpráva o výzkumu, Praha 2010

Sobalíková, Hana, Vliv M. Jana Husa na formování biblického překladu, in: Varia XVIII. Zborník plných príspevkov z XVIII. kolokvia mladých jazykovedcov, hg. Martin Ološtiak, Martina Ivanová und Lucia Gianitsová-Ološtiaková, Prešov 2009, S. 637–643

Sokol, Vojtěch, Příspěvek k dějinám kaple Betlemské, Časopis Národního musea 92, 1923, S. 24–34

Soukup, Pavel, Die böhmischen Konzilsteilnehmer zwischen Häresiebekämpfung und Kirchenreform. Die Konstanzer Predigten von Mauritius Rvačka, Stephan Páleč und Matthäus von Königsaal, in: Das Konstanzer Konzil als europäisches Ereignis. Begegnungen, Medien und Rituale, hg. Gabriela Signori und Birgit Studt, Ostfildern 2014, S. 173–217.

Soukup, Pavel, Die Rolle der Prager Universitätsemigration in der antihussitischen Polemik 1409–1436, Historia Universitatis Carolinae Pragensis 49, 2009, S. 71–80

Soukup, Pavel, Inkvizitoři v Čechách v letech 1315–1415, in: Inkwizycja Papieska w Europie Środkowo-Wschodniej, hg. Paweł Kras, Kraków 2010, S. 147–172

Soukup, Pavel, Jan Hus as a Preacher, in: A Companion to Jan Hus, hg. František Šmahel, Leiden – Boston (im Druck)

Soukup, Pavel, Kauza reformace. Husitství v konkurenci reformních projektů, in: Heresis seminaria. Pojmy a koncepty v bádání o husitství, hg. Pavlína Rychterová und Pavel Soukup, Praha 2013, S. 171–217

Soukup, Pavel, »Ne verbum Dei in nobis suffocetur…« Kommunikationstechniken von Predigern des frühen Hussitismus, Bohemia 48, 2008, s. 54–82

Soukup, Pavel, ›Pars Machometica‹ in Early Hussite Polemics: The Use and Background of an Invective, in: Religious Controversy in Europe, 1378–1536. Textual Transmission and Networks of Readership, hg. Michael Van Dussen und Pavel Soukup, Turnhout 2013, S. 251–287

Soukup, Pavel, Reformní kazatelství a Jakoubek ze Stříbra, Praha 2011

Soukup, Pavel, Václav IV. a reformní hnutí, in: Lucemburkové. Česká koruna uprostřed Evropy, hg. Lenka Bobková und František Šmahel, Praha 2012, S. 206–219

Sousedík, Stanislav, Stanislaus von Znaim († 1414), Mediaevalia Philosophica Polonorum 17, 1973, S. 37–56

Sousedík, Stanislav, Učení o eucharistii v díle M. Jana Husa, Praha 1998

Spinka, Matthew, John Hus. A Biography, Princeton 1968

Spinka, Matthew, John Hus' Concept of the Church, Princeton 1966

Spunar, Pavel, Repertorium auctorum Bohemorum provectum idearum post universitatem Pragensem conditam illustrans, 2 Bde., Wrocław – Warszawa – Praha u. a. 1985–1995

Staub, Martial, Die süddeutschen Prädikaturen und die Ethik der mitteleuropäischen ›Devotio moderna‹, in: Die ›Neue Frömmigkeit‹ in Europa im Spätmittelalter, hg. Marek Derwich und Martial Staub, Göttingen 2004, S. 285–299

Stočes, Jiří, Pražské univerzitní národy do roku 1409, Praha 2010

Strika, Zvjezdan, Johannes von Ragusa (1378–1443). Kirchen- und Konzilsbegriff in der Auseinandersetzung mit den Hussiten und Eugen IV., Augsburg 2000

Svatoš, Michal, Litevská kolej pražské univerzity (1397–1622), in: Praha – Vilnius, Praha 1981, S. 19–32

Svec, Victor, Bildagitation. Antipäpstliche Bildpolemik der böhmischen Reformation im Göttinger Hussitenkodex, Weimar 1994

Swanson, Robert N., Universities, Academics and the Great Schism, Cambridge 1979

Tatnall, Edith C., Die Verurteilung John Wyclifs auf dem Konzil zu Konstanz, in: Das Konstanzer Konzil, hg. Remigius Bäumer, Darmstadt 1977, S. 284–294

Thijssen, J. M. M. H., Censure and Heresy at the University of Paris, 1200–1400, Philadelphia 1998

Tříška, Josef, Životopisný slovník předhusitské pražské univerzity 1348–1409, Praha 1981

Umění české reformace (1389–1620), hg. Kateřina Horníčková und Michal Šroněk, Praha 2010

Van Dussen, Michael, Conveying Heresy: »A certayne student« and the Lollard-Hussite Fellowship, Viator 38, 2007, S. 217–234

Van Dussen, Michael, From England to Bohemia. Heresy and Communication in the Later Middle Ages, Cambridge 2012

Vidmanová, Anežka, Autoritäten und Wiclif in Hussens homiletischen Schriften, in: Antiqui und moderni. Traditionsbewußtsein und Fortschrittsbewußtsein im späten Mittelalter, hg. Albert Zimmermann, Berlin – New York 1974, S. 383–393

Vidmanová, Anežka, Hus als Prediger, Communio viatorum 19, 1976, s. 65–81

Vidmanová, Anežka, Kdy, kde a jak psal Hus svou českou Postillu, Listy filologické 112, 1989, S. 144–158

Vidmanová, Anežka, Kursy v Husových rektorských projevech z r. 1409 a jejich význam pro konstituci textu, Husitský Tábor 13, 2002, S. 81–95

Vidmanová, Anežka, Magdeburská determinace Jana Falkenberga z roku 1411, in: Facta probant homines (FS Zdeňka Hledíková), hg. Ivan Hlaváček und Jan Hrdina, Praha 1998, S. 509–519

Vidmanová, Anežka, Stoupenci a protivníci Mistra Jana Husi, Husitský Tábor 4, 1981, S. 49–56

Vidmanová, Anežka, Základní vydání spisů M. Jana Husa, in: Jan Hus na přelomu tisíciletí, S. 267–276

Vidmanová-Schmidtová, Anežka, Husovy hexametry, Listy filologické 88, 1965, S. 158–175

Werner, Ernst, Der Kirchenbegriff bei Jan Hus, Jakoubek von Mies, Jan Želivský und den linken Taboriten, Berlin 1967

Werner, Ernst, Jan Hus. Welt und Umwelt eines Prager Frühreformators, Weimar 1991

Wilks, Michael J., Reformatio regni: Wyclif and Hus as Leaders of Religious Protest Movements, in: Schism, Heresy and Religious Protest, ed. Derek Baker, Cambridge 1972, S. 109–130

Wolf, Klaus, Hof – Universität – Laien. Literatur- und sprachgeschichtliche Untersuchungen zum deutschen Schrifttum der Wiener Schule des Spätmittelalters, Wiesbaden 2006

Zilynská, Blanka, Johann Hoffmann: Prager Student, antihussitischer Repräsentant und Bischof von Meißen, Historia Universitatis Carolinae Pragensis 49, 2009, Heft 2, S. 81–98

Zilynská, Blanka, Pražská univerzita – patron církevních beneficií?, Historia Universitatis Carolinae Pragensis 47, 2007, S. 75–87

Zilynskij, Bohdan, Stížný list české a moravské šlechty proti Husovu upálení (Otázky vniku a datování), Folia historica Bohemica 5, 1983, S. 195–237

Zilynskyj, Bohdan, Česká šlechta a počátky husitství (1410–1415), Jihočeský sborník historický 48, 1979, S. 52–65

Die Hus-Literatur ist umfangreich und vielfältig. Die folgenden Anmerkungen werden möglichst knapp gehalten. Sie bringen meistens nur Quellennachweise und Hinweise auf ausgewählte Spezialstudien. In den einleitenden Passagen zu jedem Kapitel wird auf die Arbeit Novotnýs als die bisher umfangreichste quellendokumentierte Lebensschilderung sowie auf das Buch von Hilsch als letzte wissenschaftliche Zusammenfassung der Problematik in deutscher Sprache verwiesen. Sonst werden Standardwerke, synthetische Darstellungen und Monographien über Jan Hus in der Regel nicht im Einzelnen zitiert. [Die zwei kürzlich erschienenen Bände von Thomas Fudge, The Trial of Jan Hus: Medieval Heresy and Criminal Procedure, Oxford – New York 2013; The Memory and Motivation of Jan Hus, Medieval Priest and Martyr, Turnhout 2013, sowie das Buch von František Šmahel, Jan Hus. Život a dílo, Praha 2013, konnten nicht mehr berücksichtigt werden.]

2   Zur Einführung: Der Angeklagte in Konstanz

1 FRB 8, S. 37–43 (Zitate in der Übersetzung von Bujnoch, Hus in Konstanz, S. 77–78 und 86); ACC 2, S. 189. Siehe dazu Novotný, M. Jan Hus 2, S. 372–412; Hilsch, Johannes Hus, S. 251–253.
2 Fudge, Jan Hus, S. 147–245.

3   Magister Jan Hus – ein kurzes Lebens-porträt

1   Einführend zum Großen Schisma siehe A Companion to the Great Western Schism; Müller, Die kirchliche Krise.
2   MIHOO 1, S. 342.
3   Zur Predigtfrequenz Soukup, Jan Hus as a Preacher. Die Grüße an Freunde in Kotek, Husův dopis, S. 102, und Kor., Nr. 128, 132 und 164, S. 267–269, 276–279 und 335–337.
4   Ein Porträt von Hus versuchte Kejř, Jan Hus sám o sobě; zu seinem Aussehen Bartlová, Kdy Jan Hus zhubl. Die Ermahnungen an seine Schüler Kor., Nr. 95, S. 214–215, und Nr. 86, S. 204.
5   Zu den sozialen Verhältnissen der vor- und frühhussitischen Zeit umfassend Šmahel, Die Hussitische Revolution, S. 85–478, zur böhmischen Religionsgeschichte Marin, L'archevêque, wo auch ältere Literatur.

4   Hus als Prediger – Seine Ernennung zum Rektor der Bethlehemskapelle 1402

1   Ernennungsurkunde bei Teige, Základy 2, S. 804, Nr. 23–24. Zur Priesterweihe Hus' siehe Bartoš, Husovo kněžství.
2   Teige, Základy 2, S. 796, Nr. 3. Zur Geschichte der Kapelle Odložilík, The Chapel of Bethlehem.
3   Rankonis' Verfügung ediert von Podlaha, Paběrky, S. 329–331; siehe Kadlec, Leben und Schriften, S. 49. Zu Milíčs Predigerschule Morée, Preaching; ders., Similiter predicator.
4   Doc., S. 175; Kor., Nr. 17, S. 66–67; MIHOO 1, S. 366.
5   Die Quellen zur Besetzung der Bethlehemskapelle gesammelt von Teige, Základy 2, S. 795–812, ergänzt von Sokol, Příspěvek. Siehe auch Bartoš, První století Betléma; Marek, Jakoubek ze Stříbra, S. 55–63.
6   Zur Zahl der Zuhörer Bernardins Polecritti, Preaching Peace, S. 39–40, zu Dominici siehe Debby, Renaissance Florence, S. 35–39. Zitat Ser Lapo Mazzei, Lettere 1, S. 228. Allgemein zur Situation der Predigt Kienzle, Medieval Sermons.
7   Zu Phasen der Predigtgeschichte siehe Menzel, Predigt und Predigtorganisation. Zur Prager Predigerbewegung Soukup, Reformní kazatelství, S. 68–114, zum Streit mit den Mendikanten Marin, L'archevêque, S. 231–324.
8   Zu den Prädikaturen siehe Hledíková, Der Weg, S. 358; Staub, Die süddeutschen Prädikaturen. Zur Anzahl der Postillen Soukup, Jan Hus as a Preacher.

9   H&M 1, fol. 39v; Kor., Nr. 69, S. 178; Doc., S. 174–178. Zu Hus' Predigttätigkeit Soukup, Jan Hus as a Preacher, worauf ich mich auch weiter stütze.
10 Zur Predigtüberlieferung siehe Bataillon, Sermons rédigés. Zu Prager
    Universitätssermones Schmidtová in Pos., S. 229–244, und Soukup, Reformní kazatelství, S. 157–187.
11 Die erwähnten Sammlungen wurden ediert von Flajšhans (Sermones
    de sanctis: SMJH 7–8), Vidmanová (Collecta, Passio und Winterteil
    des Leccionariums: MIHOO 7–9), Ryba (Postilla adumbrata: MIHOO
    13) und Daňhelka (tschechische Sonn- und Festtagspredigten: MIHOO
    2–3). Zu ihrer Klassifizierung übersichtlich Vidmanová, Hus als Prediger.
12 Die Predigten wurden ediert von Flajšhans, Serm. Bethl.. Siehe dazu
    Kamínková, Husova Betlémská kázání; Ryba, K chronologii; Bartoš,
    Problém Husových tzv. Betlemských kázání; Soukup, Jan Hus as a Preacher.
13 Vidmanová, Stoupenci a protivníci, S. 52–56; CCCM 239.
14 Ich benutze die Handschrift Wien, ÖNB, 4310, fol. 103r–104v, Zitate
    fol. 103r–103v.
15 MIHOO 7, Nr. 83, S. 476–484, Zitat S. 478.
16 Die Predigt Nemo potest findet sich in der Leccionarium-Handschrift
    Praha, Národní knihovna ČR, III A 6, fol. 119va–120va.
17 Die Predigt in MIHOO 13, Nr. 110, S. 420–421, Zitat S. 421. Die Verteidigung in MIHOO 22, S. 205–230 = CCCM 238, 224–255.
18 MIHOO 2, Nr. 48, S. 383–390.
19 Kor., Nr. 95, S. 215.
20 Siehe Sedlák, Husův vývoj. Zitate: MIHOO 1, S. 291; SMJH 7–8, Nr.
    72, S. 371.
21 Kor., Nr. 73, S. 188.

5   Prager Wyclifismus und »gelehrte Häresie« – Die erste Verurteilung von Wyclifs Artikeln 1403

1   Doc., S. 178–179 und 327–331; FRB 5, S. 569; MIHOO 22, S. 252,
    274 und 353 = CCCM 238, S. 282, 309 und 407; Sedlák, Miscellanea,
    S. 436. Siehe dazu Novotný, M. Jan Hus 1, S. 108–111, und Hilsch, Johannes Hus, S. 53–57.
2   Šmahel, Život a dílo, S. 22–25; Van Dussen, Conveying Heresy.
3   Hudson, The Survival; die Zahl der in Böhmen bekannten Werke in
    dies., From Oxford to Bohemia, S. 27–28 (vgl. eine frühere Berechnung
    in dies., From Oxford to Prague, S. 649).

4   Herold, Zum Prager philosophischen Wyclifismus. Zu Hus' Universa-
    lienauffassung Šmahel, Jan Hus a viklefské pojetí universálií; ders., Hus
    und Wyclif. Zitate Doc., S. 168 und 177; Daňhelka, Das Zeugnis, S. 29–
    31; John Wyclif, De universalibus, S. 77.

5   MIHOO 22, S. 280 = CCCM 238, S. 316; Kor., Nr. 63, S. 170–171.
    Siehe Sousedík, Stanislaus von Znaim, S. 43–50; Machilek, Polemiky;
    Šmahel, Die Hussitische Revolution, S. 794–814.

6   Courtenay, Inquiry; Thijssen, Censure; Miethke, Gelehrte Ketzerei;
    Ghosh, Wyclif, Arundel, and the Long Fifteenth Century. Gersons Zi-
    tat in Jean Gerson, Œuvres complètes 5, S. 477. In den Fragen der aka-
    demischen Zensur in Prag stütze ich mich an Marin, Libri hereticorum.

7   MIHOO 22, S. 63 = CCCM 238, S. 52.

8   Doc., S. 177 und 184; ähnlich in der Schrift gegen Páleč, MIHOO 22,
    S. 267 = CCCM 238, S. 300.

9   Vidmanová, Autoritäten und Wiclif, S. 391–393.

10 Über die Entwicklung von Wyclifismus in Böhmen Šmahel, Wyclif's
    Fortune, and Holeton, Wyclif's Bohemian Fate. Zu *De ecclesia* Molnár
    – Dobiáš, Mistr Jan Hus: O církvi, S. 15; Patschovsky, Ekklesiologie,
    S. 375, Anm. 14.

11 Töpfer, Die Wertung; Levy, Was John Wyclif's Theology of the Eucha-
    rist Donatistic?.

12 Zum Einfluss Wyclif's Remanenzlehre Sousedík, Učení o eucharistii,
    S. 38–42; Šmahel, Život a dílo, S. 178–179. Zur Einwirkung der böh-
    mischen Reformtradition beispielsweise Herold, Wyclif's Ecclesiology.

13 Molnár, Die Antworten, S. 409–410; Hardt 4, 761.

14 Sedlák, Učil Hus remanenci?, S. 488 und 505–506; Pražské synody,
    S. 280 und 285–286; Doc., S. 182 und 189.

15 Doc., S. 174–184; SMJH 2, S. 5. In der Lösung der komplizierten Frage
    folge ich der ausgewogenen Schilderung von Sousedík, Učení o eucha-
    ristii, S. 48–60; siehe auch Patschovsky, Ekklesiologie, S. 390–393.

16 Molnár, Die Antworten, S. 409–415. Zum Prozess mit Wyclif Brand-
    müller, Das Konzil 1, S. 335–337; Tatnall, Die Verurteilung. Zitate COD
    2, S. 427; Sacrorum conciliorum nova et amplissima collectio 27, S. 592.

17 FRB 8, S. 75; Bujnoch, Hus in Konstanz, S. 161.

6 Jan Hus und die Kirchenreform –
Die Synodalpredigten 1405 und 1407

1   Pražské synody, S. 284–285; Doc., S. 167.

2   Bartoš, Literární činnost, S. 74. Zu beiden Synodalpredigten No-
    votný, M. Jan Hus 1, S. 153–157 und 189–193; Hilsch, Johannes Hus,

　　　S. 70–78. Ich datiere die Synode auf den 19. Oktober, da man die Synode auf unmittelbar folgenden Montag verschob, wenn der Lukastag auf Sonntag fiel.

3　　Die Predigt Diligite in H&M 2, fol. 27v–31v; Zitate fol. 28r, 29r–29v und 30v; deutsche Übersetzung von Kalivoda – Kolesnyk, Das hussitische Denken, S. 120, 125 und 130, wurde hier modifiziert. Die Kritik der Akademiker in Abiciamus: Pos., S. 102.

4　　Die Predigt State succincti in H&M 2, fol. 32r–36v. Die Anklagen samt der Antworten Hus': Kor., Nr. 166 und 12, S. 344 und 32–36; Doc., S. 166–167. Dass Novotný, M. Jan Hus I/1, S. 175, Anm. 1 diese Kontroverse auf die Predigt Diligite bezieht, ist unhaltbar. Siehe auch Hledíková, Úřad generálních vikářů, S. 130.

5　　H&M 2, fol. 33v–34r; Pražské synody, S. 132.

6　　SLČ, S. 5. Hus' Brief an Zbyněk: Kor., Nr. 11, S. 29; Pálečs Antihus in: Sedlák, Miscellanea, S. 499.

7　　De sanguine Christi ediert als SMJH 3. Siehe neuerdings Hrdina, Wilsnack.

8　　Zu den böhmischen Konzilspredigten Soukup, Die böhmischen Konzilsteilnehmer. Die erwähnten Parallelstellen bei Hus: De eccl., S. 115–116; MIHOO 4, S. 312–323.

9　　Einen Überblick über die Reformentwürfe der Schismazeit bieten Bellitto, The Reform Context; Müller, Die kirchliche Krise. Zur konziliaren Reform grundlegend Helmrath, Reform als Thema.

10　H&M 2, fol. 31r; Kalivoda – Kolesnyk, Das hussitische Denken, S. 134.

11　Zur böhmischen Reformbewegung zusammenfassend Marin, L'archevêque, und Machilek, Einführung. Zu den deutschen Reformtheologen siehe Gerwing, Malogranatum, S. 91–101.

12　Zu d'Aillys Reformansichten Pascoe, Church and Reform. Das Brief an Johannes XXIII. in: Joannis Gersonii Opera omnia 2, S. 876–882, Zitat S. 880. Zu Gersons Rechts- und Gesetzauffassung Levy, Holy Scripture, S. 200–204; Hobbins, Authorship and Publicity, S. 60–65.

13　Zitate Petrus de Ailliaco, Tractatus et sermones, Omelia in synodo, col. 9 und 13. Vgl. MIHOO 4, S. 241; die betreffende Rechtsstelle ist D. 32, 6, Friedberg 1, S. 117. Vgl. Gerardi Magni Sermo, S. 310 (siehe auch S. 144–146).

14　Quellen zur Kirchenreform 1, S. 338–377, Zitate S. 357 und 369.

15　Die Büchlein über die Simonie ediert von Daňhelka in: MIHOO 4, S. 187–270; siehe bes. S. 207 (Papstregiment), 236–237 (Zahlungen ex post, mit Vermerk von Parallelstellen auf S. 450), 257–259 (Priesterwahl) und 261–265 (Säkularisierung); Zitat S. 213. Zu Hus' gesellschaftlichem und kirchlichem Ideal Šmahel, Das Ideal, sowie Werner, Jan Hus, S. 167–173; zu den »Büchlein« als Aufruf zur Reform und Revolte Rychterová, Theology.

16 COD 2, S. 431, Art. 22 und 25. Zitat aus Diligite in H&M 2, fol. 28r (Kalivoda – Kolesnyk, Das hussitische Denken, S. 119). Die ekklesiologische Implikation dieser Passage bemerkte bereits Sedlák, M. Jan Hus, S. 119. Das Fehlen von Reformthemen in Hus' Verurteilung stellte fest Miethke, Die Prozesse.

7 Die Universitätskarriere des Magisters Hus – Die Rektorsrede »Macht eure Herzen stark« 1409

1 Die Predigt ediert in Pos., S. 119–130 (Zitate S. 125–126), zur Datierung ebenda, S. 236–237. Vgl. dazu Vidmanová, Kursy; Vidmanová-Schmidtová, Husovy hexametry, S. 167–169. Hus schöpfte aus dieser Predigt in weiteren Schriften, siehe MIHOO 1, S. 325, und Kor., Nr. 70, S. 180–182.

2 Bartoš, Hus jako student, S. 15–26; Zilynská, Pražská univerzita – patron, S. 79–81. Zum Rektorsamt siehe Svatoš in: Dějiny Univerzity Karlovy 1, S. 61–63, zum Theologiestudium Kadlec ebenda, S. 138–142, und grundlegend Kavka, Zur Frage der Statuten.

3 Zur philosophischen Lehrtätigkeit Hus' siehe Šmahel, Jan Hus a viklefské pojetí universálií, S. 50–54; zu seinen theologischen Vorlesungen neulich Coufal, Einleitung, in: CCCM 253, S. X–XX. Die Auslegung der Psalmen ediert von Nechutová u. a. in CCCM 253, die Sentenzen von Flajšhans als SMJH 4–6, die Universitätspredigt von 1404 von Vidmanová in Pos., S. 99–113.

4 Die Reden in Pos., S. 21–32, Zitat S. 24–25.

5 Neueste ausführliche Schilderung des Weges zum Kuttenberger Dekret bieten Šmahel – Nodl, Kuttenberger Dekret; siehe auch Nodl, Dekret kutnohorský. Zu den Universitätsnationen zuletzt Stočes, Pražské univerzitní národy. Zu Nouvion siehe Sedlák, Miscellanea, S. 82–97, sowie Jacobi de Noviano Disputatio; zu Jesenics Defensio mandati Kejř, Husitský právník, S. 12–23. Zeugnis über die Mission nach Žebrák in Processus iudiciarius, S. 20, über Hus' Krankheit Doc., S. 181; der Eid der deutschen Magister und die Defensio mandati ebda., S. 352–363.

6 Edition des Dekretes in: Novotný – Krofta – Šusta – Friedrich, Dekret kutnohorský, S. 67–72 (Zitat S. 68). Hus' Verteidigung in: Kor., Nr. 15, S. 53–54.

7 Die drei Predigten sind ediert in Pos., S. 131–156, zur Datierung S. 237–240; Zitat aus dem Quodlibet: CCCM 211, S. 6.

8   Die Generation des Kuttenberger Dekrets – Die Prager Universität als mitteleuropäisches Begegnungsort

1   Zu den Besucherzahlen siehe Šmahel – Nodl, Kuttenberger Dekret, S. 33–37. Über Hoffmann neustens Zilynská, Johann Hoffmann.

2   Die Generationszusammenhänge bemerkte Čornej, Velké dějiny 5, S. 107–108. Zu Schuldisputationen mit Stephan und Matthäus siehe SMJH 4–6, S. 17–23, 200, 385–387, 389 und 517–521; Lauterer, Matthäus von Königssaal, S. 94–98.

3   Zu Hus' Studenten Bartoš, Hus jako student; Svatoš, Litevská kolej. Zu Universitätskarrieren siehe Tříška, Životopisný slovník, zu literarischen Nachlässen Spunar, Repertorium, einen »kollektiven Profil« bietet Marin, L'archevêque, S. 111–144. Über die Reden Schmidtová in: Pos., S. 220–229 mit Edition S. 35–96. Zitate Pos., S. 59, und CCCM 211, S. 172 (siehe auch S. XXXVIII–XXXIX).

4   Über die fünf Appellanten Doc., S. 379, und FRB 5, S. 572; die zweite Appellation Kor., Nr. 17, S. 56–69. Zu Peter von Valencia CCCM 222, S. XCVIII, zu Zdislav Bartoš, Hus jako student, S. 20–23.

5   Anzeigen zur ersten Disputation in FRB 5, S. 572. Zu Prager Wyclifisten zusammenfassend Herold, Pražská univerzita, S. 148–170, zu den Magistern von Schwarzer Rose Mutlová, Die Dresdner Schule, sowie Kaminsky u. a., Master Nicholas of Dresden.

6   Siehe Šmahel, Život a dílo; De Vooght, Jacobellus; Kejř, Husitský právník. Zu Jesenic' Tod neulich Novotný, »Sloup království«, S. 68–69.

7   Die Denunziation der Universitätschronik in FRB 5, S. 571, die Zeugenaussagen Doc., S. 164–169 und 174–185. Zu Andreas siehe Kadlec, Studien und Texte.

8   Die Namen der acht Doktoren führt Hus in MIHOO 22, S. 273 = CCCM 238, S. 307–308; in De eccl., S. 95 nennt er zwei weitere Widersacher. Siehe Kadlec, Katoličtí exulanti, und Hledíková, Hussens Gegner. Die Predigten gegen Wyclif-Artikel in Sedlák, Miscellanea, S. 323–353.

9   Hledíková, Hussens Gegner; Bartoš, Čechy, S. 400 und 426; FRB 8, S. 36, 41 und 79. Zitat des Papstes: FRB 8, S. 35; Bujnoch, Hus in Konstanz, S. 69.

10 Vgl. Soukup, Die Rolle.

9   Die hussitische Medienkampagne –
Die Appellation gegen das päpstliche
Predigtverbot 1410

1   Die Appellation in Kor., Nr. 17, S. 56–69, dazu siehe den Bericht in
Doc., S. 404–406, die Zeugnisse bei Hardt 4, S. 427–428, sowie die Predigt in Sedlák, M. Jan Hus, S. 159*–164* (Zitat S. 160*). Die Bulle Alexanders: MVB 6, Nr. 419, S. 277–279, ihre Veröffentlichung in Pražské
synody, Nr. LXVII, S. 291–301. Zum Auftritt Hus' siehe Novotný, M.
Jan Hus 1, S. 401–411, und Hilsch, Johannes Hus, S. 106–109. Zur hussitischen Medienkampagne siehe Šmahel, Reformatio und receptio;
Marin, L'archevêque, S. 214–229.
2   Zum Prozess der Veröffentlichung am Beispiel Gersons siehe Hobbins,
Authorship and Publicity, S. 152–216. Zu den Arten von Massenkommunikation d'Avray, Method, S. 8–17; ders., Printing.
3   Das Zeugnis Páleč's bei Sedlák, Miscellanea, S. 146. Zur Verbreitung
von Hus' Werken durch Abschreiben siehe Šmahel, Reformatio und
receptio, S. 263; Vidmanová, Stoupenci a protivníci, S. 56. Zu Werken
Wyclifs siehe Hudson, Opera omnia.
4   Der Traktat Von sechs Irrtümern ediert in Betlemské texty, S. 41–63,
und MIHOO 4, S. 271–296. Über die Inschriften Ryba in Betlemské
texty, S. 15–24, und Šmahel, Das Lesen, S. 455–457, zu ihrer Interpretation Bartlová, Prout lucide apparet, S. 268–274.
5   Berichte über die Ablassdemonstration: Hardt 4, S. 672; Kopičková –
Vidmanová, Listy, S. 174–175; Loserth, Beiträge 3, S. 428; Manualník
M. Vácslava Korandy, S. 149–151. Dialog von Palomar und Prokop in
Monumenta conciliorum 1, S. 311. Bartoš, Demonstrativní spálení, versuchte die beiden Ereignisse in ein zu verschmelzen, was unhaltbar erscheint. Zur Datierung siehe Šmahel in CCCM 222, S. LXXIII–LXXIV.
6   Hus' Lieder sind ediert in MIHOO 4, S. 348–359. Zitat aus *Eloquenti
viro* bei Hardt 3, S. 386, die annalistische Nachricht in SLČ, S. 8, das Sy-
nodalverbot in Pražské synody, Nr. LXIII/4, S. 286.
7   Die Liedertexte in Husitské písně, S. 119–134 (Zitate S. 123–124 und
131–132), und Výbor 1, S. 259–272. Zum gebrauch von Liedern neulich Perett, Vernacular Songs.
8   Das Lied in Výbor 1, S. 320–322; Hieronymus's Rede in CCCM 222,
S. 199–222, die Anklagen in Hardt 4, S. 640–641, 669 und 752. Siehe
dazu Šmahel, Život a dílo Jeronýma Pražského, S. 329–330; Soukup,
Reformní kazatelství, S. 261–269.
9   Loserth, Beiträge 4, S. 358 (Hussens Reaktion in MIHOO 22, S. 266–
267 = CCCM 238, S. 299–300); Kor., Nr. 73, S. 186–187. Detailiert
dazu Soukup, ›Pars Machometica‹.

10   H&M 1, fol. 190r–191r (Zitat fol. 190v); vgl. die Handschrift Bautzen,
     Stadtbibliothek, 8° 6, fol. 207v–210r.
11   SLČ, S. 8.
12   FRB 8, S. 109–110; Übersetzung bei Bujnoch, Hus in Konstanz, S. 239.

10   Öffentliches Engagement und politische Unterstützung – Königliche Beschlagnahme der Kirchengüter 1411

1   Zitate Horčička, Eine Handschrift, S. 323; Höfler 1, S. 77 (siehe auch
    S. 73); Veršované skladby, S. 156. Weiter siehe Doc., S. 735–736 und
    Palacký, Über Formelbücher 2, Nr. 237, S. 204–205. Zur Sache No-
    votný, M. Jan Hus 1, S. 479–482; Hilsch, Johannes Hus, S. 126–128.
2   Oldcastles Briefe Kor., Nr. 21, S. 73–75, und Loserth, Über die Bezie-
    hungen, S. 268–269 (Zitate S. 269). Zu den Verbindungen nach England
    siehe Van Dussen, From England to Bohemia, S. 63–85, und Šmahel in
    CCCM 222, S. LXVIII–LXII (hier wird die Datierung des Briefes an
    Wenzel ins Jahr 1411 in Erwägung gezogen). Das Lied in Výbor 1, S. 321.
3   H&M 2, fol. 47r–48r; Novotný, M. Jan Hus 1, S. 485–486. Zu Jakou-
    bek Sedlák, Husův pomocník 2, 312–316, und 3, S. 449–461.
4   Boockmann, Zur Mentalität; Hesse, Amtsträger, S. 356–378 und 480–
    482; Moraw, Beamtentum, S. 110–124; Ożóg, Uczeni, S. 163–176 und
    330–337.
5   Zu Wenzels Rat siehe Hlaváček, Das Urkunden- und Kanzleiwe-
    sen, S. 445–456, und ders., Dvůr Václava IV., S. 307; zu Schriftstellern
    am Hof Cermanová, Kronikáři, učenci a literáti. Über Jakob Bartoš,
    Mužové z okolí, S. 115–116.
6   Über Wenzels Verhältnis zur Reformbewegung zusammenfassend Sou-
    kup, Václav IV. a reformní hnutí; zur Synode von 1408 Kor., S. 63.
7   Zur Fronleichnamskapelle Polívka, K šíření husitství; ders., Hussens
    Adel. Die Schenkung zugunsten der Bethlehemskapelle in Reliquiae ta-
    bularum terrae 2, S. 36. Zu Karl siehe Mengel, Emperor Charles IV.
8   Swanson, Universities, S. 203–205. Über Nouvion und Stokes zuletzt
    Marin, L'archevêque, S. 293–295, und Van Dussen, From England to
    Bohemia, S. 88–102, die Texte: Jacobi de Noviano Disputatio und
    MIHOO 22, S. 57–70 = CCCM 238, S. 45–61. Zu Hieronymus Šma-
    hel in CCCM 222, S. XXVIII–XLI.
9   Hobbins, Authorship and Publicity, S. 128–151.
10 Soudní akta 6, Nr. 481, S. 309–310; Doc., S. 184–185; vgl. Soukup, Re-
    formní kazatelství, S. 96–98.

11 Kopičková – Vidmanová, Listy (mit Edition), die die Echtheit der Briefe bezweifeln; wichtige Reflexion dazu in Pořízka, Listy. Zu Altstädter Rat Hardt 4, S. 458; Mezník, Praha, S. 122.

12 Reliquiae tabularum terrae 2, S. 80; Doc., S. 434–438, Zitat S. 437.

13 Zum Engagement des Adels Zilynskyj, Česká šlechta a počátky husitství. Die Vorbereitungen vor der Abreise sind in FRB 8, S. 28, sowie Novotný, Hus v Kostnici a česká šlechta, Nr. 1, S. 42–43 dokumentiert; siehe auch Kejř, Die Causa, S. 127–131. Hus' Zitat aus FRB 8, S. 81, übersetzt von Bujnoch, Hus in Konstanz, S. 174.

14 FRB 8, S. 81, Zitat aus Bujnoch, Hus in Konstanz, S. 176. Der anonyme Brief in ACC 4, 503–507.

15 FRB 8, S. 108.

11 Anführer einer Protestbewegung – Die Prager Ablassunruhen 1412

1 Die Schilderung nach SLČ, S. 9–11; FRB 8, 106–107. Siehe dazu Novotný, M. Jan Hus, S. 73–118; Hilsch, Johannes Hus, S. 160–173. Zitat aus Stephan von Dolany in Thesaurus anecdotorum 4/2, S. 380, aus der Flugschrift bei Höfler 2, S. 203; die Predigt vom 24. Juli in MIHOO 13, S. 346–347.

2 Zur Situation in Italien siehe Esch, Das Papsttum; Cutolo, Re Ladislao, S. 419–459. Die Bullen Johannes' MVB 6, Nr. 561 und 604, S. 361–363 und 378–380.

3 Zitat FRB 8, S. 107, Übersetzung in Bujnoch, Hus in Konstanz, S. 235. Zum Ablassertrag in Meißen siehe MVB 6, Nr. 952, 987–988 und 1014.

4 Zum Kampf um den öffentlichen Raum Soukup, »Ne verbum Dei«, S. 55–60.

5 Zu spätmittelalterlichen Aufständen im Vergleich mit Hussitismus Šmahel, Husitská revoluce 1, S. 106–158; Graus, Ketzerbewegungen.

6 Aston, Lollardy and Sedition; Wilks, Reformatio regni; Hudson, Premature Reformation, S. 66–69 und 117–119. Über die Nachrichten aus England Van Dussen, From England to Bohemia, S. 105–111, mit Edition S. 142–150.

7 Doc., S. 168–169; Höfler 1, S. 11 = FRB 7, S. 8; FRB 5, S. 572; MIHOO 4, S. 201. Zu den chronologisch nicht ganz durchsichtigen Ereignissen in Poříčí siehe Novotný, M. Jan Hus 2, S. 190–191; Ryba in Betlemské texty, S. 19–20; Höfler 1, S. 72–73.

8 Sedlák, Miscellanea, S. 434; Hardt 4, S. 644 und 671.

9 Hus' Ansichten über das Töten in SMJH 1, S. 21–24; MIHOO 1, S. 207–213; Zitate MIHOO 2, S. 300, und MIHOO 4, S. 267, siehe auch S. 232–233.

10 Zu Predigten von 1412 siehe MIHOO 13, S. 8. Die Pamphlete ediert
    unter dem Titel *Contra cruciatam* in MIHOO 22, S. 129–139 = CCCM
    238, S. 133–144.
11 CCCM 205, S. 67–155. Kybal, M. Jan Hus 3, S. 266–277; De Vooght,
    L'hérésie, S. 817–847; Hilsch, Johannes Hus, S. 161–168.
12 Hus' Kritik der Kommissare: CCCM 205, S. 102 und 141; MIHOO 1,
    S. 378; Kor., S. 124; Doc., S. 223. Zur bisher unbekannten Episode mit
    den Johanniterablässen habe ich eine Abhandlung in Vorbereitung. Hus'
    Hinweis auf Alexanders Privilegium in MIHOO 22, S. 139 = CCCM
    238, S. 143; Falkenbergs Determination gab Vidmanová, Magdeburská
    determinace, heraus. Die Nachricht über Hus' Ablasserwerb von 1393:
    FRB 5, S. 568.
13 Zitat CCCM 205, S. 155. *Defensio articulorum Wiclif* in MIHOO 22,
    S. 141–232 = CCCM 238, S. 145–257.
14 FRB 8, S. 79; siehe dazu Soukup, Reformní kazatelství, S. 280–281.
    Hus' Abschätzung von möglichen Anklagen in Kor., Nr. 111, S. 246.

12 Der Prozess – Die Appellation an Christus 1412

1 Text der Berufung in Kor., Nr. 46, S. 129–133 (Zitat S. 133), *Ordo pro-
   cedendi* ebenda, Nr. 101, S. 230; die Nachricht Dolans in Thesaurus anecdotorum 4/2, S. 492, die Bestimung Gratians C. 9, 3, 13 (Friedberg
   1, S. 610). Eine rechtsgeschichtliche Untersuchnug legte Kejř, Husovo
   odvolání (siehe auch ders., Die Causa, S. 90–94), eine theologische
   Erörterung Molnár, Husovo odvolání, vor. Zu breiteren Umständen siehe
   Novotný, M. Jan Hus 2, S. 170–176; Hilsch, Johannes Hus, S. 185–187.
2 Kejř, Die Causa, S. 17–27; Šmahel, Die Hussitische Revolution, S. 817–
   839.
3 Der Synodalerlass vom Juni 1409 in Pražské synody, Nr. LXV/1,
   S. 289; zum Einspruch der fünf Studenten siehe Doc., S. 402. Die Bulle
   vom 20. Dezember 1410 in MVB 6, Nr. 419, S. 277–279, ihre Wertung seitens der Hussiten in Kor., Nr. 17. S. 60. Siehe dazu Kejř, Die
   Causa, S. 21–32 und Pořízka, Listy, S. 719–721. Die Angabe über einen
   vermutlichen päpstlichen Erlass vom 25. Dezember 1409 (Kejř, Die
   Causa, S. 32) beruht m. E. auf falscher Datierung in der Leipziger Chronik in Höfler, Geschichtschreiber 1, S. 11 (VIII Kal. statt XIII Kal. Ia-
   nuarii).
4 Der Synodalerlass vom Juni 1410 in Pražské synody, Nr. LXVII, S. 291–
   301, die Appellation Kor., Nr. 17, S. 56–69. Colonnas Mandat für Zbyněk Doc., S. 401–408; zu seiner Rolle im Hus-Prozess Kor., Nr. 101,

S. 228. Siehe Kejř, Husitský právník, S. 45–48; ders., Die Causa, S. 32–58, und abweichend Pořízka, Listy, S. 721–723.

5 Hus' Ansichten über Exkommunikation in: Betlemské texty, S. 48; De eccl., S. 209–217. Zu den Bannerklärungen siehe Doc., S. 202; der Brief nach Krummau in Kor., Nr. 28, S. 89–92 (Zitat S. 92).

6 Schreiben der beiden Bischöfe Doc., S. 443 und 503, Hus' Briefe Kor., Nr. 31–32, S. 95–102, und Kopičková – Vidmanová, Listy, S. 26–27. Siehe auch Kejř, Die Causa, S. 62–67.

7 Kejř, Husitský právník, S. 49–65; ders., Die Causa, S. 67–77. Stephaneschis Bann in: Kor., Nr. 44, S. 125–128; FRB 5, S. 573–574.

8 Über Konhofer Doc., S. 203; zum Nikolaus' Gutachten FRB 8, S. 28, 57–59 und 64–65 (Zitat S. 58, siehe Bujnoch, Hus in Konstanz, S. 122), zu seiner Person Bartoš, Mužové z okolí, S. 89–91, sowie Soukup, Inkvizitoři v Čechách, S. 164–167.

9 Zum Römischen Konzil ACC 1, S. 108–168; Sedlák, K dějinám českého viklefovství, S. 68–74; Novotný, M. Jan Hus, S. 160–170 und 293–295. Zu den Anfängen des Prozesses in Konstanz Kor., Nr. 96–97, S. 217–222; FRB 8, S. 33; Doc., S. 221.

13 Unsichtbare Kirche und bedingter Gehorsam – Jan Hus' Buch »Über die Kirche« 1413

1 Novotný, M. Jan Hus 2, S. 230–286; Hilsch, Johannes Hus, S. 193–204. Gutachten der Doktoren und der Hus-Partei zur Februarsynode Doc., S. 475–480 und 491–492, Schilderung und Dokumente zur Komiteeverhandlung FRB 5, S. 575–579 (Zitat S. 577).

2 Hus' Schrift *Über die Kirche* edierte Thomson, De eccl.; die tschechische Übersetzung von Molnár – Dobiáš, Mistr Jan Hus: O církvi, ist wegen wertvollen Kommentare heranzuziehen. Zur Entstehung des Traktates Novotný, M. Jan Hus 2, S. 295–300. Die frühen ekklesiologischen Schriften Stanislaus' und Páleč sowie ihre Predigten sind ediert in Sedlák, Miscellanea, S. 312–363. Jakoubeks Traktat ediert als SMJH 10, die Zuschreibung dem Jakoubek bewies Bartoš, M. J. Hussii tractatus responsivus.

3 Die Schriften der drei Theologiedoktoren von 1413 edierte Loserth, Beiträge 4, S. 342–413, die drei Polemiken Hus' edierte Eršil in MIHOO 22, S. 233–248 = CCCM 238, S. 259–574. Zur Chronologie siehe Novotný, M. Jan Hus 2, S. 288–305; das Zeugnis über die Fertigstellung von *De ecclesia* in: De eccl., S. XXVI–XXVII, über *Contra octo doctores* Kor., Nr. 63, S. 169–171. Páleč *Antihus* edierte Sedlák, Miscellanea, S. 366–514, sein *De ecclesia* ders., M. Jan Hus, S. 202*–304*. Siehe dazu

Sedlák, Miscellanea, S. 180–207, sowie Kejř, Protihusovský traktát De ecclesia.

4 Aus der umfangreichen Literatur zu Hus' Ekklesiologie siehe Spinka, John Hus' Concept; Werner, Der Kirchenbegriff; Patschovsky, Ekklesiologie; Moskal, »Aby lud był jeden«.

5 Zur Prager Debatte De Vooght, L'hérésie, S. 625–683, und Spinka, John Hus' Concept, S. 151–251, zu derjenigen von Basel einführend Helmrath, Das Basler Konzil, S. 353–372. Stojkovičs Traktat ediert als Iohannis (Stojkovič) de Ragusio Tractatus de ecclesia, siehe dazu Strika, Johannes von Ragusa, S. 210–249.

6 De eccl., S. 1–19, Zitat S. 12, deutsche Übersetzung Kalivoda – Kolesnyk, Das hussitische Denken, S. 158.

7 De eccl., S. 30–39 und 53, Zitat S. 18 (Kalivoda – Kolesnyk, Das hussitische Denken, S. 163); zur Offenbarung siehe auch S. 133.

8 De eccl., S. 36–39, 43–52 und 101–109, Zitate S. 51–52, 103 und 129–130; MIHOO 4, S. 207. Zu Jakoubek Siehe Kybal, M. Matěj z Janova a M. Jakoubek ze Stříbra.

9 De eccl., S. 119–130, Zitat S. 126–127; Pos., S. 131–132; vgl. die Parallelstelle in De eccl., S. 44–45, wo die Papstkirche verschwindet. Siehe Herold, Wyclif's Ecclesiology, S. 26; Levy, Holy Scripture, S. 159.

10 MIHOO 22, S. 205–232, siehe bes. S. 207, 219–220, 230 und 238. Zitate Doc., S. 164, und FRB 8, S. 97 (deutsch bei Bujnoch, Hus in Konstanz, S. 213). Zu Páleč Sedlák, Miscellanea, S. 381. Siehe auch Töpfer, Die Wertung.

11 Pos., S. 137 (vgl. Sedlák, M. Jan Hus, S. 124★); Kor., Nr. 13, S. 43. Siehe Patschovsky, Pravda a poslušnost. Zur Soziallehre von Hus siehe auch Kalivoda, Revolution und Ideologie, S. 10–38; Ransdorf, Kapitoly, S. 85–124.

12 De eccl., S. 164 (Kalivoda – Kolesnyk, Das hussitische Denken, S. 181); CCCM 205, S. 155.

13 Doc., S. 478; Sedlák, Miscellanea, S. 462–463; De eccl., S. 191. Die Frage des Gehorsams und »mittleren Taten« behandelt Hus in De eccl., S. 174–208; siehe dazu Šmahel, The National Idea.

14 Jean Gerson, Œuvres complètes 9, S. 465; 3, 335; 2, S. 162. Siehe dazu Marin, Orgueil et préjugé?; Provvidente, Clavis scientiae.

15 Die für Konstanz vorbereitete Quaestio des Hus in: H&M 1, fol. 44v–48r; vgl. seine Quaestio über göttliches Gesetz, CCCM 205, S. 17–22. Zum Schriftverständnis Hus' siehe Patschovsky, Ekklesiologie, S. 393–396, und Levy, Holy Scripture, S. 153–157; zu seiner Rechtsauffassung Kejř, Johannes Hus als Rechtsdenker. Zitate H&M 1, fol. 44v, 47v und 48v; CCCM 205, S. 22; De eccl., S. 56 und 180 (Kalivoda – Kolesnyk, Das hussitische Denken, S. 193); die Beobachtung über die Personen- und Situationsgebundenheit der Lehre Hus' vom Gehorsam bei Šmahel, The National Idea.

16 Pálečs Artikel in Doc., S. 204–224 (über die beiden Polemiken S. 222); siehe dazu De Vooght, L'hérésie, S. 368–392; zum Verhör FRB 8, S. 83–102. Der Brief an Freunde in Konstanz Kor., Nr. 124, S. 260–262, die endgültig verdammten Artikel COD 2, S. 429–431.

14 Das volkssprachliche Schrifttum und die Mission auf dem Land – Die tschechische Postille 1413

1   Zur Entstehung der Postille grundlegend Vidmanová, Kdy, kde a jak; Zitate MIHOO 2, S. 59–60.

2   Zu Hus' Aufenthalten Vidmanová, Kdy, kde a jak, S. 144–151; über den Abgang aus Prag Ryba in Betlemské texty, S. 19–20, zu Saaz Pražák, Zlomek korespondence, zu Kozí und Sezimovo Ústí Šmahel, Deˇjiny Tábora 1, S. 201–205. Siehe auch Kor., Nr. 63, S. 171; MIHOO 2, S. 221–222 und 253 (Zitat); SLCˇ, S. 13; Höfler 2, S. 64. Allgemein zur Exilperiode Novotný, M. Jan Hus 2, S. 186–354; Hilsch, Johannes Hus, S. 189–246.

3   Hus' Aussagen zur ländlichen Predigt siehe in MIHOO 2, S. 312–313, 299 und 379; MIHOO 4, 312; Kor., Nr. 69, S. 179; Briefpredigten in: Kor., Nr. 70–71 und 74, S. 180–183 und 191–192. Die *Versannalen* in Veršované skladby, S. 157, der Bericht über die Ústíer Radikale Doc., S. 636–638.

4   Vidmanová, Kdy, kde a jak, S. 148–150; Kotek, Husův dopis. Kolofone der tschechischen Schriften: MIHOO 2, S. 460; MIHOO 4, S. 296 und 337; Pálečs *Antihus* in Sedlák, Miscellanea, S. 470.

5   Zur agitatorischen Funktion der volkssprachigen Werke Hus' siehe Rychterová, Theology; zu *contemptus mundi* Fudge, Jan Hus, S. 87. Zitate MIHOO 4, S. 312 und 147; MIHOO 1, S. 392. Das *Töchterchen* (»Dcerka«) in MIHOO 4, S. 163–186.

6   MIHOO 4, S. 166–167. Zur Wiener Schule Wolf, Hof – Universität – Laien, S. 177–255. Gersons französische Schriften in Jean Gerson, Œuvres complètes 7a–7b, die zitierte Wertung S. VII. Zur alttschechischen Erbauungsliteratur und zu Štítný zuletzt Rychterová, Konzepte.

7   Die Diskussion über Hus' Orthographie und Bibelübersetzung fasst Šmahel, Instead of Conclusion, zusammen; die Perikopen der *Postille* analysierte Sobalíková, Vliv M. Jana Husa. Anweisung zum Register MIHOO 1, S. 25–29, eine kürzere zu den *Büchlein von Simonie* in MIHOO 4, S. 191. Zitate MIHOO 2, S. 55 und 60; MIHOO 4, S. 25.

8   Zitate MIHOO 1, S. 159, 189 und 210; Doc., S. 171; vgl. weiter MIHOO 22, S. 41 = CCCM 238, S. 25; Doc., S. 168; Kor., Nr. 48,

S. 139–141. Siehe dazu Šmahel, The Idea, S. 163–182; ders., The National Idea; Čornej, Idea národa, S. 381–384; Rychterová, The Verancular Theology.

9   Kor., Nr. 78–81, S. 195–199, hier besonders S. 198.

15   Das Konzil von Konstanz: Verurteilung und Hinrichtung (1414–1415)

1   FRB 8, S. 31 (Bujnoch, Hus in Konstanz, S. 59). Zur Anreise und den ersten Wochen in Konstanz Novotný, M. Jan Hus 2, S. 355–372; Hilsch, Johannes Hus, S. 246–251; und das Bericht in FRB 8, S. 29–37.

2   Die Quaestio in H&M 1, fol. 42r–44r; siehe dazu Krmíčková, Utraquism in 1414. Der angebliche Spruch des Papstes in FRB 8, S. 33.

3   Die Predigt ediert als Mistr Jan Hus, Sermo de pace, die zwei anderen Schriften in H&M 1, fol. 44v–51v; siehe auch Dobiáš – Molnár, Husova výzbroj; zum erhaltenen Konzept Molnár, Pohled. Zitat Doc., S. 166.

4   Der Geleitbrief in FRB 8, SS. 25–26; siehe dazu Hoke, Der Prozeß, und Kejř, Die Causa, S. 138–141. Die erwähnten Äußerungen Sigismunds in ACC 2, S. 203, und FRB 8, S. 81, seine Rücknahme der Geleite und Brief nach Böhmen Doc., S. 543–544 und 609–611 (Zitat S. 610). Hus' Auffassung des Geleites im Brief von Mitte Juni 1415: Kor., Nr. 131, S. 275–276; *Capitula agendorum* in: Quellen zur Kirchenreform 1, S. 189.

5   FRB 8, S. 44–71; Novotný, Hus v Kostnici a česká šlechta, Nr. 2–6, S. 43–56.

6   Kejř, Štěpán z Pálče. Zitat Hardt 1, S. 834.

7   Michaels Unterlagen in Doc., S. 194–204; Hus' Antworten auf die Artikel Wyclifs und Pálečs bei Molnár, Die Antworten, und in Doc., S. 204–224. Die Zeugenaussagen fragmentarisch in Hardt 4, S. 411–430, teilweise rekonstruiert von Sedlák, M. Jan Hus, S. 338*–343*, Hus' Antworten auf die geschmälerte Endfassung in Doc., S. 230–232; heranzuziehen sind früheren Zeugnisse in Doc., S. 164–185. Eine Gegenüberstellung der 39 und 30 Artikel in Sedlák, M. Jan Hus, S. 318*–331*; Hus' Glossen zu den 30 Punkten Doc., S. 225–230 (vgl. sein Kommentar in Kor., Nr. 133, S. 279–280), die verurteilte Fassung in COD 2, S. 429–431. Allgemein zum Konstanzer Hus-Prozess Brandmüller, Das Konzil 1, S. 328–343, zu den Anklagenlisten immer noch grundlegend Sedlák, Proces Kostnický.

8   FRB 8, S. 76 (Bujnoch, Hus in Konstanz, S. 164).

9   Ich folge hier den Ausführungen von Provvidente, Inquisitorial process.

10 Jean Gerson, Œuvres complètes 5, Nr. 241, S. 471–480, Zitat S. 475.

11 Kor., Nr. 68, 73 und 86, S.175–177, 186–191 und 204–206 (Zitat S.204).
12 COD 2, S.428; Jean Gerson, Œuvres complètes 10, S.259; siehe dazu Levy, Holy Scripture, S.214–217.
13 Dazu Hobbins, Authorship and Publicity, S.48; Ghosh, Wyclif, Arundel, and the Long Fifteenth Century, S.552–557; Rychterová, Die Verbrennung, S.380; zur Akademisierung böhmischer Reform Patschovsky, Ekklesiologie, S.385. Zitat FRB 8, S.90, deutsch von Bujnoch, Hus in Konstanz, S.195–196.
14 FRB 8, S.104 (Bujnoch, Hus in Konstanz, S.229); Jean Gerson, Œuvres complètes 5, S.476–477.
15 Die Schlussformel in FRB 8, S.6, Hus' Briefwechsel mit dem »Pater« in Kor., Nr. 135–138, S.280–286. Siehe dazu Kejř, K Husovu procesu; über den Märtyrergedanke Kejř, Jan Hus sám o sobě, S.15–17, und Coufal, Neznámý postoj.
16 Hus' Studienregel in MIHOO 22, S.42 = CCCM 238, S.26. Zur Frage der Ketzerbestrafung FRB 8, S.90–91, sowie De eccl., S.138–139; über Hus' Einfluss siehe Jean Gerson, Œuvres complètes 5, S.475, und FRB 8, S.81.

16   Ausblick: Hussitismus und Reformation

1 D. Martin Luthers Werke, Schriften 7, S.838; zur Frage des Gewissens Hamm, Abschied, S.397–399.
2 Über den Verhältnis Luthers zu Hus siehe Lohse, Luther und Huß; Hendrix, »We Are All Hussites?«. Zitate: D. Martin Luthers Werke, Schriften 7, S.839; Briefwechsel 2, Nr. 354, S.42.
3 D. Martin Luthers Werke, Schriften 7, S.135 und 431; Tischreden 1, Nr. 624, S.294.
4 Zilynskij, Stížný list; Šmahel, Die Hussitische Revolution 2, S.931–936.
5 Doc., S.677–681.
6 Zur hussitischen Revolution und den Hussitenkriegen siehe Šmahel, Die Hussitische Revolution; Kaminsky, A History. Die Berufung des Protestbriefes auf den Papst: Novotný, Hus v Kostnici a česká šlechta, S.64.
7 Zu Jakoubek siehe De Vooght, Jacobellus; zu den Vier Artikeln einführend Šmahel, Die vier Prager Artikel.
8 Zu den Kompaktaten siehe Šmahel, Basilejská kompaktáta; Čornej, Velké dějiny 6, S.11–19.
9 Der Sermo von neuen Märtyrern in: FRB 8, S.231–242. Zu den genannten Kunstwerken Umění české reformace, S.136–141 (M. Bart-

lová, K. Horníčková); zur Verehrung vom heiligen Hus siehe Holeton, »O felix Bohemia«.

10   Über die Wesensmerkmale der utraquistischen Kirche Eberhard, Zur reformatorischen Qualität. Die zitierte Definition der Reformation bei Hamm, Von der spätmittelalterlichen reformatio, S.7. Zu reformatorischen Impulsen bei Hus siehe auch Oberman, Hus und Luther.

11   Mehr dazu in Soukup, Kauza reformace.

20   Register

Roman Rhode

Fidel Castro

2014. 367 Seiten, 10 Abb. Kart.
€ 27,99
ISBN 978-3-17-021486-6

Urban-Taschenbücher, Band 712

auch als EBOOK

Hoffnungsträger der Dritten Welt oder rücksichtsloser Despot? Fidel Castro, Líder Máximo der kubanischen Revolution, polarisiert wie kaum eine andere Figur des 20. Jahrhunderts. Er hat hunderte Mordanschläge, die Amtszeit von zehn US-Präsidenten und den Zusammenbruch der Sowjetunion überlebt. Diese politische Biografie zeigt, wie Castro seine charismatische Herrschaft im Spannungsfeld der Supermächte begründen, institutionalisieren und trotz aller Krisen ausbauen konnte. Der Autor präsentiert neue Quellen und wertet bisher unbekannte, vor allem spanischsprachige Sekundärliteratur aus. Damit erscheinen sowohl Castros Kindheits- und Jugendjahre als auch die bis ins heutige Kuba reichende Revolutionsgeschichte im Licht der aktuellen Forschung.

Dr. Roman Rhode ist Soziologe und Hispanist, er arbeitet als Journalist und Autor.

W. Kohlhammer GmbH · 70549 Stuttgart
vertrieb@kohlhammer.de · www.kohlhammer.de